Machine Learning und KI kompakt

Sebastian Raschka, PhD, ist Forscher für maschinelles Lernen und KI mit einer großen Leidenschaft für Wissensvermittlung. Als Lead AI Educator bei Lightning AI brennt er dafür, KI und Deep Learning verständlich darzustellen und Menschen beizubringen, wie sie diese Technologien in großem Umfang nutzen können. Bevor er voll und ganz in Lightning AI eingestiegen ist, hatte Sebastian Raschka eine Position als Assistenzprofessor für Statistik an der University of Wisconsin-Madison inne, wo er sich auf die Erforschung von Deep Learning und maschinellem Lernen spezialisierte. Auf seiner Website (*https://sebastianraschka.com*) erfahren Sie mehr über seine Forschung. Außerdem liebt Sebastian Raschka Open-Source-Software und leistet seit über einem Jahrzehnt leidenschaftlich Beiträge dazu. Neben dem Programmieren schreibt er auch gern und ist Autor der Beststeller *Python Machine Learning* und *Machine Learning with PyTorch and Scikit-Learn* (beide bei Packt Publishing veröffentlicht).

Über den Technischen Redakteur

Andrea Panizza ist leitender KI-Spezialist beim Unternehmen Baker Hughes, das modernste KI/ML-Techniken einsetzt, um die technische Konstruktion zu beschleunigen, die Informationsgewinnung und -extraktion aus großen Dokumentensammlungen zu Arbeitsmappen und die unbemannte Inspektion von Anlagen mithilfe von Computer Vision zu unterstützen. Er hat einen Doktortitel in Computational Fluid Dynamics. Bevor er zu Baker Hughes kam, arbeitete er als CFD-Forscher bei CIRA (dem italienischen Zentrum für Luft- und Raumfahrtforschung).

Sebastian Raschka

Machine Learning und KI kompakt

Zentrale Konzepte verstehen und anwenden

dpunkt.verlag

Sebastian Raschka

Übersetzung: Frank Langenau
Lektorat: Sandra Bollenbacher, Alissa Melitzer
Copy-Editing: Petra Heubach-Erdmann, Düsseldorf
Satz: Gerhard Alfes, mediaService, Siegen, *www.mediaservice.tv*, Birgit Bäuerlein
Herstellung: Stefanie Weidner
Cover-Illustratorin: Gina Redman
Umschlaggestaltung: Eva Hepper, Silke Braun
Druck und Bindung: mediaprint solutions GmbH, 33100 Paderborn

Bibliografische Information der Deutschen Nationalbibliothek
Die Deutsche Nationalbibliothek verzeichnet diese Publikation in der Deutschen Nationalbibliografie; detaillierte bibliografische Daten sind im Internet über *http://dnb.d-nb.de* abrufbar.

ISBN:
Print 978-3-98889-031-3
PDF 978-3-98890-214-6
ePub 978-3-98890-215-3

1. Auflage 2025

Wieblinger Weg 17
69123 Heidelberg
E-Mail: *hallo@dpunkt.de*

Hinweis:
Dieses Buch wurde mit mineralölfreien Farben auf PEFC-zertifiziertem Papier aus nachhaltiger Waldwirtschaft gedruckt. Der Umwelt zuliebe verzichten wir zusätzlich auf die Einschweißfolie. Hergestellt in Deutschland.

PEFC-zertifiziert
Dieses Buch stammt aus nachhaltig bewirtschafteten Wäldern und kontrollierten Quellen
PEFC/04-31-0810 www.pefc.de

Schreiben Sie uns:
Falls Sie Anregungen, Wünsche und Kommentare haben, lassen Sie es uns wissen: *hallo@dpunkt.de*.

5 4 3 2 1 0

Inhaltsverzeichnis

Teil V Vorhersageperformance und Modellevaluierung

Vorwort

Es gibt Hunderte von Einführungsbüchern zum maschinellen Lernen, in einer Vielzahl von Stilen und Ansätzen, von theorieorientierten Perspektiven für Studenten bis hin zu geschäftsorientierten Sichtweisen für Vorstandsetagen. Diese Einführungsbücher sind unschätzbare Ressourcen für Personen, die ihre ersten Schritte in diesem Bereich machen, und sie werden dies auch in den kommenden Jahrzehnten bleiben.

Allerdings besteht der Weg zum Fachwissen nicht nur aus den Anfängen. Er führt auch über verschlungene Umwege, die steilen Anstiege und die Nuancen, die anfangs nicht offensichtlich sind. Anders ausgedrückt: Nachdem sie sich die Grundlagen angeeignet haben, stellt sich für die Lernenden die Frage: »Was kommt als Nächstes?« Genau hier, im Bereich jenseits der Grundlagen, liegt die Zweckbestimmung dieses Buches.

Sebastian führt die Leser durch ein breites Spektrum an mittleren und fortgeschritteneren Themen des angewandten maschinellen Lernens, auf die sie auf ihrem Weg zum Fachwissen wahrscheinlich stoßen werden. Man könnte sich kaum einen besseren Lehrer wünschen als Sebastian, der – ohne Übertreibung – der beste Dozent für maschinelles Lernen ist, der derzeit auf diesem Gebiet tätig ist. Auf jeder Seite vermittelt Sebastian nicht nur seine umfangreichen Fachkenntnisse, sondern teilt auch die Leidenschaft und Neugier, die wahre Kompetenz auszeichnen.

Dieses Buch richtet sich an alle Lernenden, die die erste Schwelle überschritten haben und nun tiefer einsteigen wollen. Wenn Sie dieses Buch durcharbeiten, werden Sie Ihre Fachkenntnisse um ein Vielfaches erweitern. Lassen Sie es eine Brücke zu Ihrer nächsten Phase von lohnenden Abenteuern im maschinellen Lernen sein.

Viel Glück!
Chris Albon

Director of Machine Learning, the Wikimedia Foundation
San Francisco, August 2023

Danksagungen

Ein Buch zu schreiben, ist ein enormes Unterfangen. Dieses Projekt wäre ohne die Hilfe der Open-Source- und Machine-Learning-Communities, die gemeinsam die Technologien entwickelt haben, um die es in diesem Buch geht, nicht möglich gewesen.

Ich möchte mich bei den folgenden Personen für ihr ungemein hilfreiches Feedback zum Manuskript bedanken:

- Andrea Panizza, der ein hervorragender technischer Redakteur war und sehr wertvolles und aufschlussreiches Feedback geliefert hat
- Anton Reshetnikov, der ein übersichtlicheres Layout für das Flussdiagramm zum überwachten Lernen in Kapitel 30 vorgeschlagen hat
- Nikan Doosti, Juan M. Bello-Rivas und Ken Hoffman, die auf verschiedene typografische Fehler hingewiesen haben
- Abigail Schott-Rosenfield und Jill Franklin für ihre vorbildliche redaktionelle Arbeit. Ihr Geschick, die richtigen Fragen zu stellen und die Sprache zu verbessern, hat die Qualität dieses Buches erheblich gesteigert.

Einleitung

Dank der rasanten Fortschritte beim Deep Learning haben sich maschinelles Lernen und künstliche Intelligenz in den letzten Jahren erheblich ausgebreitet.

Diese Entwicklung ist spannend, wenn wir davon ausgehen, dass diese Fortschritte neue Branchen schaffen, bestehende Branchen verändern und die Lebensqualität von Menschen auf der ganzen Welt verbessern werden. Andererseits kann das ständige Auftauchen neuer Techniken dazu führen, dass es schwierig und zeitaufwendig ist, mit den neuesten Entwicklungen Schritt zu halten. Dennoch ist es für Fachleute und Organisationen, die diese Technologien nutzen, unerlässlich, auf dem Laufenden zu bleiben.

Ich habe dieses Buch als Ressource für Leser und Praktiker des maschinellen Lernens geschrieben, die ihr Fachwissen auf diesem Gebiet erweitern und mehr über die Techniken erfahren möchten, die ich für nützlich und wichtig erachte, die aber in traditionellen und einführenden Lehrbüchern und Kursen oft übersehen werden. Ich hoffe, dass dieses Buch für Sie eine wertvolle Ressource ist, um neue Einblicke zu gewinnen und neue Techniken zu entdecken, die Sie in Ihrer Arbeit umsetzen können.

An wen richtet sich dieses Buch?

Oft fühlt es sich wie eine Gratwanderung an, sich in der Welt der KI und des maschinellen Lernens zurechtzufinden, da die meisten Bücher an einem der beiden Enden angesiedelt sind: breite Einführungen für Anfänger oder tiefgründige mathematische Abhandlungen. Dieses Buch veranschaulicht und erörtert wichtige Entwicklungen in diesen Bereichen, ist dabei aber leicht verständlich und setzt keine höheren mathematischen oder programmiertechnischen Kenntnisse voraus.

Dieses Buch richtet sich an Personen, die bereits einige Erfahrung mit maschinellem Lernen haben und neue Konzepte und Techniken erlernen möchten. Es ist ideal für diejenigen, die einen Grundkurs in maschinellem Lernen oder Deep Learning absolviert oder ein entsprechendes Einführungsbuch zu diesem Thema gelesen haben. (Im gesamten Buch verwende ich *maschinelles Lernen* als Oberbegriff für maschinelles Lernen, Deep Learning und KI.)

Was werden Sie von diesem Buch haben?

Dieses Buch ist in einem einzigartigen Frage-und-Antwort-Stil geschrieben, bei dem jedes kurze Kapitel um eine zentrale Frage zu grundlegenden Konzepten des maschinellen Lernens, des Deep Learning und der KI aufgebaut ist. Auf jede Frage folgt eine Erklärung mit mehreren Illustrationen und Abbildungen sowie Übungen, um Ihr Verständnis zu testen. Viele Kapitel enthalten auch Verweise auf weiterführende Literatur. Diese mundgerechten Informationsbrocken bieten einen unterhaltsamen Einstieg auf Ihrem Weg vom Anfänger zum Experten für maschinelles Lernen.

Das Buch deckt ein breites Themenspektrum ab. Es enthält neue Erkenntnisse über etablierte Architekturen, wie zum Beispiel Convolutional Networks (Faltungsnetze), mit denen Sie diese Technologien effektiver nutzen können. Außerdem werden erweiterte Techniken erörtert, wie etwa das Innenleben von großen Sprachmodellen (Large Language Models, LLMs) und Vision Transformers. Selbst erfahrene Forscher und Praktiker im Bereich des maschinellen Lernens werden etwas Neues finden, das sie ihrem Arsenal an Techniken hinzufügen können.

Dieses Buch macht Sie zwar mit neuen Konzepten und Ideen bekannt, ist aber weder ein Mathematik- noch Programmierbuch. Beim Lesen müssen Sie keine Beweise herleiten oder Code ausführen. Mit anderen Worten: Dieses Buch ist ein perfekter Reisebegleiter oder etwas, das Sie auf Ihrem Lieblingslesesessel mit Ihrem Morgenkaffee oder Tee lesen können.

Wie man dieses Buch liest

Die einzelnen Kapitel dieses Buches sind in sich abgeschlossen, sodass Sie nach Belieben zwischen den Themen wechseln können. Wird ein Konzept aus einem Kapitel in einem anderen ausführlicher erklärt, habe ich Kapitelverweise eingefügt, denen Sie folgen können, um Lücken in Ihrem Verständnis zu schließen.

Allerdings sind die Kapitel in einer strategischen Reihenfolge angeordnet. Zum Beispiel bereitet das frühe Kapitel über Einbettungen die Grundlage für spätere Diskussionen über selbstüberwachtes Lernen und Few-Shot Learning. Um die Lektüre so einfach wie möglich zu gestalten und den Inhalt so umfassend wie möglich zu erfassen, empfehle ich, das Buch von Anfang bis Ende zu lesen.

Zu jedem Kapitel gibt es optionale Übungen für Leser, die ihr Verständnis testen wollen, mit einem Antwortschlüssel am Ende des Buches. Darüber hinaus finden Sie für alle Paper, auf die in einem Kapitel verwiesen wird, oder für weiterführende Literatur zum Thema des Kapitels die vollständigen Quellenangaben im Abschnitt »Referenzen« dieses Kapitels.

Das Buch ist in fünf Hauptteile gegliedert, die sich mit den wichtigsten Themen des maschinellen Lernens und der KI in der heutigen Zeit befassen.

Teil I: Neuronale Netze und Deep Learning behandelt Fragen zu tiefen neuronalen Netzen und Deep Learning, die nicht spezifisch für einen bestimmten Teilbereich sind. Zum Beispiel erörtern wir Alternativen zum überwachten Lernen und Techniken, die Überanpassung – ein häufiges Problem bei Modellen für maschinelles Lernen, die auf praktische Probleme mit begrenzter Datenmenge angewendet werden – vermeiden oder reduzieren sollen.

- **Kapitel 1: Einbettungen, Latenter Raum und Repräsentationen** beschäftigt sich mit den Unterschieden und Ähnlichkeiten zwischen Einbettungsvektoren, latenten Vektoren und Repräsentationen. Es wird verdeutlicht, wie diese Konzepte dazu beitragen, Informationen im Kontext des maschinellen Lernens zu codieren.
- **Kapitel 2: Selbstüberwachtes Lernen** konzentriert sich auf selbstüberwachtes Lernen, eine Methode, die es neuronalen Netzen ermöglicht, große, nicht gelabelte Datensätze in überwachter Art und Weise zu nutzen.
- **Kapitel 3: Few-Shot Learning** stellt Few-Shot Learning vor, eine spezialisierte Technik des überwachten Lernens, die auf kleine Trainingsdatensätze zugeschnitten ist.
- **Kapitel 4: Die Lotterie-Ticket-Hypothese** untersucht die Idee, dass zufällig initialisierte neuronale Netze kleinere, effiziente Teilnetze enthalten.
- **Kapitel 5: Überanpassung mit Daten reduzieren** setzt sich mit dem Problem der Überanpassung im maschinellen Lernen auseinander und erörtert Strategien, bei denen Datenvermehrung und nicht gelabelte Daten im Mittelpunkt stehen, um Überanpassung zu verhindern.
- **Kapitel 6: Überanpassung mit Modellmodifikationen verringern** erweitert die Betrachtungen zur Überanpassung und konzentriert sich dabei auf modellbezogene Lösungen wie Regularisierung, die Entscheidung für einfachere Modelle und Ensemble-Techniken.
- **Kapitel 7: Multi-GPU-Trainingsparadigmen** erläutert verschiedene Trainingsparadigmen für Multi-GPU-Setups inklusive Daten- und Modellparallelität, um das Modelltraining zu beschleunigen.
- **Kapitel 8: Der Erfolg der Transformer** untersucht die beliebte Transformer-Architektur, wobei es insbesondere um Features wie Attention-Mechanismen, einfache Parallelisierung und hohe Parameteranzahlen geht.
- **Kapitel 9: Generative KI-Modelle** bietet einen umfassenden Überblick über tiefe generative Modelle, die dafür gedacht sind, verschiedene Medienformen zu erzeugen, darunter Bilder, Text und Audio. Erörtert werden die Stärken und Schwächen der einzelnen Modelltypen.
- **Kapitel 10: Quellen des Zufalls** behandelt die verschiedenen Quellen des Zufalls beim Training von tiefen neuronalen Netzen, die zu inkonsistenten und nicht reproduzierbaren Ergebnissen sowohl beim Training als auch bei der Inferenz führen können. Während Zufälligkeiten unbeabsichtigt auftreten können, ist es auch möglich, sie vom Konzept her absichtlich einzubringen.

Teil II: Computer Vision konzentriert sich auf Themen, die hauptsächlich mit Deep Learning zu tun haben, aber spezifisch für Computer Vision sind. Viele davon betreffen CNNs und Vision Transformer.

- **Kapitel 11: Die Anzahl der Parameter berechnen** erläutert das Verfahren, mit dem sich die Parameter in einem CNN bestimmen lassen. Dies ist nützlich, um den Speicherbedarf eines Modells abzuschätzen.
- **Kapitel 12: Vollständig verbundene Schichten und Convulutional Layer** veranschaulicht die Umstände, unter denen Faltungsschichten nahtlos vollständig verbundene Schichten ersetzen können. Dies ist nützlich, um die Hardware zu optimieren oder Implementierungen zu vereinfachen.
- **Kapitel 13: Große Trainingsdatensätze für Vision Transformer** untersucht die Gründe, warum Vision Transformer im Vergleich zu herkömmlichen CNNs umfangreichere Trainingsdatensätze benötigen.

Teil III: Verarbeitung natürlicher Sprache (Natural Language Processing, NLP) behandelt Themen rund um die Verarbeitung von Text, von denen viele mit Transfomer-Architekturen und Selbstaufmerksamkeit zu tun haben.

- **Kapitel 14: Die Verteilungshypothese** befasst sich mit der Verteilungshypothese, einer linguistischen Theorie, die besagt, dass Wörter, die in den gleichen Kontexten vorkommen, tendenziell ähnliche Bedeutungen haben. Diese Eigenschaft ist nützlich für das Training von Modellen des maschinellen Lernens.
- **Kapitel 15: Datenvermehrung für Text** beleuchtet die Bedeutung der Vermehrung von Text, einer Technik, mit der sich die Datensatzgröße künstlich erhöhen lässt. Dies kann hilfreich sein, um die Modellperformance zu verbessern.
- **Kapitel 16: Selbstaufmerksamkeit** stellt mit Selbstaufmerksamkeit einen Mechanismus vor, der es jedem Segment der Eingabe in ein neuronales Netz erlaubt, auf andere Teile zu verweisen. Selbstaufmerksamkeit ist ein entscheidender Mechanismus in modernen Sprachmodellen.
- **Kapitel 17: Encoder- und Decoder-Transformer** beschreibt die Nuancen von Encoder- und Decoder-Transformer-Architekturen und erläutert, welche Art von Architektur für die jeweilige Sprachverarbeitungsaufgabe am nützlichsten ist.
- **Kapitel 18: Vortrainierte Transformer verwenden und feinabstimmen** erläutert verschiedene Methoden zur Feinabstimmung vortrainierter LLMs und erörtert ihre Stärken und Schwächen.
- **Kapitel 19: Generative LLMs evaluieren** listet bekannte Evaluierungsmetriken für Sprachmodelle wie Perplexity, BLEU, ROUGE und BERTScore auf.

Teil IV: Produktion und Deployment behandelt Fragen zu praktischen Szenarios wie zum Beispiel die Steigerung der Inferenzgeschwindigkeiten und verschiedene Arten von Verteilungsverschiebungen.

- **Kapitel 20: Zustandsloses und zustandsbehaftetes Training** unterscheidet zwischen zustandslosen und zustandsbehafteten Trainingsmethodiken, die beim Deploying von Modellen verwendet werden.
- **Kapitel 21: Datenzentrierte KI** untersucht datenzentrische KI, bei der die Verfeinerung von Datensätzen zur Verbesserung der Modellperformance im Vordergrund steht. Dieser Ansatz steht im Gegensatz zum herkömmlichen modellzentrierten Ansatz, bei dem es in erster Linie um die Verbesserung von Modellarchitekturen oder -methoden geht.
- **Kapitel 22: Die Inferenz beschleunigen** stellt Techniken vor, um die Geschwindigkeit der Modellinferenz zu erhöhen, ohne die Modellarchitektur anzupassen oder die Genauigkeit zu beeinträchtigen.
- **Kapitel 23: Verschiebungen in der Datenverteilung:** Nach dem Deployment können KI-Modelle mit Diskrepanzen zwischen Trainingsdaten und realen Datenverteilungen konfrontiert werden, die als Verschiebungen in der Datenverteilung bekannt sind. Diese Verschiebungen können die Modellperformance verschlechtern. In diesem Kapitel werden gängige Verschiebungen wie Kovariantenverschiebung, Konzeptdrift, Labeldrift und Domänenverschiebung kategorisiert und näher beleuchtet.

Teil V: Vorhersageperformance und Modellevaluierung vertieft verschiedene Aspekte, um die Vorhersageleistung zu optimieren, indem man zum Beispiel die Verlustfunktion ändert, k-fache Kreuzvalidierung einrichtet und mit begrenzt gelabelten Daten arbeitet.

- **Kapitel 24: Poisson- und ordinale Regression** verdeutlicht die Unterschiede zwischen Poisson- und ordinaler Regression. Poisson-Regression kommt für abzählbare Daten infrage, die einer Poisson-Verteilung folgen, beispielsweise die Anzahl der Erkältungen, die sich Personen in einem Flugzeug zugezogen haben. Im Gegensatz dazu eignet sich die ordinale Regression für geordnete kategoriale Daten, bei denen keine äquidistanten Kategorien angenommen werden, wie zum Beispiel beim Schweregrad von Krankheiten.
- **Kapitel 25: Konfidenzintervalle** beschreibt Methoden, mit denen sich Konfidenzintervalle für Klassifikatoren des maschinellen Lernens erstellen lassen. Es wird erläutert, welchen Zweck Konfidenzintervalle haben und wie sie Parameter unbekannter Populationen schätzen. Außerdem lernen Sie Techniken wie Intervalle der Normal-Approximation, Bootstrapping und Retraining mit verschiedenen zufälligen Startwerten kennen.
- **Kapitel 26: Konfidenzintervalle vs. konforme Vorhersagen** erörtert die Unterscheidung zwischen Konfidenzintervallen und konformen Vorhersagen und beschreibt Letztere als Tool, um Vorhersageintervalle zu erstellen, die tatsächliche Ergebnisse mit einer bestimmten Wahrscheinlichkeit abdecken.

- **Kapitel 27: Geeignete Metriken** konzentriert sich auf die wesentlichen Eigenschaften einer geeigneten Metrik in Mathematik und Informatik. Es wird untersucht, ob die beim maschinellen Lernen häufig verwendeten Verlustfunktionen, wie der mittlere quadratische Fehler und der Kreuzentropieverlust, diese Eigenschaften erfüllen.
- **Kapitel 28: Das *k* in *k*-facher Kreuzvalidierung** untersucht die Rolle des *k* in der *k*-fachen Kreuzvalidierung sowie die Vor- und Nachteile bei der Wahl eines großen *k*.
- **Kapitel 29: Diskordanz zwischen Trainings- und Testdatensatz** befasst sich mit dem Szenario, in dem ein Modell mit dem Testdatensatz besser performt als mit dem Trainingsdatensatz. Bietet Strategien an, um Diskrepanzen zwischen Trainings- und Testdatensätzen zu entdecken und zu behandeln. Dabei lernen Sie das Konzept der adversarialen Validierung kennen.
- **Kapitel 30: Begrenzte gelabelte Daten** stellt verschiedene Techniken vor, um die Modellleistung in Situationen zu verbessern, in denen die Daten begrenzt sind. Behandelt werden Datenbeschriftung, Bootstrapping und Paradigmen wie Transferlernen, aktives Lernen und multimodales Lernen.

Online-Ressourcen

Auf GitHub habe ich optionales Ergänzungsmaterial mit Codebeispielen für bestimmte Kapitel bereitgestellt, damit Sie Ihre Lernerfahrung verbessern können (siehe *https://github.com/rasbt/MachineLearning-QandAI-book*). Diese Materialien sind als praktische Erweiterungen und zur Vertiefung der im Buch behandelten Themen gedacht. Sie können sie parallel zu den einzelnen Kapiteln verwenden oder erst nach dem Lesen des Buches erkunden, um Ihr Wissen zu festigen und zu erweitern.

Nun genug der Vorrede, gehen wir in medias res!

I Neuronale Netze und Deep Learning

1 Einbettungen, latenter Raum und Repräsentationen

Beim Deep Learning sind Begriffe wie *Einbettungsvektoren*, *Repräsentationen* und *latenter Raum* gebräuchlich. Was haben diese Konzepte gemeinsam und wie unterscheiden sie sich?

Auch wenn diese drei Begriffe oft synonym verwendet werden, können wir zwischen ihnen feine Unterscheidungen treffen:

- Einbettungsvektoren sind Repräsentationen von Eingabedaten, bei denen ähnliche Elemente nahe beieinanderliegen.
- Latente Vektoren sind Zwischenrepräsentationen von Eingabedaten.
- Repräsentationen sind codierte Versionen der ursprünglichen Eingabedaten.

Die folgenden Abschnitte untersuchen die Beziehung zwischen Einbettungen, latenten Vektoren und Repräsentationen. Außerdem erfahren Sie, wie sie jeweils im Kontext des maschinellen Lernens Informationen codieren.

1.1 Einbettungen

Einbettungsvektoren – kurz *Einbettungen* – codieren relativ hochdimensionale Daten in relativ niedrigdimensionale Vektoren.

Mithilfe von Einbettungsmethoden können wir einen kontinuierlichen dichten (nicht-dünnbesetzten) Vektor aus einer (dünnbesetzten) 1-aus-n-Codierung (englisch One-hot encoding) erzeugen. Die *1-aus-n-Codierung* ist eine Methode, um kategoriale Daten als binäre Vektoren darzustellen, wobei jede Kategorie auf einen Vektor abgebildet wird, der an der Position, die dem Index der Kategorie entspricht, eine 1, und an allen anderen Positionen eine 0 enthält. Damit ist sichergestellt, dass die kategorialen Werte so dargestellt werden, dass bestimmte Algorithmen für maschinelles Lernen sie verarbeiten können. Wenn wir zum Beispiel eine kategoriale Variable `Farbe` mit den drei Kategorien `Rot`, `Grün` und `Blau` haben, stellt die 1-aus-n-Codierung `Rot` als `[1, 0, 0]`, `Grün` als `[0, 1, 0]` und `Blau` als `[0, 0, 1]` dar. Diese 1-aus-n-codierten kategorialen Variablen lassen sich dann in kontinuierliche Einbettungsvektoren abbilden, indem die gelernte Gewichtsmatrix einer Einbettungsschicht oder eines Moduls verwendet wird.

Einbettungsmethoden eignen sich auch für dichte Daten wie Bilder. Zum Beispiel können die letzten Schichten eines Convolutional Neural Networks (CNN) Einbettungsvektoren liefern, wie Abbildung 1–1 veranschaulicht.

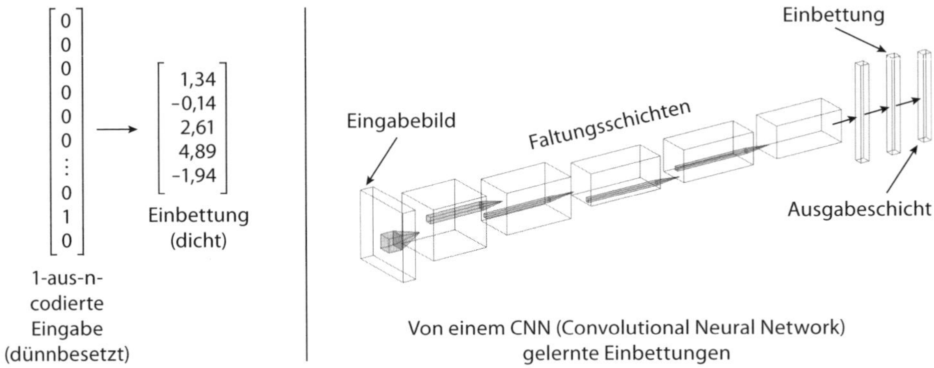

Abb. 1–1 *Eine Eingabeeinbettung (links) und eine Einbettung von einem neuronalen Netz (rechts)*

Um technisch korrekt zu sein, könnten alle Ausgaben der Zwischenschicht eines neuronalen Netzes Einbettungsvektoren liefern. Je nach Trainingsziel kann auch die Ausgabeschicht nützliche Einbettungsvektoren erzeugen. Der Einfachheit halber assoziiert das Convolutional Neural Network in Abbildung 1–1 die vorletzte Schicht mit Einbettungen.

Es ist möglich, dass Einbettungen eine höhere oder niedrigere Anzahl von Dimensionen haben als die ursprüngliche Eingabe. Mithilfe von Einbettungsmethoden für extreme Ausdrücke lassen sich beispielsweise Daten in zweidimensionale dichte und kontinuierliche Darstellungen für Visualisierungszwecke und Clustering-Analysen codieren, wie Abbildung 1–2 zeigt.

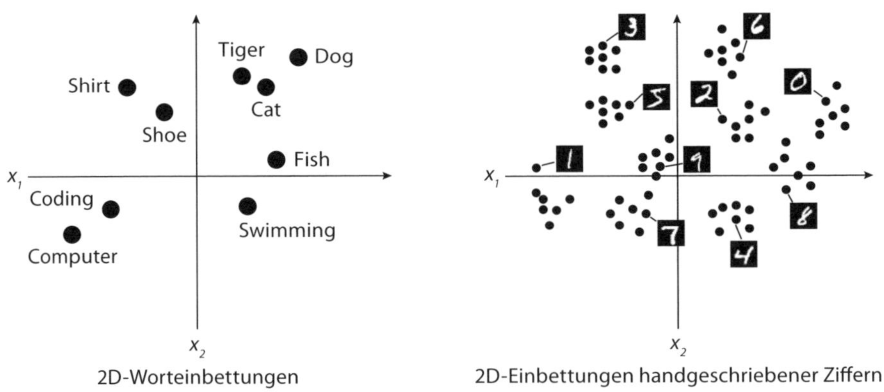

Abb. 1–2 *Abbildung von Wörtern (links) und Bildern (rechts) auf einen zweidimensionalen Merkmalsraum*

Zu den grundlegenden Eigenschaften von Einbettungen gehört, dass sie *Abstand* oder *Ähnlichkeit* codieren. Das bedeutet, dass Einbettungen die Semantik der Daten so erfassen, dass ähnliche Eingaben im Einbettungsraum nahe beieinanderliegen.

Für Leser, die an einer formaleren Erklärung mittels mathematischer Terminologie interessiert sind, sei erwähnt, dass eine Einbettung eine injektive und strukturerhaltende Abbildung zwischen einem Eingaberaum X und dem Einbettungsraum Y ist. Dies impliziert, dass ähnliche Eingaben an nahe beieinanderliegenden Punkten innerhalb des Einbettungsraums liegen, was man als »strukturerhaltende« Eigenschaft der Einbettung ansehen kann.

1.2 Latenter Raum

Latenter Raum wird in der Regel synonym mit *Einbettungsraum* verwendet, das heißt dem Raum, in den Einbettungsvektoren abgebildet werden.

Ähnliche Elemente können im latenten Raum nahe beieinanderliegen, was jedoch keine strikte Voraussetzung ist. Im weiteren Sinne kann man sich den latenten Raum als jeden Merkmalsraum vorstellen, der Features – oftmals komprimierte Versionen der ursprünglichen Eingabefeatures – enthält. Diese latenten Raumfeatures können von einem neuronalen Netzwerk erlernt werden, beispielsweise einem Autoencoder, der Eingabebilder rekonstruiert, wie Abbildung 1–1 zeigt. Diese latenten Eingabefeatures können von einem neuronalen Netz gelernt werden, beispielsweise von einem Autoencoder, der Eingabebilder rekonstruiert, wie Abbildung 1–3 zeigt.

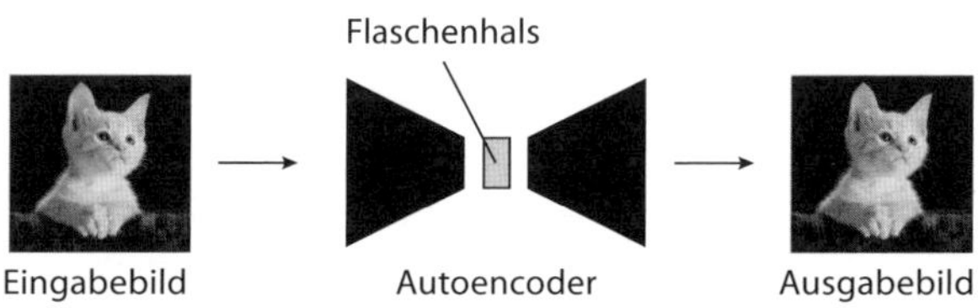

Abb. 1–3 *Ein Autoencoder, der das Eingabebild rekonstruiert*

Der Flaschenhals in Abbildung 1–3 repräsentiert eine kleine Zwischenschicht des neuronalen Netzes, die das Eingabebild in eine Repräsentation geringerer Dimensionen codiert. Den Zielraum dieser Abbildung kann man sich als latenten Raum vorstellen. Das Trainingsziel des Autoencoders besteht darin, das Eingabebild zu rekonstruieren, das heißt, den Abstand zwischen den Eingabe- und Ausgabebildern zu minimieren. Um das Trainingsziel zu optimieren, kann der Autoencoder lernen, die codierten Features von ähnlichen Eingaben (zum Beispiel Bilder von Katzen) im latenten Raum nahe nebeneinander zu platzieren, dabei nützliche Einbettungen von Vektoren zu erstellen, wobei ähnliche Eingaben im Einbettungs- (latenten) Raum nahe beieinanderliegen.

1.3 Repräsentation

Eine *Repräsentation* ist eine codierte Form und typischerweise eine Zwischenform einer Eingabe. Zum Beispiel ist ein Einbettungsvektor bzw. Vektor im latenten Raum eine Darstellung der Eingabe, wie oben erläutert. Allerdings können Darstellungen auch mit einfacheren Prozeduren erzeugt werden. Zum Beispiel lassen sich 1-aus-n-codierte Vektoren als Repräsentationen einer Eingabe betrachten, wie bereits oben erwähnt. Allerdings lassen sich Repräsentationen auch durch einfachere Verfahren erzeugen. So werden zum Beispiel 1-aus-n-codierte Vektoren als Repräsentationen einer Eingabe betrachtet.

Der Grundgedanke besteht darin, dass die Repräsentation einige wesentliche Features oder Eigenschaften der ursprünglichen Daten erfasst, um sie weiter analysieren zu können.

1.4 Übungen

1. Angenommen, wir trainieren ein Netz mit fünf konvolutionalen Schichten, gefolgt von drei vollständig verbundenen Schichten, ähnlich dem AlexNet (*https://en.wikipedia.org/wiki/AlexNet*), wie in Abbildung 1–4 veranschaulicht.

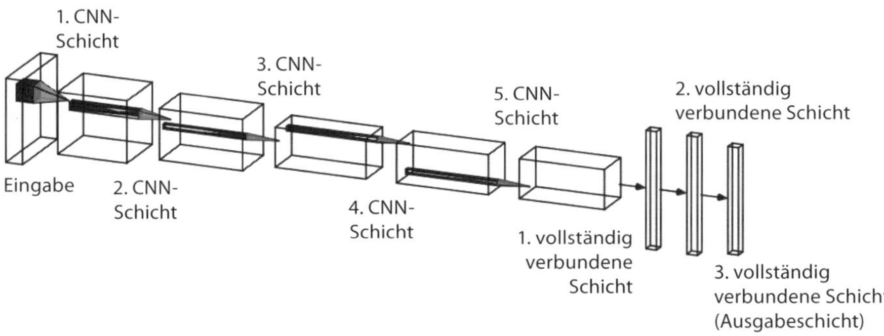

Abb. 1–4 *Eine Veranschaulichung von AlexNet*

   Diese vollständig verbundenen Schichten kann man sich als zwei verdeckte Schichten und eine Ausgabeschicht in einem mehrschichtigen Perzeptron vorstellen. Welche Schichten dieses neuronalen Netzes lassen sich nutzen, um nützliche Einbettungen zu erzeugen? Interessierte Leser finden weitere Details zur Architektur und Implementierung von AlexNet in der Originalveröffentlichung von Alex Krizhevsky, Ilya Sutskever und Geoffrey Hinton.

2. Nennen Sie einige Typen von Eingaberepräsentationen, die keine Einbettungen sind.

1.5 Referenzen

- Die Architektur und Implementierung von AlexNet wird ursprünglich in folgendem Paper beschrieben: Alex Krizhevsky, Ilya Sutskever und Geoffrey Hinton, »ImageNet Classification with Deep Convolutional Neural Networks« (2012), *https://papers.nips.cc/paper/4824-imagenet-classification-with-deep-convolutional-neural-networks*.

2 Selbstüberwachtes Lernen

Was ist selbstüberwachtes Lernen, wann ist es nützlich und wie sehen die Hauptansätze aus, um es zu implementieren?

Selbstüberwachtes Lernen ist eine Vortrainingsprozedur, die es neuronalen Netzen ermöglicht, große, ungelabelte Datensätze in überwachter Art und Weise zu nutzen. Dieses Kapitel vergleicht selbstüberwachtes Lernen mit Transferlernen, einer verwandten Methode zum Vortrainieren von neuronalen Netzen, und erörtert die praktischen Anwendungen von selbstüberwachtem Lernen. Schließlich skizziert es die wichtigsten Kategorien von selbstüberwachtem Lernen.

2.1 Selbstüberwachtes Lernen vs. Transferlernen

Selbstüberwachtes Lernen ist mit dem Transferlernen verwandt, einer Technik, bei der ein Modell, das für eine bestimmte Aufgabe vortrainiert worden ist, als Ausgangspunkt für ein Modell für eine zweite Aufgabe wiederverwendet wird. Nehmen wir zum Beispiel an, dass wir einen Bildklassifikator trainieren wollen, um Vogelarten zu klassifizieren. Beim Transferlernen würden wir ein CNN (Convolutional Neural Network) auf dem ImageNet-Datensatz trainieren, einem großen, gelabelten Bilddatensatz mit vielen verschiedenen Kategorien, einschließlich verschiedener Objekte und Tiere. Nach dem Vortraining mit dem allgemeinen ImageNet-Datensatz wird das trainierte Modell mit dem kleineren, spezifischeren Zieldatensatz trainiert, der die interessierenden Vogelarten enthält. (Oftmals müssen wir nur die klassenspezifische Ausgabeschicht ändern, können ansonsten aber das vortrainierte Netz unverändert übernehmen.)

Abbildung 2–1 veranschaulicht den Ablauf beim Transferlernen.

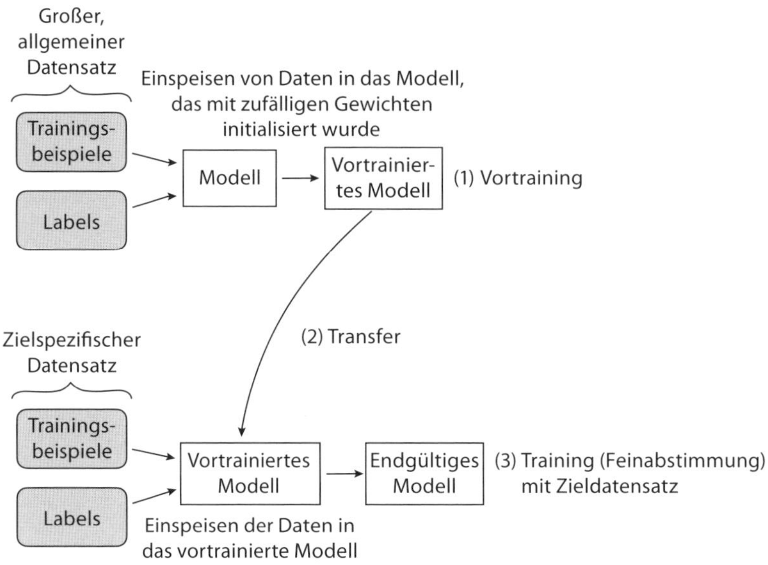

Abb. 2–1 *Vortraining mit konventionellem Transferlernen*

Selbstüberwachtes Lernen ist ein alternativer Ansatz zum Transferlernen, bei dem das Modell nicht mit gelabelten Daten, sondern mit ungelabelten Daten vortrainiert wird. Wir betrachten einen ungelabelten Datensatz, für den wir keine Label-Informationen haben, und suchen dann nach einer Möglichkeit, Labels aus der Struktur des Datensatzes zu erhalten, um eine Vorhersageaufgabe für das neuronale Netz zu formulieren, wie Abbildung 2–2 zeigt. Diese Aufgaben für das selbstüberwachte Training nennt man auch *Voraufgaben*.

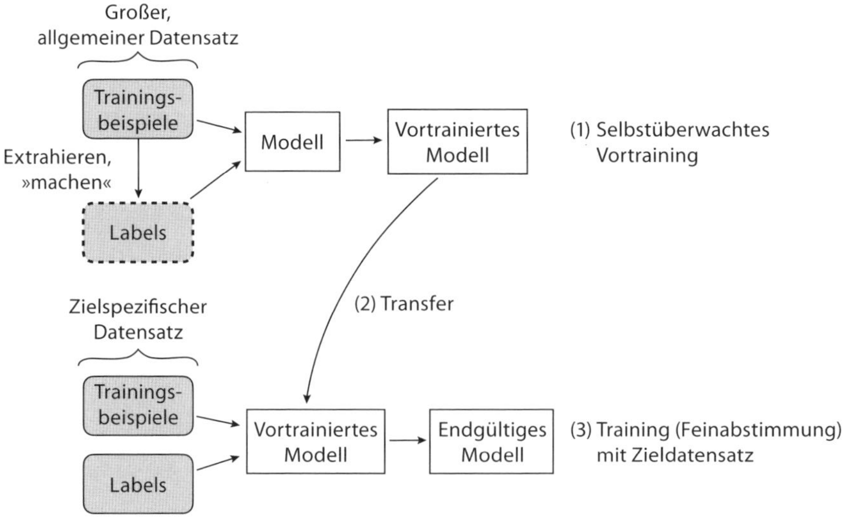

Abb. 2–2 *Vortraining mit selbstüberwachtem Lernen*

Der Hauptunterschied zwischen Transferlernen und selbstüberwachtem Lernen liegt in der Art und Weise, wie wir die Labels in Schritt 1 der Darstellungen von Abbildung 2–1 und Abbildung 2–2 erhalten. Beim Transferlernen gehen wir davon aus, dass die Labels zusammen mit dem Datensatz bereitgestellt werden. In der Regel werden die Labels manuell von Label-Experten den Daten zugeordnet. Beim selbstüberwachten Lernen lassen sich die Labels direkt aus den Trainingsbeispielen ableiten.

Eine Aufgabe des selbstüberwachten Lernens könnte eine Vorhersage fehlender Wörter im Kontext der Verarbeitung natürlicher Sprache sein. Zum Beispiel können wir bei dem Satz »Draußen ist es schön und sonnig« das Wort »sonnig« ausmaskieren, dem Netz die Eingabe »Draußen ist es schön und [MASKE]« einspeisen und das Netz das fehlende Wort an der Position »[MASKE]« vorhersagen lassen. In ähnlicher Weise könnten wir in einem Computer-Vision-Kontext Bildausschnitte entfernen und das neuronale Netz die Lücken füllen lassen. Dies sind lediglich zwei Beispiele für Aufgaben des selbstüberwachten Lernens; es gibt viele weitere Methoden und Paradigmen für diese Art des Lernens.

Zusammenfassend lässt sich sagen, dass man selbstüberwachtes Lernen bei der Voraufgabe als Repräsentationslernen betrachten kann. Wir können das vorab trainierte Modell verwenden, um es für die Zielaufgabe (auch bekannt als die *Downstream*-Aufgabe) zu optimieren.

2.2 Ungelabelte Daten nutzen

Große Architekturen neuronaler Netze benötigen große Mengen an gelabelten Daten, um eine gute Leistung und Generalisierung zu erzielen. Für viele Problembereiche haben wir jedoch keinen Zugang zu großen, gelabelten Datensätzen. Beim selbstüberwachten Lernen können wir ungelabelte Daten nutzen. Daher ist selbstüberwachtes Lernen beim Arbeiten mit großen neuronalen Netzen und mit einer begrenzten Menge von gelabelten Trainingsdaten höchstwahrscheinlich nützlich.

Transformer-basierte Architekturen, die die Grundlage der LLMs und Vision Transformer bilden, erfordern bekanntermaßen selbstüberwachtes Lernen für das Vortraining, um gute Leistungen zu erzielen.

Für kleine Modelle von neuronalen Netzen wie zum Beispiel mehrschichtige Perzeptrons mit zwei oder drei Schichten wird selbstüberwachtes Lernen in der Regel weder als nützlich noch als notwendig erachtet.

Selbstüberwachtes Lernen ist auch beim herkömmlichen maschinellen Lernen mit nichtparametrischen Modellen wie baumbasierten Random Forests oder Gradient Boosting nicht sinnvoll. Konventionelle baumbasierte Methoden besitzen keine feste Parameterstruktur (im Gegensatz zum Beispiel zu den Gewichtsmatrizen). Daher sind konventionelle baumbasierte Methoden nicht zum Transferlernen fähig und mit selbstüberwachtem Lernen nicht kompatibel.

2.3 Selbstvorhersage und kontrastives selbstüberwachtes Lernen

Es gibt zwei Hauptkategorien des selbstüberwachten Lernens: Selbstvorhersage und kontrastives selbstüberwachtes Lernen. Bei der *Selbstvorhersage*, die in Abbildung 2–3 dargestellt ist, ändern oder verbergen wir normalerweise Teile der Eingabe und trainieren das Modell, um die ursprünglichen Eingaben zu rekonstruieren. Hierfür verwendet man zum Beispiel eine Störungsmaske, die bestimmte Pixel in einem Bild verschleiert.

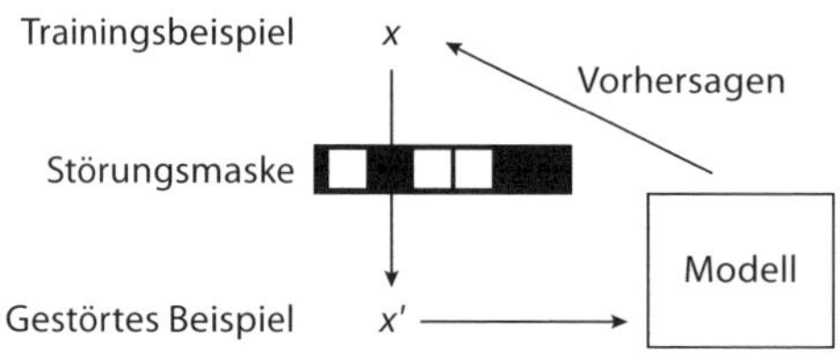

Abb. 2–3 *Selbstvorhersage nach dem Anwenden einer Störungsmaske*

Ein klassisches Beispiel ist ein entrauschender Autoencoder, der lernt, Rauschen aus einem Eingabebild zu entfernen. Als Alternative betrachten wir einen maskierten Autoencoder, der die fehlenden Teile eines Bildes rekonstruiert, wie Abbildung 2–4 zeigt.

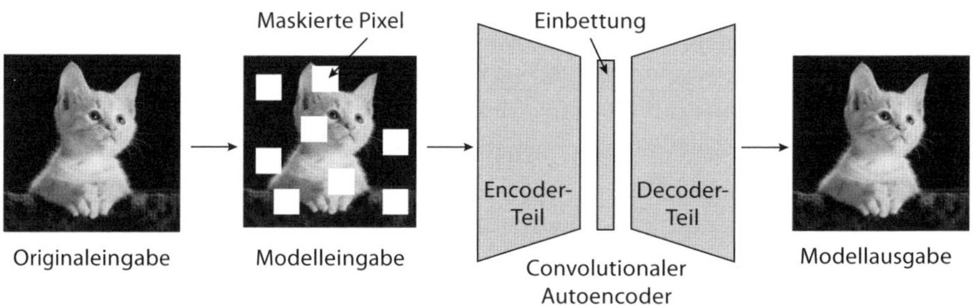

Abb. 2–4 *Ein maskierter Autoencoder, der ein maskiertes Bild rekonstruiert*

Methoden zur Selbstvorhersage bei fehlender (maskierter) Eingabe werden häufig auch im Zusammenhang mit der Verarbeitung natürlicher Sprache eingesetzt. Viele generative LLMs, wie zum Beispiel GPT, werden auf eine Vorhersageaufgabe für das nächste Wort trainiert (Kapitel 14 und 17 gehen ausführlicher auf GPT ein). Hier speisen wir das Netz mit Textfragmenten, aus denen es das nächste Wort in der Sequenz vorhersagen muss (wie ich in Kapitel 17 näher erläutern werde).

Beim *kontrastiven selbstüberwachten Lernen* trainieren wir das neuronale Netz, sodass es einen Einbettungsraum lernt, in dem ähnliche Eingaben nahe beieinander und unähnliche Eingaben weit auseinanderliegen. Mit anderen Worten: Wir trainieren das Netz, um Einbettungen zu erzeugen, die den Abstand zwischen ähnlichen Trainingseingaben minimieren und den Abstand zwischen unähnlichen Trainingsbeispielen maximieren.

Kontrastives Lernen möchte ich nun anhand konkreter Beispiele erörtern. Angenommen, wir haben einen Datensatz, der aus zufälligen Tierbildern besteht. Zunächst zeichnen wir ein zufälliges Bild einer Katze (das Netz kennt das Label nicht, weil wir davon ausgehen, dass der Datensatz ungelabelt ist). Dann wird dieses Katzenbild erweitert, beschädigt oder gestört, indem eine zufällige Rauschschicht hinzugefügt und unterschiedlich beschnitten wird, wie Abbildung 2–5 zeigt.

Abb. 2–5 *Bildpaare, wie sie beim kontrastiven Lernen auftreten*

Das gestörte Katzenbild in dieser Abbildung zeigt immer noch dieselbe Katze, also soll das Netz einen ähnlichen Einbettungsvektor erzeugen. Außerdem betrachten wir ein zufälliges Bild aus der Trainingsmenge (zum Beispiel einen Elefanten, aber auch hier kennt das Netz das Label nicht).

Für das Katzen-Elefanten-Paar soll das Netz unähnliche Einbettungen erzeugen. Auf diese Weise zwingen wir das Netz implizit dazu, den Kerninhalt des Bildes zu erfassen und gleichzeitig gegenüber kleinen Unterschieden und Rauschen einigermaßen agnostisch zu sein. Zum Beispiel ist die einfachste Form eines kontrastiven Verlustes die L_2-Norm (euklidischer Abstand) zwischen den Einbettungen, die das Modell M(·) erzeugt. Beispielsweise können wir die Modellgewichte aktualisieren, um den Abstand `||M(cat) - M(cat?)||`$_2$ zu verringern und den Abstand `||M(cat) - M(elephant)||`$_2$ zu vergrößern.

Abbildung 2–6 fasst das zentrale Konzept des kontrastiven Lernens für das Szenario mit dem gestörten Bild zusammen. Das Modell ist zweimal abgebildet, was als *siamesischer Netzaufbau* bekannt ist. Im Wesentlichen wird dasselbe Modell in zwei Instanzen verwendet: erstens, um die Einbettung für das ursprüngliche Trainingsbeispiel zu generieren, und zweitens, um die Einbettung für die gestörte Version des Beispiels zu erzeugen.

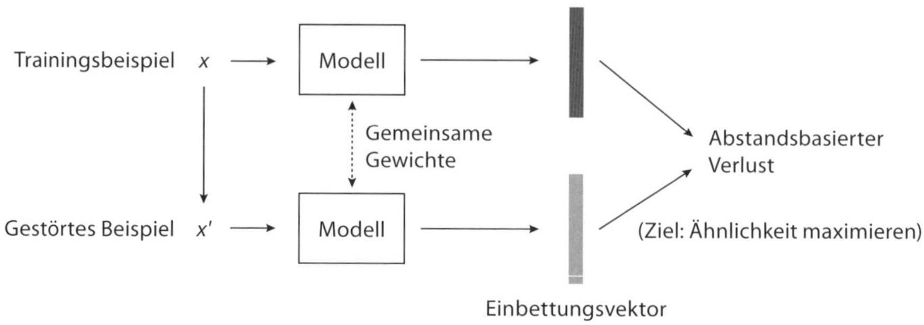

Abb. 2–6 *Kontrastives Lernen*

Dieses Beispiel skizziert den Grundgedanken des kontrastiven Lernens, von dem es aber viele Untervarianten gibt. Im Großen und Ganzen können wir diese in kontrastive Methoden für *Muster* und kontrastive Methoden für *Dimensionen* kategorisieren. Das Elefanten-Katzen-Beispiel in Abbildung 2–6 veranschaulicht eine beispielhafte kontrastive Methode, bei der wir das Lernen von Einbettungen in den Mittelpunkt stellen und die Abstände zwischen den Trainingspaaren maximieren. Bei *dimensionsbezogenen* kontrastiven Ansätzen konzentrieren wir uns hingegen darauf, nur bestimmte Variablen in den Einbettungsrepräsentationen ähnlicher Trainingspaare nahe beieinander erscheinen zu lassen, während der Abstand anderer maximiert wird.

2.4 Übungen

1. Wie könnte man selbstüberwachtes Lernen auf Videodaten anwenden?
2. Lässt sich selbstüberwachtes Lernen für tabellarische Daten verwenden, die als Zeilen und Spalten dargestellt werden? Wenn ja, wie könnte man dies angehen?

2.5 Referenzen

- Mehr über den ImageNet-Datensatz finden Sie unter: *https://en.wikipedia.org/wiki/ImageNet.*
- Ein Beispiel für eine kontrastive selbstüberwachte Lernmethode: Ting Chen et al., »A Simple Framework for Contrastive Learning of Visual Representations« (2020), *https://arxiv.org/abs/2002.05709.*
- Ein Beispiel für eine dimensionsorientierte kontrastive Methode: Adrien Bardes, Jean Ponce und Yann LeCun, »VICRegL: Self-Supervised Learning of Local Visual Features« (2022), *https://arxiv.org/abs/2210.01571.*
- Wenn Sie vorhaben, selbstüberwachtes Lernen in der Praxis einzusetzen: Randall Balestriero et al., »A Cookbook of Self-Supervised Learning« (2023), *https://arxiv.org/abs/2304.12210.*

- Ein Paper, das eine Methode des Transferlernens und des selbstüberwachten Lernens für relativ kleine mehrschichtige Perzeptrons auf tabellarischen Datensätzen vorschlägt: Dara Bahri et al., »SCARF: Self-Supervised Contrastive Learning Using Random Feature Corruption« (2021), *https://arxiv.org/abs/2106.15147*.
- Ein zweites Paper, das eine derartige Methode vorschlägt: Roman Levin et al., »Transfer Learning with Deep Tabular Models« (2022), *https://arxiv.org/abs/2206.15306*.

3 Few-Shot-Lernen

Was ist Few-Shot-Lernen? Wie unterscheidet es sich vom herkömmlichen Trainingsverfahren für überwachtes Lernen?

Few-Shot-Lernen ist eine Art des überwachten Lernens für kleine Trainingsdatensätze mit einem sehr kleinen Verhältnis von Beispielen zu Klassen. Beim regulären überwachten Lernen trainieren wir Modelle, indem wir über einem Trainingsdatensatz iterieren, wobei das Modell immer einen feststehenden Satz von Klassen sieht. Beim Few-Shot-Lernen arbeiten wir mit einem *Unterstützungsdatensatz*, aus dem wir mehrere Trainingsaufgaben erzeugen, um Trainingsepisoden zusammenzustellen, wobei jede Trainingsaufgabe aus verschiedenen Klassen besteht.

3.1 Datensätze und Terminologie

Beim überwachten Lernen passen wir ein Modell an einen Trainingsdatensatz an und bewerten es anhand eines Testdatensatzes. Der Trainingsdatensatz enthält normalerweise eine relativ große Anzahl von Beispielen pro Klasse. Zum Beispiel gilt im Zusammenhang mit überwachtem Lernen der Iris-Datensatz, der pro Klasse 50 Beispiele enthält, als winziger Datensatz. Andererseits wird bei Modellen für Deep Learning selbst ein Datensatz wie MNIST, der 5000 Trainingsbeispiele pro Klasse enthält, als sehr klein betrachtet.

Beim Few-Shot-Lernen ist die Anzahl der Beispiele wesentlich kleiner. Wenn wir die Few-Shot-Lernen-Aufgabe spezifizieren, sprechen wir normalerweise von *N-Way K-Shot*, wobei N für die Anzahl der Klassen und K für die Anzahl der Beispiele pro Klasse steht. Die gebräuchlichsten Werte sind $K = 1$ oder $K = 5$. Zum Beispiel gibt es bei einem 5-Way-1-Shot-Problem fünf Klassen mit jeweils nur einem Beispiel. Abbildung 3–1 zeigt eine 3-Way-1-Shot-Situation, um das Konzept anhand eines kleineren Beispiels zu verdeutlichen.

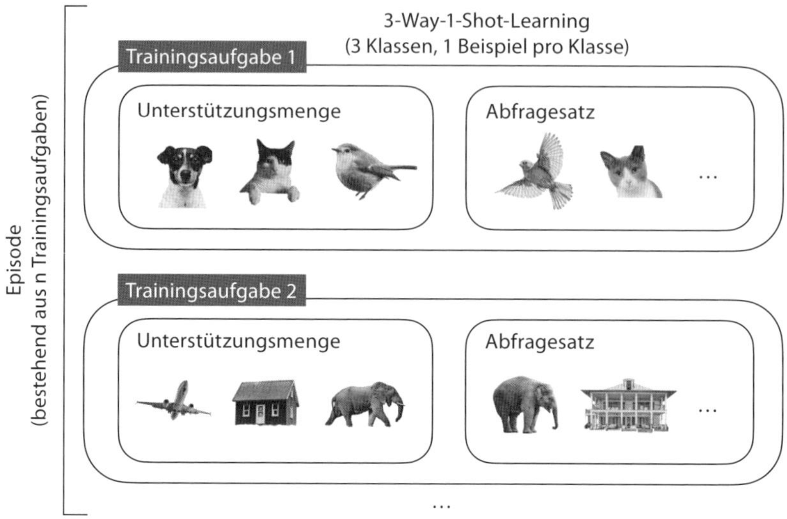

Abb. 3–1 *Trainingsaufgaben im Few-Shot-Lernen*

Anstatt das Modell an den Trainingsdatensatz anzupassen, können wir uns Few-Shot-Lernen als »Lernen zu lernen« vorstellen. Im Unterschied zum überwachten Lernen verwendet Few-Shot-Lernen keinen Trainingsdatensatz, sondern eine sogenannte Unterstützungsmenge, aus der wir Trainingsaufgaben auswählen, die das Use-Case-Szenario während der Vorhersage nachbilden. Mit jeder Trainingsaufgabe wird ein Bild abgefragt, das klassifiziert werden soll. Das Modell wird auf mehreren Trainingsaufgaben aus der Unterstützungsmenge trainiert, was man als *Episode* bezeichnet.

Beim Testen erhält das Modell dann eine neue Aufgabe mit anderen Klassen als beim Training. Die beim Training verwendeten Klassen nennt man auch Basisklassen. Die *Unterstützungsmenge* während des Trainings wird oftmals auch als *Basismenge* bezeichnet. Auch hier besteht die Aufgabe darin, abgefragte Bilder zu klassifizieren. Testaufgaben sind Trainingsaufgaben ähnlich, außer dass sich keine der Klassen beim Testen mit denen beim Training überschneiden. Abbildung 3–2 veranschaulicht dies.

Wie Abbildung 3–2 zeigt, enthalten die Unterstützungs- und Abfragemengen unterschiedliche Bilder derselben Klasse. Das Gleiche gilt für die Testphase. Beachten Sie aber, dass sich die Klassen in den Unterstützungs- und Abfragemengen von denjenigen Mengen unterscheiden, die beim Training erscheinen.

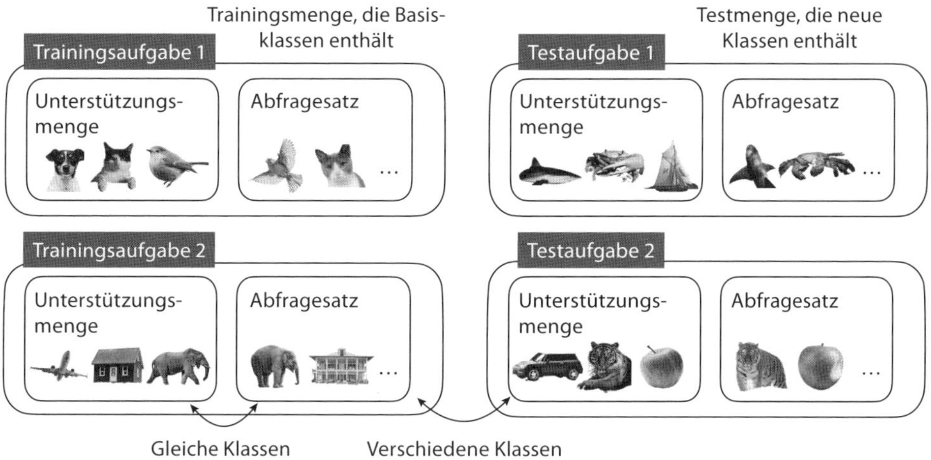

Abb. 3–2 *Klassen beim Training und beim Testen*

Few-Shot-Lernen gibt es in vielen verschiedenen Arten. Bei der gängigsten Variante, dem Meta-Lernen, geht es beim Training im Wesentlichen darum, die Parameter des Modells so zu aktualisieren, dass es sich gut an eine neue Aufgabe *anpassen* kann. Eine Strategie beim Few-Shot-Lernen besteht prinzipiell darin, ein Modell zu lernen, das Einbettungen erzeugt, bei denen wir die Zielklasse über eine Suche nach den nächsten Nachbarn unter den Bildern in der Unterstützungsmenge finden können. Abbildung 3–3 veranschaulicht diesen Ansatz.

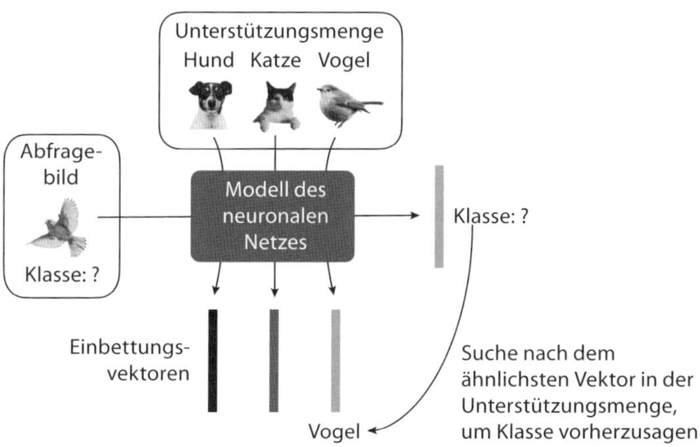

Abb. 3–3 *Lernen von Einbettungen, die für die Klassifizierung geeignet sind*

Das Modell lernt, wie man gute Einbettungen aus der Unterstützungsmenge erzeugt, um das Abfragebild zu klassifizieren, indem es den ähnlichsten Einbettungsvektor sucht.

3.2 Übungen

1. MNIST (*https://de.wikipedia.org/wiki/MNIST*) ist ein klassischer und beliebter Datensatz für maschinelles Lernen, der aus 50.000 handgeschriebenen Ziffern aus 10 Klassen besteht, die den Ziffern 0 bis 9 entsprechen. Wie kann man den MNIST-Datensatz für einen One-Shot-Klassifizierungskontext unterteilen?
2. Nennen Sie einige reale Anwendungen oder Use Cases für Few-Shot-Lernen.

4 Die Lotterie-Ticket-Hypothese

Was ist die Lotterie-Ticket-Hypothese und wie nützlich ist sie in der Praxis, falls sie zutrifft?

Die Lotterie-Ticket-Hypothese ist ein Konzept für das Training neuronaler Netze. Es postuliert, dass innerhalb eines zufällig initialisierten neuronalen Netzes ein Subnetz (oder »Gewinnticket«) existiert, das, wenn es separat trainiert wird, die gleiche Genauigkeit auf einem Testdatensatz erreichen kann wie das gesamte Netz, nachdem es für die gleiche Anzahl von Schritten trainiert wurde. Diese Idee wurde erstmals von Jonathan Frankle und Michael Carbin im Jahr 2018 vorgeschlagen.

Dieses Kapitel veranschaulicht die Lotterie-Hypothese Schritt für Schritt und geht auf das Gewichts-Pruning ein, eine der wichtigsten Techniken, um kleinere Teilnetze als Teil der Lotterie-Hypothese-Methodik zu erstellen. Abschließend werden die praktischen Auswirkungen und Grenzen der Hypothese erörtert.

4.1 Das Lotterie-Ticket-Trainingsverfahren

Abbildung 4–1 veranschaulicht das Trainingsverfahren für die Lotterie-Ticket-Hypothese in vier Schritten, die ich nacheinander erläutern werde, um das Konzept zu verdeutlichen.

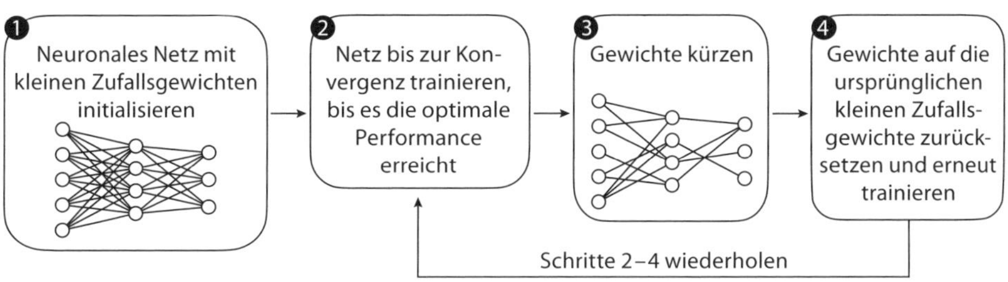

Abb. 4–1 *Das Lotterie-Hypothese-Trainingsverfahren*

Bei dem in Abbildung 4–1 dargestellten Ablauf beginnen wir mit einem großen neuronalen Netz (1), das wir bis zur Konvergenz trainieren (2). Das heißt, wir tun unser Bestes, damit es auf einem Zieldatensatz so gut wie möglich funktioniert (indem wir zum Beispiel den Trainingsverlust minimieren und die Klassifizierungsgenauigkeit maximieren). Dieses große neuronale Netz wird wie üblich mit kleinen Zufallsgewichten initialisiert.

Als Nächstes (siehe Abbildung 4–1) vereinfachen wir die Gewichtsparameter des neuronalen Netzes (3), indem wir sie aus dem Netz entfernen. Dazu setzen wir einfach die Gewichte auf null, um dünnbesetzte Gewichtsmatrizen zu schaffen. Hier können wir entweder einzelne Gewichte kürzen, was als *unstrukturiertes* Pruning bezeichnet wird, oder größere »Blöcke« aus dem Netz kürzen, beispielsweise ganze konvolutionale Filterkanäle. Dies ist das sogenannte *strukturierte* Pruning.

Der ursprüngliche Ansatz der Lotterie-Hypothese folgt einem Konzept, das als *iteratives Magnitude-Pruning* bekannt ist. Hierbei wird ein Teil der Gewichte mit der kleinsten Magnitude iterativ entfernt. (Dieses Konzept greife ich in Kapitel 6 wieder auf, wenn es um Techniken geht, die Überanpassung verringern.)

Nach dem Pruning-Schritt setzen wir die Gewichte auf die ursprünglichen kleinen Zufallswerte wie in Schritt 1 von Abbildung 4–1 zurück und trainieren das vereinfachte Netz erneut (4). Wichtig dabei ist, dass wir das Netz nicht mit neuen Zufallsgewichten initialisieren (wie es für iteratives Magnitude-Pruning typisch ist), sondern die Gewichte aus Schritt 1 wiederverwenden.

Dann wiederholen wir die Pruning-Schritte 2 bis 4, bis wir die gewünschte Netzgröße erreicht haben. Im ursprünglichen Paper zur Lotterie-Ticket-Hypothese haben die Autoren das Netz erfolgreich auf 10 Prozent seiner Ausgangsgröße reduziert, ohne Klassifizierungsgenauigkeit einzubüßen. Als angenehmer Nebeneffekt hat das gekürzte (dünn besetzte) Netz, das als *Gewinnticket* bezeichnet wird, sogar eine verbesserte Generalisierungsperformance im Vergleich zum ursprünglichen (großen und dichten) Netz gezeigt.

4.2 Praktische Konsequenzen und Einschränkungen

Wenn es möglich ist, kleinere Teilnetze zu identifizieren, die die gleiche Vorhersageleistung wie ihre bis zu zehnmal größeren Gegenstücke haben, kann dies erhebliche Konsequenzen sowohl für das Training als auch die Inferenz von neuronalen Netzen haben. Angesichts der immer größer werdenden Architekturen moderner neuronaler Netze kann dies dazu beitragen, die Trainingskosten und die Infrastruktur zu reduzieren.

Klingt zu schön, um wahr zu sein? Vielleicht. Wenn sich Gewinntickets effizient identifizieren lassen, wäre dies in der Praxis sehr nützlich. Allerdings gibt es zum Zeitpunkt, zu dem dieser Artikel entstanden ist, keine Möglichkeit, die Gewinntickets zu finden, ohne das ursprüngliche Netz zu trainieren. Die Einbeziehung der Pruning-Schritte würde das Verfahren sogar aufwendiger machen als ein normales Training. Außerdem haben die Forscher nach der Veröffentlichung des Papers herausgefunden, dass die ursprüngliche Gewichtsinitialisierung möglicherweise nicht funktioniert, um die Gewinntickets für größere Netze zu finden, und zusätzliche Experimente mit den Anfangsgewichten des gekürzten Netzes erforderlich sind.

Die gute Nachricht ist, dass es durchaus Gewinntickets gibt. Auch wenn es derzeit nicht möglich ist, sie zu identifizieren, ohne ihre größeren neuronalen Netzkollegen zu trainieren, können sie nach dem Training für effiziente Schlussfolgerungen genutzt werden.

4.3 Übungen

1. Angenommen, wir probieren den Ansatz der Lotterie-Ticket-Hypothese aus und stellen fest, dass die Performance des Teilnetzes (verglichen mit dem ursprünglichen Netz) nicht sehr gut ist. Welche nächsten Schritte könnten wir versuchen?
2. Die Einfachheit und Effizienz der ReLU-Aktivierungsfunktion (ReLU = Rectified Linear Unit) haben sie zur beliebtesten Aktivierungsfunktion beim Training neuronaler Netze gemacht. Das gilt insbesondere beim Deep Learning, wo sie dazu beiträgt, Probleme wie den verschwindenden Gradienten zu entschärfen. Die ReLU-Aktivierungsfunktion ist durch den mathematischen Ausdruck `max(0, x)` definiert. Das heißt, wenn die Eingabe x positiv ist, gibt die Funktion x zurück, aber wenn die Eingabe negativ oder 0 ist, liefert die Funktion das Ergebnis 0. Wie verhält es sich mit der Lotterie-Ticket-Hypothese beim Training eines neuronalen Netzes mit ReLU-Aktivierungsfunktionen?

4.4 Referenzen

- Das Paper, das die Lotterie-Ticket-Hypothese vorschlägt: Jonathan Frankle und Michael Carbin, »The Lottery Ticket Hypothesis: Finding Sparse, Trainable Neural Networks« (2018), *https://arxiv.org/abs/1803.03635*.
- Das Paper, das strukturiertes Pruning vorschlägt, um größere Teile eines Netzes zu entfernen, beispielsweise ganze Convolutional Filter: Hao Li et al., »Pruning Filters for Efficient ConvNets« (2016), *https://arxiv.org/abs/1608.08710*.
- Folgearbeiten zur Lotterie-Hypothese, die zeigen, dass die ursprüngliche Gewichtsinitialisierung möglicherweise nicht funktioniert, um Gewinntickets bei größeren Netzen zu finden, und zusätzliche Experimente mit den anfänglichen Gewichten der gekürzten Netze erforderlich sind: Jonathan Frankle et al., »Linear Mode Connectivity and the Lottery Ticket Hypothesis« (2019), *https://arxiv.org/abs/1912.05671*.
- Ein verbesserter Algorithmus für die Lotterie-Ticket-Hypothese, der kleinere Netze findet, die genau der Performance eines größeren Netzes entsprechen: Vivek Ramanujan et al., »What's Hidden in a Randomly Weighted Neural Network?« (2020), *https://arxiv.org/abs/1911.13299*.

5 Überanpassung mit Daten verringern

Angenommen, wir trainieren ein neuronales Netz als Klassifizierer im überwachten Modus und stellen fest, dass es zu einer Überanpassung kommt. Welche gängigen Möglichkeiten gibt es, um Überanpassung in neuronalen Netzen durch die Verwendung geänderter oder zusätzlicher Daten zu verringern?

Überanpassung (Overfitting) ist ein häufiges Problem im maschinellen Lernen. Es tritt auf, wenn sich ein Modell zu sehr an die Trainingsdaten anpasst und eher das Rauschen und die Ausreißer erlernt als das zugrunde liegende Muster. Im Ergebnis schneidet das Modell zwar bei den Trainingsdaten gut ab, versagt aber bei den ungesehenen oder Testdaten. Obwohl es ideal ist, Überanpassung zu verhindern, ist es oftmals nicht möglich, sie vollständig zu eliminieren. Stattdessen versuchen wir, Überanpassung so weit wie möglich zu reduzieren oder zu minimieren.

Bei den erfolgreichsten Techniken, die Überanpassung verringern, geht es darum, mehr qualitativ hochwertige gelabelte Daten zu sammeln. Wenn es jedoch nicht praktikabel ist, weitere gelabelte Daten zu sammeln, können wir die vorhandenen Daten erweitern oder ungelabelte Daten für das Vortraining verwenden.

5.1 Allgemeine Methoden

Dieses Kapitel fasst die bekanntesten Beispiele für datensatzbezogene Techniken zusammen, die sich im Laufe der Zeit bewährt haben, und ordnet sie den folgenden Kategorien zu: Sammeln weiterer Daten, Datenvermehrung und Vortraining.

5.1.1 Sammeln weiterer Daten

Eine der besten Methoden, um Überanpassung zu verringern, ist es, weitere (qualitativ hochwertige) Daten zu sammeln. Wir können Lernkurven erstellen, um herauszufinden, ob ein bestimmtes Modell von mehr Daten profitieren würde. Um eine Lernkurve zu erstellen, trainieren wir das Modell mit verschiedenen Größen von Trainingsdatenmengen (10 Prozent, 20 Prozent usw.) und bewerten das trainierte Modell mit demselben Validierungs- oder Testdatensatz fester Größe. Wie Abbildung 5–1 zeigt, nimmt die Validierungsgenauigkeit zu, wenn der Trainingsdatensatz größer wird. Daraus ergibt sich, dass wir die Performance des Modells verbessern können, wenn wir mehr Daten sammeln.

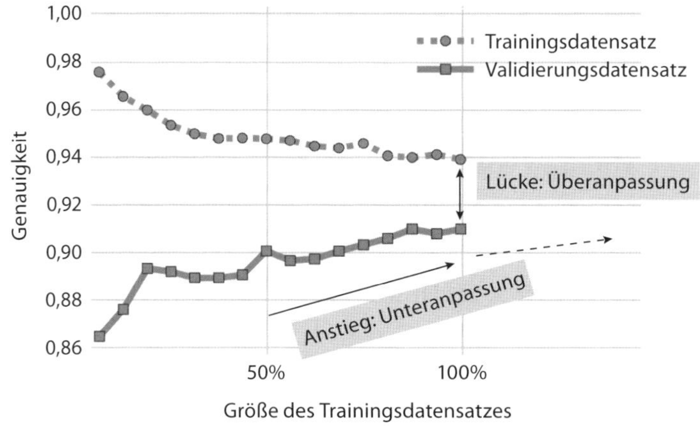

Abb. 5–1 *Diagramm der Lernkurve für ein Modell, das mit verschiedenen Größen des Trainingsdatensatzes angepasst wurde*

Die Lücke zwischen Trainings- und Validierungsperformance zeigt den Grad der Überanpassung an – je größer die Lücke ist, desto stärker ist die Überanpassung. Umgekehrt deutet die Steigung, die eine Verbesserung der Validierungsperformance anzeigt, darauf hin, dass das Modell unterdurchschnittlich angepasst ist und von mehr Daten profitieren kann. In der Regel können zusätzliche Daten sowohl Über- als auch Unteranpassung verringern.

5.1.2 Datenvermehrung

Mit Datenvermehrung (Data Augmentation) ist gemeint, neue Daten oder Features basierend auf vorhandenen Daten zu generieren. Damit lässt sich ein Datensatz erweitern, ohne zusätzliche Daten zu sammeln.

Datenvermehrung erlaubt es uns, verschiedene Versionen der ursprünglichen Eingabedaten zu erzeugen, was die Generalisierungsleistung des Modells verbessern kann. Warum? Vermehrte Daten können helfen, dass das Modell seine Fähigkeit zum Verallgemeinern verbessert, da es schwieriger wird, falsche Informationen über Trainingsbeispiele oder Features zu speichern – oder, im Fall von Bilddaten, genaue Pixelwerte für bestimmte Pixelpositionen. In Abbildung 5–2 sind gängige Techniken zur Bilddatenvermehrung dargestellt, darunter das Erhöhen der Helligkeit, Spiegeln und Beschneiden.

Abb. 5–2 *Eine Auswahl verschiedener Techniken zur Bilddatenvermehrung*

Datenvermehrung ist normalerweise Standard für Bilddaten (siehe Abbildung 5–2) und Textdaten (in Kapitel 15 ausführlicher erörtert), aber Methoden zur Datenvermehrung existieren auch für Tabellendaten.

Anstatt weitere Daten zu sammeln oder vorhandene Daten zu erweitern, ist es auch möglich, neue, synthetische Daten zu generieren. Dies ist zwar bei Bild- und Textdaten gebräuchlicher, aber auch für tabellarische Datensätze lassen sich synthetische Daten erzeugen.

5.1.3 Vortraining

Wie Kapitel 2 erläutert hat, ist es mit selbstüberwachtem Lernen möglich, große, ungelabelte Datensätze zu nutzen, um neuronale Netze vorab zu trainieren. Dies kann auch dazu beitragen, die Überanpassung an die kleineren Zieldatensätze zu reduzieren.

Als Alternative zum selbstüberwachten Lernen bietet sich auch das traditionelle Transferlernen auf großen gelabelten Datensätzen an. Transferlernen ist am effektivsten, wenn der gelabelte Datensatz eng mit der Zieldomäne verwandt ist. Wenn wir beispielsweise ein Modell zur Klassifizierung von Vogelarten trainieren, können wir ein Netz auf einem großen, allgemeinen Datensatz zur Tierklassifizierung vorab trainieren. Wenn jedoch ein derartig großer Tierklassifizierungsdatensatz nicht verfügbar ist, können wir das Modell auch auf dem relativ breiten ImageNet-Datensatz vorab trainieren.

Ein Datensatz kann äußerst klein und für überwachtes Lernen ungeeignet sein – zum Beispiel wenn er nur eine Handvoll gelabelter Beispiele pro Klasse enthält. Wenn unser Klassifizierer in einem Kontext arbeiten muss, in dem die Sammlung zusätzlicher gelabelter Daten nicht möglich ist, können wir auch Few-Shot-Learning in Betracht ziehen.

5.1.4 Andere Methoden

Die vorangegangenen Abschnitte haben die wichtigsten Ansätze vorgestellt, die Datensätze verwenden und modifizieren, um Überanpassung zu reduzieren. Diese Liste ist allerdings keineswegs vollständig. Weitere gängige Techniken sind:

- Feature-Engineering und Normalisierung
- Adversariale Beispiele sowie Label- und Feature-Rauschen einbeziehen
- Label-Glättung
- Kleinere Batch-Größen
- Techniken der Datenvermehrung wie Mixup, Cutout und CutMix

Das nächste Kapitel befasst sich mit zusätzlichen Techniken aus der Modellperspektive, um Überanpassung zu reduzieren, und erörtert abschließend, welche Regularisierungstechniken wir in der Praxis in Betracht ziehen sollten.

5.2 Übungen

1. Angenommen, wir trainieren ein XGBoost-Modell, um Bilder auf der Grundlage von manuell extrahierten Merkmalen zu klassifizieren, die wir von Kollegen erhalten haben. Der Datensatz an gelabelten Trainingsbeispielen ist relativ klein, aber glücklicherweise haben unsere Mitarbeiter auch einen gelabelten Trainingssatz aus einem älteren Projekt in einem verwandten Bereich. Wir überlegen, einen Transfer-Learning-Ansatz zu implementieren, um das XGBoost-Modell zu trainieren. Ist dies eine machbare Option? Wenn ja, wie könnten wir es realisieren? (Es sei angenommen, dass wir nur XGBoost und keinen anderen Klassifizierungsalgorithmus oder ein anderes Modell verwenden dürfen.)
2. Nehmen wir an, wir arbeiten an dem Bildklassifikationsproblem, um eine MNIST-basierte Erkennung handgeschriebener Ziffern zu implementieren. Wir haben eine ordentliche Menge an Datenvermehrung hinzugefügt, um Overfitting zu reduzieren. Leider stellen wir fest, dass die Klassifizierungsgenauigkeit viel schlechter ist als vor der Datenvermehrung. Was sind die möglichen Gründe dafür?

5.3 Referenzen

- Ein Paper zur Datenvermehrung für tabellarische Daten: Derek Snow, »DeltaPy: A Framework for Tabular Data Augmentation in Python« (2020), *https://github.com/firmai/deltapy*.
- Das Paper, das die Methode GReaT vorschlägt, um synthetische tabellarische Daten mit einem autoregressiven, generativen LLM zu generieren: Vadim Borisov et al., »Language Models Are Realistic Tabular Data Generators« (2022), *https://arxiv.org/abs/2210.06280*.

- Das Paper, das die Methode TabDDPM vorschlägt, um synthetische tabellarische Daten mithilfe eines Diffusionsmodells zu generieren: Akim Kotelnikov et al., »TabDDPM: Modelling Tabular Data with Diffusion Models« (2022), *https://arxiv.org/abs/2209.15421*.
- Das Benutzerhandbuch von Scikit-Learn bietet einen Abschnitt zur Datenvorverarbeitung, in dem Techniken wie Feature-Skalierung und Normalisierung vorgestellt werden, die die Performance Ihres Modells verbessern können: *https://scikit-learn.org/stable/modules/preprocessing.html*.
- Eine Übersicht über Methoden zum robusten Trainieren von Deep Models mit verrauschten Labels, die Techniken untersuchen, um die Auswirkungen von falschen oder irreführenden Zielwerten abzuschwächen: Bo Han et al., »A Survey of Label-noise Representation Learning: Past, Present and Future« (2020), *https:// arxiv.org/abs/2011.04406*.
- Theoretische und empirische Belege für die Idee, dass die Kontrolle des Verhältnisses zwischen Batchgröße und Lernrate beim stochastischen Gradientenabstieg entscheidend für eine gute Modellierungsleistung in tiefen neuronalen Netzen ist: Fengxiang He, Tongliang Liu und Dacheng Tao, »Control Batch Size and Learning Rate to Generalize Well: Theoretical and Empirical Evidence« (2019), *https://dl.acm.org/doi/abs/10.5555/3454287.3454390*.
- Das Einbeziehen von adversarialen Beispielen, das heißt Eingabeproben, die das Modell in die Irre führen sollen, können die Vorhersageleistung verbessern, indem sie das Modell robuster machen: Cihang Xie et al., »Adversarial Examples Improve Image Recognition« (2019), *https://arxiv.org/abs/1911.09665*.
- Label-Glättung ist eine Regularisierungstechnik, die die Auswirkungen von potenziell falschen Labels im Datensatz abschwächt, indem sie harte 0- und 1-Klassifizierungsziele durch weichere (Zwischen-)Werte ersetzt: Rafael Müller, Simon Kornblith und Geoffrey Hinton, »When Does Label Smoothing Help?« (2019), *https://arxiv.org/abs/1906.02629*.
- Mixup, eine beliebte Methode, die neuronale Netze auf gemischten Datenpaaren trainiert, um die Generalisierung und Robustheit zu verbessern: Hongyi Zhang et al., »Mixup: Beyond Empirical Risk Minimization« (2018), *https:// arxiv.org/abs/1710.09412*.

6 Überanpassung durch Modellmodifikationen reduzieren

»Angenommen, wir trainieren ein neuronales Netz als Klassifizierer im überwachten Modus und wenden bereits verschiedene datensatzbezogene Techniken an, um Überanpassung zu mildern. Wie können wir das Modell ändern oder Modifikationen an der Trainingsschleife vornehmen, um die Auswirkungen der Überanpassung weiter zu verringern?«

Zu den erfolgreichsten Ansätzen gegen Überanpassung gehören Regularisierungstechniken wie Dropout und Weight Decay (Gewichtszurücknahme). Als Faustregel gilt, dass Modelle mit einer größeren Anzahl von Parametern mehr Trainingsdaten benötigen, um gut zu verallgemeinern. Daher kann es manchmal helfen, Überanpassung zu reduzieren, wenn man Modellgröße und -kapazität verringert. Schließlich gehört das Erstellen von Ensemble-Modellen zu den effektivsten Methoden, um Überanpassung zu bekämpfen. Allerdings ist dies mit erhöhtem Rechenaufwand verbunden.

Dieses Kapitel skizziert die wichtigsten Ideen und Techniken für verschiedene Kategorien, um Überanpassung mit Modellmodifikationen zu reduzieren, und vergleicht sie dann miteinander. Abschließend erhalten Sie Empfehlungen, wie Sie zwischen den verschiedenen Methoden, die Überanpassung verringern, wählen können. Das gilt auch für die im vorherigen Kapitel behandelten Methoden.

6.1 Allgemeine Methoden

Die verschiedenen modell- und trainingsbezogenen Techniken, die Überanpassung verringern sollen, lassen sich drei großen Kategorien zuordnen: (1) Hinzufügen von Regularisierung, (2) Auswahl kleinerer Modelle und (3) Erstellen von Ensemble-Modellen.

6.1.1 Regularisierung

Regularisierung können wir als Strafe (Penalty) gegen Komplexität interpretieren. Zu den klassischen Regularisierungstechniken für neuronale Netze gehören die L2-Regularisierung und die damit verbundene Methode der *Gewichtszurücknahme* (englisch Weight Decay). Wir implementieren die L2-Regularisierung, indem wir der Verlustfunktion, die beim Training minimiert wird, einen Strafterm hinzufügen. Dieser zusätzliche Term repräsentiert die Größe der Gewichte, zum Beispiel die Summe der quadrierten Gewichte. Die folgende Formel zeigt einen Verlust mit L2-Regularisierung:

$$RegularizedLoss = Loss + \frac{\lambda}{n} \sum_j w_j^2$$

Hierbei ist l ein Hyperparameter, der die Stärke der Regularisierung steuert. Während der Backpropagation minimiert der Optimierer den modifizierten Verlust, der nun den zusätzlichen Strafterm einschließt, was zu kleineren Modellgewichten führt und die Generalisierung bei ungesehenen Daten verbessern kann.

Weight Decay ähnelt der L2-Regularisierung, wird aber direkt auf den Optimierer angewendet, anstatt die Verlustfunktion zu modifizieren. Da die Gewichtszurücknahme die gleiche Wirkung hat wie die L2-Regularisierung, verwendet man beide Methoden oft synonym, wobei es aber je nach Implementierungsdetails und Optimierer feine Unterschiede geben kann.

Viele andere Techniken haben ebenso regularisierende Effekt. Der Kürze halber gehe ich hier nur auf zwei weitverbreitete Methoden ein: Dropout und frühes Stoppen.

Dropout reduziert eine Überanpassung, indem zufällig einige der Aktualisierungen in den versteckten Schichten während des Trainings auf null gesetzt werden. Folglich kann sich das neuronale Netz nicht darauf verlassen, dass bestimmte Neuronen aktiviert werden. Stattdessen lernt es, eine größere Anzahl von Neuronen und mehrere unabhängige Repräsentationen derselben Daten zu verwenden, womit sich Überanpassung reduzieren lässt.

Beim frühen Stoppen überwachen wir die Performance des Modells anhand eines Validierungssatzes während des Trainings und stoppen das Training, wenn sich die Performance zu verschlechtern beginnt, wie Abbildung 6–1 veranschaulicht.

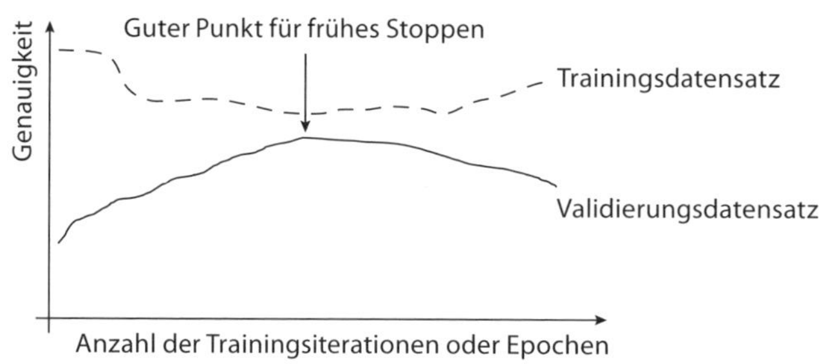

Abb. 6–1 *Frühes Stoppen*

Wie aus Abbildung 6–1 hervorgeht, nimmt die Validierungsgenauigkeit zu, wenn sich die Lücke zwischen Trainings- und Validierungsgenauigkeit schließt. Der Punkt, an dem Trainings- und Validierungsgenauigkeit am nächsten beieinanderliegen, ist der Punkt mit der geringsten Überanpassung und in der Regel ein guter Punkt für das frühe Stoppen.

6.1.2 Kleinere Modelle

Die klassische Bias-Varianz-Theorie legt nahe, dass sich die Überanpassung mit einer kleineren Modellgröße reduzieren lässt. Hinter dieser Theorie steckt die Intuition, dass als allgemeine Faustregel gilt: Je kleiner die Anzahl der Modellparameter ist, desto geringer ist die Fähigkeit des Modells, das Rauschen der Daten zu memorieren oder sich zu stark daran anzupassen. Die folgenden Absätze erörtern Methoden, um die Modellgröße zu verringern. Dazu gehören das Pruning, das Parameter aus einem Modell entfernt, und die Wissensdestillation, die Wissen auf ein kleineres Modell überträgt.

Neben der Verringerung der Schichtenanzahl und dem Verkleinern der Schichtbreiten als Verfahren zur Abstimmung der Hyperparameter lassen sich kleinere Modelle auch durch *iteratives Pruning* erzielen, bei dem wir ein großes Modell trainieren, um eine gute Performance mit dem ursprünglichen Datensatz zu erzielen. Anschließend werden iterativ Parameter des Modells entfernt und das Modell auf dem Datensatz neu trainiert, sodass es die gleiche Vorhersageleistung wie das ursprüngliche Modell erreicht. (Die in Kapitel 4 beschriebene Lotterie-Ticket-Hypothese verwendet iteratives Pruning.)

Ein anderer gängiger Ansatz, um kleinere Modelle zu erhalten, ist die *Wissensdestillation*. Bei diesem Ansatz geht es prinzipiell darum, Wissen von einem großen und komplexen Modell (dem *Lehrer*) auf ein kleineres Modell (den *Schüler*) zu übertragen. Im Idealfall erreicht das Schülermodell die gleiche Vorhersagegenauigkeit wie das Lehrermodell, ist aber aufgrund der geringeren Größe effizienter. Als angenehmen Nebeneffekt kann das kleinere Schülermodell eine geringere Überanpassung aufweisen als das größere Lehrermodell.

Abbildung 6–2 stellt den ursprünglichen Ablauf der Wissensdestillation schematisch dar. Hier wird zuerst das Lehrermodell in der regulären überwachten Weise trainiert, um die Beispiele im Datensatz gut zu klassifizieren. Dabei wird ein herkömmlicher Kreuzentropieverlust zwischen vorhergesagten Bewertungen und den Klassen-Labels der Grundwahrheit verwendet. Während das kleinere Schülernetz auf demselben Datensatz trainiert wird, besteht das Trainingsziel darin, sowohl (a) die Kreuzentropie zwischen den Ausgaben und den Klassen-Labels als auch (b) die Differenz zwischen seinen Ausgaben und den Ausgaben des Lehrers (gemessen mit der *Kullback-Leibler*-Divergenz, die die Differenz zwischen zwei Wahrscheinlichkeitsverteilungen quantifiziert, indem sie berechnet, wie viel die eine Verteilung von der anderen in Bezug auf den Informationsgehalt abweicht) zu minimieren.

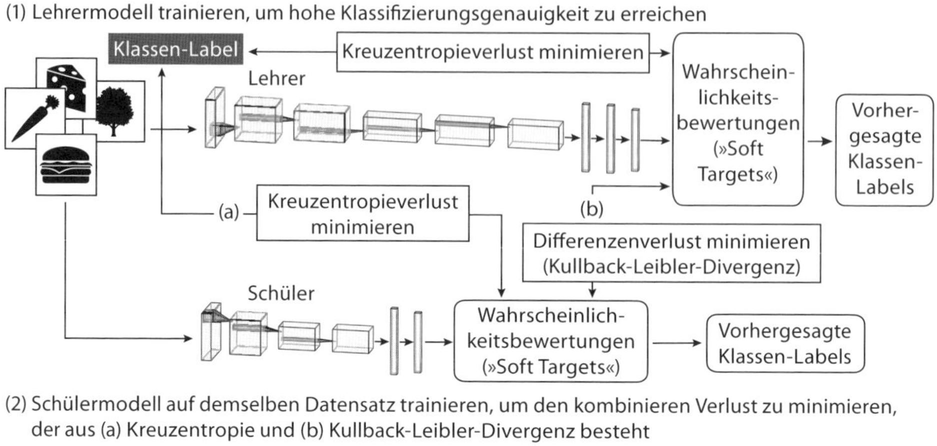

Abb. 6–2 *Der ursprüngliche Ablauf der Wissensdestillation*

Indem die Kullback-Leibler-Divergenz – die Differenz zwischen den Bewertungsverteilungen von Lehrer und Schüler – minimiert wird, lernt der Schüler, den Lehrer zu imitieren, dabei aber kleiner und effizienter zu sein.

6.1.3 Vorbehalte bei kleineren Modellen

Auch wenn Pruning und Wissensdestillation die Generalisierungsperformance eines Modells verbessern können, sind diese Techniken keine primären oder effektiven Mittel, um Überanpassung zu reduzieren.

Frühe Forschungsergebnisse deuten darauf hin, dass Pruning und Wissensdestillation die Generalisierungsperformance verbessern können, vermutlich aufgrund kleinerer Modellgrößen. Neuere Forschungen, die sich mit Phänomenen wie Double Descent und Grokking befassen, haben jedoch gezeigt, dass größere, überparametrisierte Modelle eine bessere Generalisierungsperformance aufweisen, wenn sie über den Punkt der Überanpassung hinaus trainiert werden. *Double Descent* bezieht sich auf das Phänomen, dass Modelle mit einer kleinen oder extrem großen Anzahl von Parametern eine gute Generalisierungsperformance aufweisen, während Modelle mit einer Anzahl von Parametern, die gleich der Anzahl der Trainingsdatenpunkte ist, eine schlechte Generalisierungsperformance zeigen. *Grokking* offenbart, dass mit abnehmender Größe eines Datensatzes der Optimierungsbedarf steigt und die Generalisierungsperformance weit über den Punkt der Überanpassung hinaus verbessert werden kann.

Wie lässt sich die Beobachtung, dass gekürzte Modelle eine bessere Generalisierungsperformance aufweisen können, mit den widersprüchlichen Beobachtungen aus Studien zu Double Descent und Grokking in Einklang bringen? Forscher haben kürzlich gezeigt, dass der verbesserte Trainingsprozess teilweise die Verringerung der Überanpassung durch Pruning erklärt. Pruning beinhaltet längere Trainingsperioden und eine Wiederholung der Lernratenpläne, die zum Teil für die verbesserte Generalisierungsperformance verantwortlich sind.

Pruning und Wissensdestillation sind nach wie vor hervorragende Methoden, um die Berechnungseffizienz eines Modells zu verbessern. Zwar können sie auch die Generalisierungsperformance eines Modells erhöhen, doch sind diese Techniken keine primären oder effektiven Methoden, um Überanpassung zu reduzieren.

6.1.4 Ensemble-Methoden

Ensemble-Methoden kombinieren Vorhersagen aus mehreren Modellen, um die Gesamtvorhersageleistung zu verbessern. Allerdings ist die Verwendung mehrerer Modelle mit höheren Rechenkosten verbunden.

Man kann sich Ensemble-Methoden so vorstellen, dass man die Mitglieder eines Expertenkomitees bittet, sich zu einer Entscheidung zu äußern, und dann deren Urteile auf irgendeine Weise kombiniert, um eine endgültige Entscheidung zu treffen. Die Mitglieder eines Komitees haben oft unterschiedliche Hintergründe und Erfahrungen. Obwohl sie sich in der Regel über grundlegende Entscheidungen einig sind, können sie schlechte Entscheidungen durch eine Mehrheitsentscheidung umstoßen. Das heißt nicht, dass die Mehrheit der Experten immer recht hat, aber die Chancen stehen gut, dass die Mehrheit der Komiteemitglieder im Durchschnitt häufiger recht hat als jedes einzelne Mitglied.

Das einfachste Beispiel für eine Ensemble-Methode ist die Mehrheitsentscheidung. Hier trainieren wir k verschiedene Klassifizierer und fassen die vorhergesagten Klassenlabels von jedem dieser k Modelle für eine bestimmte Eingabe zusammen. Dann geben wir das häufigste Klassenlabel als endgültige Vorhersage zurück. (Gleichstände werden normalerweise aufgelöst, indem eine Konfidenzbewertung erfolgt, ein Label zufällig herausgegriffen wird oder das Klassenlabel mit dem niedrigsten Index gewählt wird.)

Ensemble-Methoden sind beim klassischen maschinellen Lernen weiter verbreitet als beim Deep Learning, da es rechenintensiver ist, mehrere Modelle einzusetzen, als sich auf ein einziges zu verlassen. Mit anderen Worten erfordern tiefe neuronale Netze beträchtliche Rechenressourcen, weshalb sie für Ensemble-Methoden weniger geeignet sind.

Random Forests und Gradient Boosting sind bekannte Beispiele für Ensemble-Methoden. Mithilfe von Mehrheitsentscheidungen oder Stacking können wir jedoch jede beliebige Gruppe von Modellen kombinieren: Ein Ensemble kann aus einer Support Vector Machine, einem mehrschichtigen Perzeptron und einem Nearest-Neighbor-Klassifizierer bestehen. Hier ist Stacking (auch als *gestapelte Generalisierung* bekannt) eine fortschrittlichere Variante der Mehrheitsabstimmung, bei der ein neues Modell trainiert wird, um die Vorhersagen mehrerer anderer Modelle zu kombinieren, anstatt das Label durch Mehrheitsabstimmung zu ermitteln.

Eine in der Industrie beliebte Technik ist es, Modelle aus *k-facher Kreuzvalidierung* zu erstellen, eine Modellbewertungstechnik, bei der wir ein Modell auf k Trainingsteilmengen (englisch »Folds«) trainieren und bewerten. Anschließend berechnen wir die durchschnittliche Performancemetrik über alle k Iterationen, um das Gesamtperformancemaß des Modells abzuschätzen. Nach der Bewertung können wir das Modell entweder mit dem gesamten Trainingsdatensatz trainieren oder die einzelnen Modelle zu einem Ensemble kombinieren, wie Abbildung 6–3 zeigt.

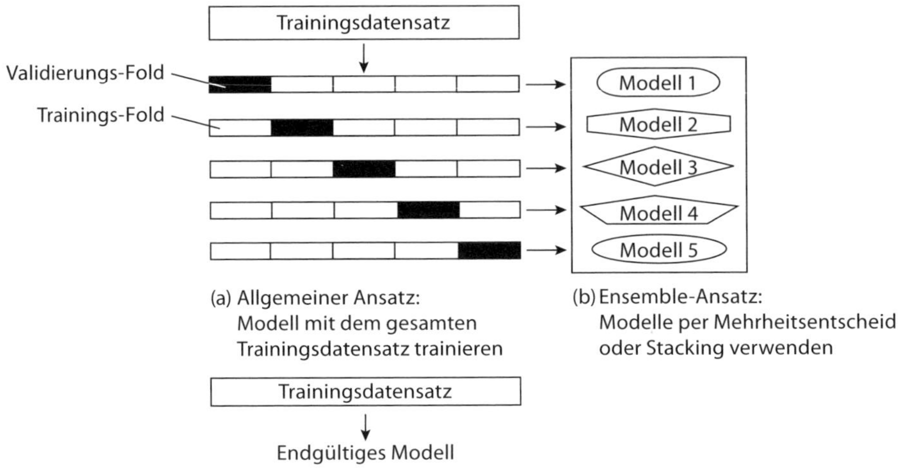

Abb. 6–3 *Modellensembles mittels k-facher Kreuzvalidierung erstellen*

Wie Abbildung 6–3 zeigt, wird beim k-fachen Ensemble-Ansatz jedes der k Modelle in jeder Runde mit den jeweiligen $(k - 1)$ten Trainingsteilmengen trainiert. Nachdem die Modelle mit den Validierungsmengen bewertet wurden, können wir sie per Mehrheitsvotum zu einem Klassifizierer kombinieren oder ein Ensemble mithilfe von Stacking erstellen, einer Technik, die mehrere Klassifizierungs- oder Regressionsmodelle über ein Metamodell kombiniert.

Der Ensemble-Ansatz kann zwar Überanpassung verringern und die Robustheit verbessern, doch ist er nicht immer geeignet. So ist es zum Beispiel nachteilig, dass die Modelle zu verwalten und zu deployen sind, was komplexer und rechenintensiver sein kann, als ein einzelnes Modell zu verwenden.

6.2 Andere Methoden

Bisher haben Sie in diesem Buch einige der bekanntesten Techniken kennengelernt, um Überanpassung zu reduzieren. In Kapitel 5 ging es um Techniken, die darauf abzielen, Überanpassung aus Sicht der Daten zu verringern. Zu den zusätzlichen Techniken zur Verringerung der Überanpassung durch Modelländerungen gehören Skip-Verbindungen (zum Beispiel in Residualnetzen), Look-Ahead-Optimierer, stochastische Gewichtsmittelung, Multitask-Lernen und Snapshot-Ensembles.

Auch wenn sie ursprünglich nicht dazu gedacht sind, Überanpassung zu reduzieren, können Techniken wie Batch-Normalisierung (BatchNorm) und Schichtennormalisierung (LayerNorm) das Training stabilisieren und oftmals regulierend wirken, was die Überanpassung verringert. Die Gewichtsnormalisierung, bei der die Modellgewichte anstelle der Schichteingaben normalisiert werden, könnte ebenfalls zu einer besseren Generalisierungsperformance führen. Allerdings ist dieser Effekt weniger direkt, da Gewichtsnormalisierung (WeightNorm) nicht explizit als Regularisierer fungiert, wie es bei der Gewichtszurücknahme der Fall ist.

6.3 Eine Regularisierungstechnik auswählen

Die Datenqualität zu verbessern, ist ein wesentlicher erster Schritt, um Überanpassung zu verringern. Allerdings müssen wir bei neueren tiefen neuronalen Netzen mit einer großen Anzahl von Parametern mehr tun, um ein akzeptables Maß an Überanpassung zu erreichen. Daher bleiben Datenvermehrung und Vortraining zusammen mit etablierten Techniken wie Dropout und Weight Decay nach wie vor entscheidende Methoden zur Reduzierung der Überanpassung.

In der Praxis können und sollten wir mehrere Methoden auf einmal anwenden, die durch ihre additive Wirkung Überanpassung reduzieren. Um beste Ergebnisse zu erzielen, sollten Sie die Auswahl dieser Techniken als Optimierungsproblem für Hyperparameter behandeln.

6.4 Übungen

1. Angenommen, wir verringern Überanpassung durch frühes Stoppen – insbesondere mit einer modernen Variante des frühen Stoppens, die während des Trainings Checkpoints (zum Beispiel das Modell mit der höchsten Validierungsgenauigkeit) erzeugt, damit wir das jeweilige Modell laden können, nachdem das Training abgeschlossen ist. Dieser Mechanismus lässt sich in den meisten modernen Frameworks für Deep Learning aktivieren. Ein Kollege empfiehlt jedoch, stattdessen die Anzahl der Trainingsepochen zu optimieren. Was sind die Vor- und Nachteile der einzelnen Ansätze?
2. Ensemble-Modelle haben sich als zuverlässige und erfolgreiche Methode erwiesen, um Überanpassung zu verringern und die Zuverlässigkeit von Vorhersagemodellen zu verbessern. Allerdings gibt es immer einen Kompromiss. Mit welchen Nachteilen muss man bei Ensemble-Techniken rechnen?

6.5 Referenzen

- Mehr über die Unterscheidung zwischen L2-Regularisierung und Weight Decay: Guodong Zhang et al., »Three Mechanisms of Weight Decay Regularization« (2018), *https://arxiv.org/abs/1810.12281*.
- Forschungsergebnisse deuten darauf hin, dass Pruning und Wissensdestillation die Generalisierungsleistung verbessern können, was vermutlich mit kleineren Modellgrößen zusammenhängt: Geoffrey Hinton, Oriol Vinyals und Jeff Dean, »Distilling the Knowledge in a Neural Network« (2015), *https://arxiv.org/ abs/1503.02531*.

- Die klassische Bias-Varianz-Theorie legt nahe, dass eine Verringerung der Modellgröße die Überanpassung reduzieren kann: Jerome H. Friedman, Robert Tibshirani und Trevor Hastie, »Model Selection and Bias-Variance Tradeoff«, Kapitel 2.9, in *The Elements of Statistical Learning* (Springer, 2009).
- Die Lotterie-Ticket-Hypothese wendet Wissensdestillation an, um kleinere Netze mit der gleichen Vorhersageleistung wie das ursprüngliche Netz zu finden: Jonathan Frankle und Michael Carbin, »The Lottery Ticket Hypothesis: Finding Sparse, Trainable Neural Networks« (2018), *https://arxiv.org/abs/1803.03635*.
- Mehr zu Double Descent: *https://en.wikipedia.org/wiki/Double_descent*.
- Das Phänomen Grokking zeigt, dass sich die Generalisierungsleistung weit über den Punkt der Überanpassung hinaus verbessern lässt: Alethea Power et al., »Grokking: Generalization Beyond Overfitting on Small Algorithmic Datasets« (2022), *https://arxiv.org/abs/2201.02177*.
- Neuere Forschungen zeigen, dass der verbesserte Trainingsprozess teilweise die Verringerung der Überanpassung durch Pruning erklärt: Tian Jin et al., »Pruning's Effect on Generalization Through the Lens of Training and Regularization« (2022), *https://arxiv.org/abs/2210.13738*.
- Dropout wurde bereits als Regularisierungstechnik diskutiert, kann aber auch als eine Ensemble-Methode betrachtet werden, die ein gewichtetes geometrisches Mittel aus mehreren Netzen approximiert: Pierre Baldi und Peter J. Sadowski, »Understanding Dropout« (2013), *https://proceedings.neurips.cc/paper/2013/hash/71f6278d140af599e06ad9bf1ba03cb0-Abstract.html*.
- Regularisierungscocktails müssen für jeden Datensatz einzeln abgestimmt werden: Arlind Kadra et al., »Well-Tuned Simple Nets Excel on Tabular Datasets« (2021), *https://arxiv.org/abs/2106.11189*.

7 Multi-GPU-Trainingsparadigmen

Welche Multi-GPU-Trainingsparadigmen gibt es und was sind ihre jeweiligen Vor- und Nachteile?

Multi-GPU-Trainingsparadigmen lassen sich zwei Gruppen zuordnen: Aufteilen der Daten für die parallele Verarbeitung mit mehreren GPUs und Aufteilen des Modells auf mehrere GPUs, um Speicherbeschränkungen zu umgehen, wenn die Modellgröße die einer einzelnen GPU übersteigt. Datenparallelität fällt in die erste Kategorie, während Modellparallelität und Tensor-Parallelität zur zweiten Kategorie gehören. Techniken wie Pipeline-Parallelität greifen Ideen aus beiden Kategorien auf. Darüber hinaus vereinen aktuelle Softwareimplementierungen wie DeepSpeed, Colossal AI und andere mehrere Ansätze zu einer Hybridtechnik. Dieses Kapitel stellt mehrere Trainingsparadigmen vor und gibt Ratschläge, welche in der Praxis zu verwenden sind.

Hinweis Dieses Kapitel beschreibt vorrangig mit dem Begriff GPU die Hardware, die für die Parallelverarbeitung verwendet wird. Allerdings lassen sich die gleichen, hier vorgestellten Konzepte und Techniken auf andere spezialisierte Hardware übertragen, wie zum Beispiel TPUs (Tensor Processing Units), oder andere Beschleuniger, je nach der spezifischen Architektur und den Anforderungen des Systems.

7.1 Die Trainingsparadigmen

Die folgenden Abschnitte erörtern die Multi-GPU-Trainingsparadigmen Modellparallelität, Datenparallelität, Tensor-Parallelität und Sequenzparallelität.

7.1.1 Modellparallelität

Modellparallelität oder *Inter-Operatorparallelität* ist eine Technik, die verschiedene Abschnitte eines großen Modells auf verschiedenen GPUs platziert und sequenziell verarbeitet, wobei Zwischenergebnisse zwischen den Geräten übergeben werden. Dies ermöglicht das Training und die Ausführung von Modellen, die nicht vollständig auf ein einzelnes Gerät passen, kann aber eine komplizierte Koordination erfordern, um die Abhängigkeiten zwischen den verschiedenen Teilen des Modells zu verwalten.

Modellparallelität ist vielleicht die intuitivste Form der geräteübergreifenden Parallelisierung. Zum Beispiel können wir für ein einfaches neuronales Netz, das aus nur zwei Schichten – einer verborgenen Schicht und einer Ausgabeschicht – besteht, die eine Schicht auf einer GPU und die andere Schicht auf einer anderen GPU unterbringen. Selbstverständlich lässt sich dies auf eine beliebige Anzahl von Schichten und GPUs skalieren.

Dies ist eine gute Strategie, wenn der GPU-Speicher begrenzt ist und das gesamte Netz nicht auf eine GPU passt. Allerdings gibt es effizientere Methoden, mehrere GPUs zu nutzen, beispielsweise Tensor-Parallelität, weil die kettenartige Struktur (Schicht 1 auf GPU 1 → Schicht 2 auf GPU 2 → ...) in der Modellparallelität einen Flaschenhals darstellt. Mit anderen Worten hat Modellparallelität den großen Nachteil, dass die GPUs aufeinander warten müssen. Sie können nicht effizient parallel arbeiten, da sie von den Ausgaben der anderen abhängen.

7.1.2 Datenparallelität

Datenparallelität ist seit mehreren Jahren der Standardmodus für Multi-GPU-Training. Hierbei unterteilen wir einen Ministapel in kleinere Mikrostapel. Jede GPU verarbeitet dann einen Mikrostapel separat, um den Verlust und die Verlustgradienten für die Modellgewichte zu berechnen. Nachdem die einzelnen Geräte die Mikrostapel verarbeitet haben, werden die Gradienten kombiniert, um die Gewichtsaktualisierung für die nächste Runde zu berechnen.

Gegenüber der Modellparallelität hat Datenparallelität den Vorteil, dass die GPUs parallel laufen können. Jede GPU verarbeitet einen Teil des Trainingsministapels, das heißt einen Mikrostapel. Nachteilig ist jedoch, dass jede GPU eine vollständige Kopie des Modells benötigt. Dies ist natürlich nicht praktikabel, wenn wir große Modelle haben, die nicht in den VRAM der GPU passen.

7.1.3 Tensor-Parallelität

Tensor-Parallelität oder *Intra-Operatorparallelität* ist eine effizientere Form der Modellparallelität. Hier verteilt man die Gewichts- und Aktivierungsmatrizen auf die Geräte, anstatt ganze Schichten auf die Geräte zu bringen: Die einzelnen Matrizen werden geteilt, sodass wir eine einzelne Matrixmultiplikation über GPUs hinweg aufteilen.

Tensor-Parallelität können wir mit den Grundprinzipien der linearen Algebra implementieren. Eine Matrix lässt sich zeilen- oder spaltenweise auf zwei GPUs aufteilen, wie Abbildung 7–1 für zwei GPUs zeigt. (Dieses Konzept ist auf eine beliebige Anzahl von GPUs erweiterbar.)

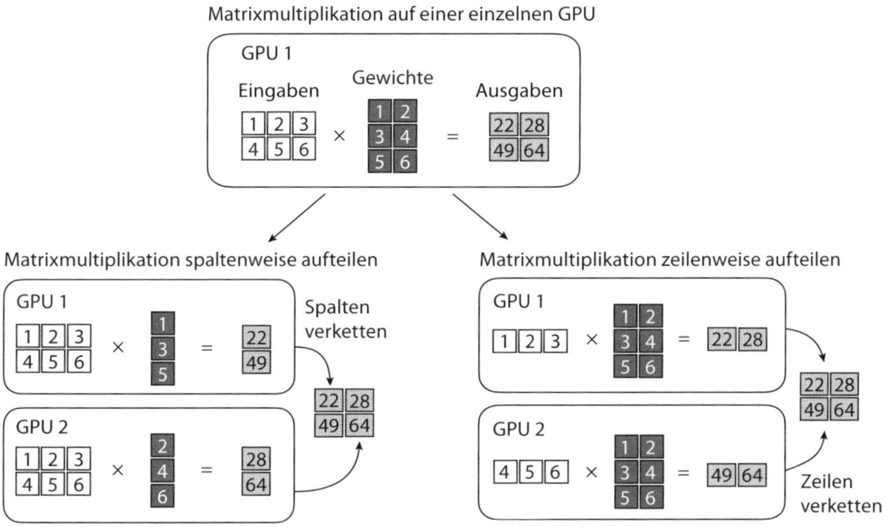

Abb. 7–1 *Tensor-Parallelität zur Verteilung der Matrixmultiplikation auf verschiedene Geräte*

Wie die Modellparallelität ermöglicht es auch die Tensor-Parallelität, Speicherbeschränkungen zu umgehen. Gleichzeitig erlaubt sie uns, Operationen parallel auszuführen, ähnlich wie die Datenparallelität.

Allerdings haftet der Tensor-Parallelität ein kleiner Makel an, dass sie nämlich zu einem höheren Kommunikationsoverhead zwischen GPUs, auf die die Matrizen verteilt sind, führt. So erfordert Tensor-Parallelität beispielsweise eine häufige Synchronisierung der Modellparameter zwischen den Geräten, was den gesamten Trainingsprozess verlangsamen kann.

In Abbildung 7–2 finden Sie einen Vergleich von Modell-, Daten- und Tensor-Parallelität.

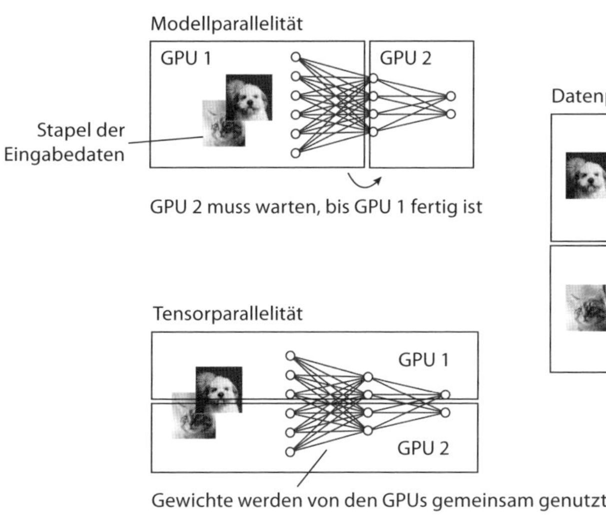

Abb. 7–2 *Modell-, Daten- und Tensor-Parallelität im Vergleich*

Bei der Modellparallelität legt man verschiedene Schichten auf verschiedene GPUs, um GPU-Speicherbeschränkungen zu umgehen. Bei der Datenparallelität teilt man einen Stapel auf mehrere GPUs auf, um Kopien des Modells parallel zu trainieren, und bildet dann einen Mittelwert der Gradienten für das anschließende Aktualisieren der Gewichte. Bei Tensor-Parallelität werden Matrizen (Eingaben und Gewichte) auf verschiedene GPUs aufgeteilt und parallel verarbeitet, wenn Modelle zu groß sind, um in den GPU-Speicher zu passen.

7.1.4 Pipeline-Parallelität

Bei der *Pipeline-Parallelität* werden wie bei Modellparallelität Aktivierungen im Forward-Pass weitergegeben. Der Trick dabei ist, dass die Gradienten des Eingabe-Tensors rückwärts weitergegeben werden, um einen Leerlauf der Geräte zu verhindern. In gewissem Sinne ist Pipeline-Parallelität eine ausgefeilte Hybridversion der Daten- und Modellparallelität.

Pipeline-Parallelität können Sie sich als eine Form der Modellparallelität vorstellen, die versucht, den Flaschenhals der sequenziellen Verarbeitung zu minimieren, indem sie die Parallelität zwischen den einzelnen Schichten, die sich auf verschiedenen Geräten befinden, verstärkt. Allerdings orientiert sich die Pipeline-Parallelität auch an Ideen der Datenparallelität, wie zum Beispiel das weitere Aufteilen der Ministapel in Mikrostapel.

Gegenüber der Modellparallelität ist die Pipeline-Parallelität definitiv eine Verbesserung, auch wenn sie nicht perfekt ist und es Leerlaufblasen geben wird. Des Weiteren weist die Pipeline-Parallelität den Nachteil auf, dass der Entwurf und die Implementierung der Pipeline-Stufen und der dazugehörenden Kommunikationsmuster sehr aufwendig sein können. Zudem sind die damit erzielten Performancegewinne nicht so groß wie bei anderen Parallelisierungstechniken, wie zum Beispiel der reinen Datenparallelität, insbesondere bei kleinen Modellen oder in Fällen, in denen der Kommunikations-Overhead hoch ist.

Für moderne Architekturen, die für den GPU-Speicher zu groß sind, ist es heutzutage üblicher, eine Mischung aus Datenparallelitäts- und Tensor-Parallelitäts-Techniken anstelle von Pipeline-Parallelität zu verwenden.

7.1.5 Sequenzparallelität

Sequenzparallelität zielt darauf ab, Engpässe bei der Berechnung zu vermeiden, wenn lange Sequenzen mithilfe von Transformer-basierten LLMs zu verarbeiten sind. Noch konkreter zeigt sich als Manko bei Transformern, dass der Mechanismus der Selbstaufmerksamkeit (der ursprüngliche Mechanismus Scaled Dot-Product Attention) quadratisch mit der Länge der Eingabesequenz skaliert. Natürlich gibt es auch effizientere Alternativen zum ursprünglichen Aufmerksamkeitsmechanismus, die linear skalieren.

Allerdings sind diese effizienten Selbstaufmerksamkeitsmechanismen weniger populär und die meisten Menschen bevorzugen derzeit (als dieses Buch entstanden ist) den ursprünglichen Mechanismus Scaled Dot-Product Attention. Die in Abbildung 7–3 dargestellte Sequenzparallelität teilt die Eingabesequenz in kleinere Blöcke, die auf die GPUs verteilt werden, um die Speicherbeschränkungen von Berechnungen der Selbstaufmerksamkeitsmechanismen zu verringern.

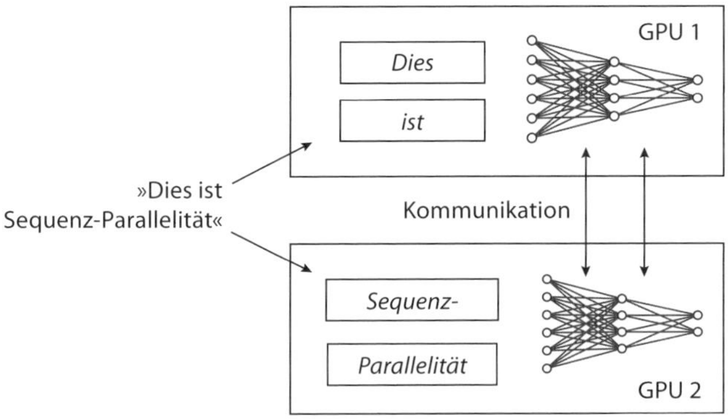

Abb. 7–3 *Sequenzparallelität teilt lange Eingaben auf GPUs auf.*

Wie verhält sich die Sequenzparallelität zu den weiter vorn erläuterten Multi-GPU-Techniken? Im Speziellen geht es bei Sequenzparallelität um sequenzielle Daten, bei Tensor-Parallelität um die interne Struktur des Modells und bei Datenparallelität darum, wie die Trainingsdaten aufgeteilt werden. Da jede dieser Parallelitätsstrategien theoretisch einen anderen Aspekt der rechentechnischen Herausforderung angeht, können sie auf verschiedene Weise kombiniert werden, um den Trainings- oder Inferenzprozess zu optimieren. Allerdings ist die Sequenzparallelität noch nicht so gut erforscht wie andere Parallelisierungstechniken.

Während die Sequenzparallelität in der Praxis nützlich zu sein scheint, ist sie wie die oben erwähnten Parallelitätstechniken mit zusätzlichem Kommunikationsaufwand verbunden. Wie die Datenparallelität müssen wir auch hier das Modell duplizieren und sicherstellen, dass es in den Gerätespeicher passt. Weiterhin hat das Multi-GPU-Training von Transformern (je nach Implementierung) den Nachteil, dass es die Eingabesequenz in kleinere Teilsequenzen aufbricht, die die Genauigkeit des Modells verringern kann (vor allem, wenn das Modell auf längere Sequenzen angewendet wird).

7.2 Empfehlungen

Praktische Empfehlungen hängen vom jeweiligen Kontext ab. Wenn wir kleine Modelle trainieren, die auf eine einzelne GPU passen, sind Datenparallelitätsstrategien wahrscheinlich am effizientesten. Performancegewinne durch Pipeline-Parallelität sind möglicherweise nicht so signifikant wie durch andere Parallelisierungstechniken, wie zum Beispiel Datenparallelität, insbesondere bei kleinen Modellen oder in Fällen mit hohem Kommunikationsaufwand.

Wenn Modelle aufgrund ihrer Größe nicht in den Speicher einer einzelnen GPU passen, müssen wir Modell- oder Tensor-Parallelität untersuchen. Tensor-

Parallelität ist von Haus aus effizienter; die GPUs können parallel arbeiten, da es keine sequenzielle Abhängigkeit wie bei Modellparallelität gibt.

Moderne Multi-GPU-Strategien kombinieren in der Regel auch Datenparallelität und Tensor-Parallelität.

7.3 Übungen

1. Angenommen, wir implementieren unsere eigene Version der Tensor-Parallelität, die hervorragend funktioniert, wenn wir unser Modell mit einem standardmäßigen Optimierer für stochastischen Gradientenabstieg trainieren. Wenn wir jedoch den Adam-Optimierer von Diederik P. Kingma und Jimmy Ba ausprobieren, stoßen wir auf ein Gerät, das nicht mehr genügend Speicher hat. Wo könnte die Ursache für dieses Problem liegen?
2. Angenommen, uns steht keine GPU zur Verfügung, und wir überlegen, Datenparallelität mithilfe der CPU zu realisieren. Ist dies eine gute Idee?

7.4 Referenzen

- Das ursprüngliche Paper über den Adam-Optimierer: Diederik P. Kingma und Jimmy Ba, »Adam: A Method for Stochastic Optimization« (2014), *https://arxiv.org/abs/1412.6980*.
- Weitere Informationen zu DeepSpeed und Colossal-AI für Multi-GPU-Training: *https://github.com/microsoft/DeepSpeed* und *https://github.com/hpcaitech/ColossalAI*.
- Tutorials zur Pipeline-Parallelität und Forschungen des DeepSpeed-Teams: *https://www.deepspeed.ai/tutorials/pipeline* und Yanping Huang et al., »GPipe: Efficient Training of Giant Neural Networks Using Pipeline Parallelism« (2018), *https://arxiv.org/abs/1811.06965*.
- Das Paper, das Sequenz-Parallelität für Transformer-basierte Sprachmodelle vorschlägt: Shenggui Li et al., »Sequence Parallelism: Long Sequence Training from [a] System[s] Perspective« (2022), *https://arxiv.org/abs/2105.13120*.
- Der Mechanismus Scaled Dot-Product Attention wurde mit der ursprünglichen Transformer-Architektur vorgeschlagen: Ashish Vaswani et al., »Attention Is All You Need« (2017), *https://arxiv.org/abs/1706.03762*.
- Eine Übersicht über Alternativen zum ursprünglichen Selbstaufmerksamkeitsmechanismus, die linear skalieren: Yi Tay et al., »Efficient Transformers: A Survey« (2020), *https://arxiv.org/abs/2009.06732*.
- Eine Übersicht über zusätzliche Techniken, um die Trainingseffizienz von Transformern zu verbessern: Bohan Zhuang et al., »A Survey on Efficient Training of Transformers« (2023), *https://arxiv.org/abs/2302.01107*.
- Moderne Multi-GPU-Strategien kombinieren in der Regel Datenparallelität und Tensor-Parallelität. Bekannte Beispiele sind die Stufen 2 und 3 von DeepSpeed, die dieses Tutorial zum Zero Redundancy Optimierer beschreibt: *https://www.deepspeed.ai/tutorials/zero*.

8 Der Erfolg der Transformer

Was sind die wichtigsten Faktoren, die zum Erfolg von Transformern beigetragen haben?

In den letzten Jahren haben sich Transformer als die erfolgreichste Architektur neuronaler Netze herauskristallisiert, insbesondere für verschiedene Aufgaben der Verarbeitung natürlicher Sprache. Tatsächlich stehen Transformer nun an der Schwelle, auch für Computer-Vision-Aufgaben zum Stand der Technik zu werden. Der Erfolg der Transformer lässt sich auf mehrere Schlüsselfaktoren zurückführen, darunter deren Aufmerksamkeitsmechanismus, ihre Fähigkeit zur einfachen Parallelisierung, ihr unbeaufsichtigtes Vortraining und ihre hohe Anzahl an Parametern.

8.1 Der Aufmerksamkeitsmechanismus

Der Selbstaufmerksamkeitsmechanismus in Transformern ist eine der wichtigsten Designkomponenten, die Transformer-basierte LLMs so erfolgreich machen. Allerdings verkörpern Transformer nicht die erste Architektur, die Aufmerksamkeitsmechanismen nutzen. Aufmerksamkeitsmechanismen wurden erstmals 2010 im Zusammenhang mit der Bilderkennung entwickelt, bevor sie eingesetzt wurden, um lange Sätze in rekurrenten neuronalen Netzen zu übersetzen. (Kapitel 16 vergleicht die Aufmerksamkeitsmechanismen, wie sie in rekurrenten neuronalen Netzen und Transformern zu finden sind, im Detail.)

Der oben erwähnte Aufmerksamkeitsmechanismus ist dem menschlichen Sehen nachempfunden und konzentriert sich jeweils auf bestimmte Teile eines Bildes (foveales Sehen), um Informationen hierarchisch und sequenziell zu verarbeiten. Im Gegensatz dazu ist der prinzipielle Mechanismus, der Transformern zugrunde liegt, ein Selbstaufmerksamkeitsmechanismus, wie er für sequenzorientierte Aufgaben gebräuchlich ist, beispielsweise Maschinenübersetzung und Textgenerierung. Er ermöglicht es jedem Token in einer Sequenz, auf alle anderen Tokens zu achten und somit kontextbezogene Repräsentationen jedes Tokens bereitzustellen.

Was macht Aufmerksamkeitsmechanismen so einzigartig und nützlich? Zur Veranschaulichung nehmen wir an, dass wir ein Encoder-Netz für eine Darstellung mit fester Länge einer Eingabesequenz oder eines Bildes verwenden – dies kann ein vollständig verbundener, konvolutionaler oder aufmerksamkeitsbasierter Encoder sein.

In einem Transformer verwendet der Encoder Mechanismen der Selbstaufmerksamkeit, um die Wichtigkeit jedes Eingabe-Tokens relativ zu anderen Tokens in der Sequenz zu berechnen, sodass sich das Modell auf relevante Teile der Eingabesequenz konzentrieren kann. Konzeptionell ist es Transformern durch die Aufmerksamkeitsmechanismen möglich, sich verschiedenen Teilen einer Sequenz oder eines Bildes zu widmen. Nach außen hin sieht das wie eine vollständig verbundene Schicht aus, bei der jedes Eingabeelement über ein Gewicht mit dem Eingabeelement in der nächsten Schicht verbunden ist. Bei Aufmerksamkeitsmechanismen geschieht die Berechnung der Aufmerksamkeitsgewichte, indem jedes Eingabeelement mit allen anderen verglichen wird. Die nach diesem Ansatz ermittelten Aufmerksamkeitsgewichte sind dynamisch und eingabeabhängig. Im Gegensatz dazu bleiben die Gewichte einer konvolutionalen oder vollständig verbundenen Schicht nach dem Training fest, wie Abbildung 8–1 zeigt.

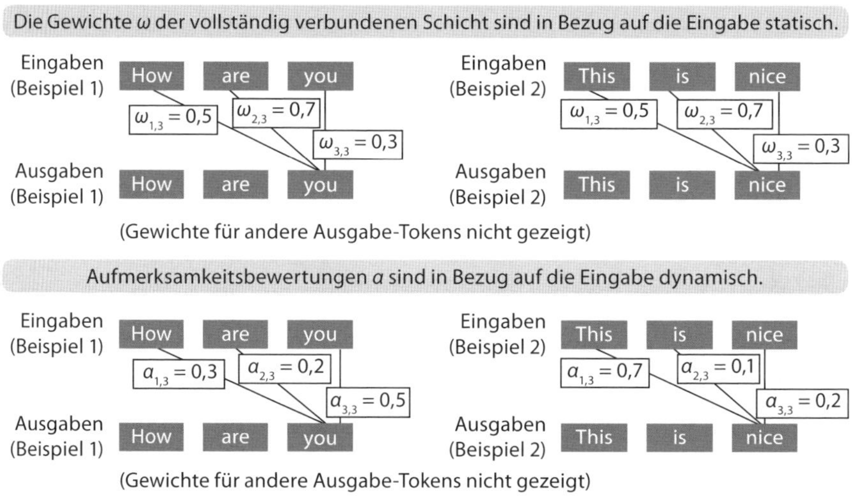

Abb. 8–1 *Der konzeptionelle Unterschied zwischen Modellgewichten in vollständig verbundenen Schichten (oben) und Aufmerksamkeitsbewertungen (unten)*

Wie der obere Teil von Abbildung 8–1 zeigt, bleiben die Gewichte von vollständig verbundenen Schichten unabhängig von der Eingabe fest, nachdem das Netz trainiert worden ist. Im Unterschied dazu ändern sich, wie im unteren Teil gezeigt, die Gewichte der Selbstaufmerksamkeit abhängig von den Eingaben, selbst nachdem der Transformer trainiert wurde.

Aufmerksamkeitsmechanismen ermöglichen es einem neuronalen Netz, die Bedeutung verschiedener Eingabefeatures selektiv zu gewichten, sodass sich das Modell auf die relevantesten Teile der Eingabe für eine bestimmte Aufgabe konzentrieren kann. Dies ermöglicht ein kontextbezogenes Verständnis jedes Wort- oder Bild-Tokens und damit eine differenziertere Interpretation. Dies ist einer der Aspekte, die Transformer so gut funktionieren lassen.

8.2 Vortraining durch selbstüberwachtes Lernen

Ein weiterer Schlüsselfaktor für den Erfolg von Transformern ist das Vortraining der Transformer durch selbstüberwachtes Lernen auf großen, ungelabelten Datensätzen. Beim Vortraining wird das Transformer-Modell trainiert, um zum Beispiel fehlende Wörter in einem Satz oder den nächsten Satz in einem Dokument vorherzusagen. Indem das Modell lernt, diese fehlenden Wörter oder den nächsten Satz vorherzusagen, wird es gezwungen, allgemeine Darstellungen von Sprache zu erlernen, die sich für ein weites Spektrum von Downstream-Aufgaben fein abstimmen lassen.

Während sich das unüberwachte Vortraining bei der Verarbeitung natürlicher Sprache als sehr effektiv erwiesen hat, ist seine Effektivität bei Aufgaben der Computer Vision immer noch ein aktives Forschungsgebiet. (Siehe dazu Kapitel 2, das selbstüberwachtes Lernen ausführlich erörtert.)

8.3 Große Anzahl von Parametern

Eine bemerkenswerte Eigenschaft von Transformern ist ihre große Modellgröße. Zum Beispiel besteht das bekannte GPT-3 von 2020 aus 175 Milliarden trainierbaren Parametern, während andere Transformer, wie zum Beispiel Switch-Transformer, über Billionen von Parametern verfügen.

Die Skalierung und die Anzahl der trainierbaren Parameter von Transformern sind wesentliche Faktoren für ihre Modellierungsleistung, insbesondere bei umfangreichen Aufgaben der Verarbeitung natürlicher Sprachen. So legen zum Beispiel lineare Skalierungsgesetze nahe, dass der Trainingsverlust proportional mit zunehmender Modellgröße abnimmt, sodass eine Verdopplung der Modellgröße den Trainingsverlust halbieren kann.

Dies wiederum kann zu einer besseren Performance bei der Downstream-Zielaufgabe führen. Allerdings ist es entscheidend, die Modellgröße und die Anzahl der Trainings-Tokens gleichermaßen zu skalieren. Wenn Sie also die Modellgröße verdoppeln wollen, müssen Sie auch die Anzahl der Trainings-Tokens verdoppeln.

Da gelabelte Daten begrenzt sind, ist die Verwendung großer Datenmengen während des unüberwachten Vortrainings unerlässlich.

Zusammenfassend lässt sich sagen, dass große Modellgrößen und große Datensätze entscheidende Faktoren für den Erfolg der Transformer sind. Zudem ist bei selbstüberwachtem Lernen die Fähigkeit, Transformer vorab zu trainieren, eng an große Modellgrößen und große Datensätze gekoppelt. Diese Kombination war entscheidend für den Erfolg der Transformer bei einer Vielzahl von Aufgaben der Verarbeitung natürlicher Sprache.

8.4 Einfache Parallelisierung

Das Training großer Modelle mit großen Datensätzen erfordert enorme Rechenressourcen und es ist wichtig, dass sich die Berechnungen parallelisieren lassen, um die Ressourcen voll auszuschöpfen.

Erfreulicherweise lassen sich Transformer leicht parallelisieren, da sie eine Sequenz von Wort- oder Bild-Tokens mit fester Länge als Eingabe verwenden. So beinhaltet der in den meisten Transformer-Architekturen verwendete Selbstaufmerksamkeitsmechanismus die Berechnung der gewichteten Summe für ein Paar von Eingabeelementen. Darüber hinaus können diese paarweisen Token-Vergleiche unabhängig voneinander berechnet werden, wie Abbildung 8–2 zeigt, sodass der Selbstaufmerksamkeitsmechanismus relativ einfach über die verschiedenen GPU-Kerne hinweg parallelisiert werden kann.

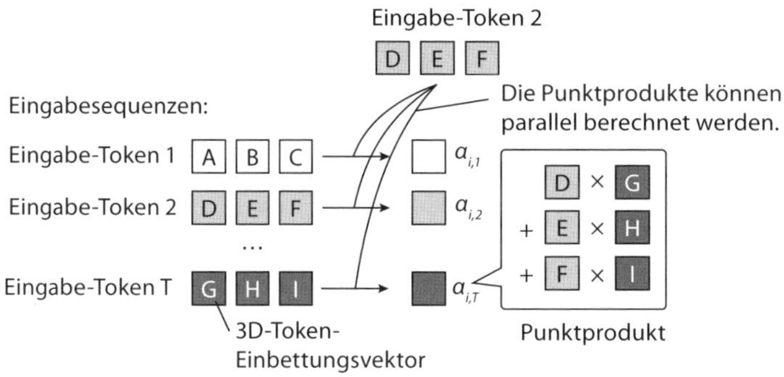

Abb. 8–2 *Ein vereinfachter Selbstaufmerksamkeitsmechanismus ohne Gewichtsparameter*

Des Weiteren können die einzelnen Gewichtsmatrizen, die im Selbstaufmerksamkeitsmechanismus verwendet werden (in Abbildung 8–2 nicht dargestellt), auf verschiedene Recheneinheiten für eine verteilte und parallele Verarbeitung verteilt werden.

8.5 Übungen

1. Wie dieses Kapitel erläutert hat, ist Selbstaufmerksamkeit leicht parallelisierbar, doch gelten Transformer aufgrund der Selbstaufmerksamkeit als rechenintensiv. Wie lässt sich dieser Widerspruch erklären?
2. Können wir Selbstaufmerksamkeit als eine Form der Featureauswahl betrachten, da ja die Werte der Selbstaufmerksamkeit Gewichtungen für die verschiedenen Eingabeelemente darstellen?

8.6 Referenzen

- Ein Beispiel für einen Aufmerksamkeitsmechanismus im Rahmen einer Bilderkennung: Hugo Larochelle und Geoffrey Hinton, »Learning to Combine Foveal Glimpses with a Third-Order Boltzmann Machine« (2010), *https://dl.acm.org/doi/10.5555/2997189.2997328*.
- Das Paper, das den Selbstaufmerksamkeitsmechanismus mit der ursprünglichen Transformer-Architektur einführt: Ashish Vaswani et al., »Attention Is All You Need« (2017), *https://arxiv.org/abs/1706.03762*.
- Transformer können Billionen von Parametern haben: William Fedus, Barret Zoph und Noam Shazeer, »Switch Transformers: Scaling to Trillion Parameter Models with Simple and Efficient Sparsity« (2021), *https://arxiv.org/abs/2101.03961*.
- Lineare Skalierungsgesetze legen nahe, dass der Trainingsverlust mit zunehmender Modellgröße proportional abnimmt: Jared Kaplan et al., »Scaling Laws for Neural Language Models« (2020), *https://arxiv.org/abs/2001.08361*.
- Wie Forschungsergebnisse zeigen, sollten in Transformer-basierten Sprachmodellen die Trainings-Tokens für jede Verdopplung der Modellgröße verdoppelt werden: Jordan Hoffmann et al., »Training Compute-Optimal Large Language Models« (2022), *https://arxiv.org/abs/2203.15556*.
- Weitere Informationen über die Gewichte, die in Selbstaufmerksamkeitsmechanismen verwendet werden, finden Sie in meinem Blogbeitrag: »Understanding and Coding the Self-Attention Mechanism of Large Language Models from Scratch« unter *https://sebastianraschka.com/blog/2023/self-attention-from-scratch.html*.

9 Generative KI-Modelle

Was sind die gängigen Kategorien tiefer generativer Modelle im Deep Learning (auch als *generative KI* bezeichnet) und was sind ihre jeweiligen Nachteile?

Viele verschiedene Arten von tiefen generativen Modellen sind angewendet worden, um verschiedenartige Medientypen zu generieren: Bilder, Videos, Text und Audio. Neben diesen Medientypen lassen sich Modelle auch umfunktionieren, um domänenspezifische Daten zu generieren, beispielsweise organische Moleküle oder Proteinstrukturen. Dieses Kapitel definiert zunächst, was generative Modellierung ist, und beschreibt dann die einzelnen Typen von generativen Modellen zusammen mit ihren Stärken und Schwächen.

9.1 Generative vs. diskriminative Modellierung

Beim traditionellen maschinellen Lernen gibt es vor allem zwei Ansätze, um die Beziehung zwischen Eingabedaten (x) und Ausgabelabels (y) zu modellieren: generative Modelle und diskriminative Modelle. *Generative Modelle* zielen darauf ab, die zugrunde liegende Wahrscheinlichkeitsverteilung der Eingabedaten $p(x)$ oder die multivariate Verteilung $p(x, y)$ zwischen Eingaben und Labels zu erfassen. Im Gegensatz dazu konzentrieren sich *diskriminative Modelle* auf die Modellierung der bedingten Verteilung $p(y|x)$ der Labels in Abhängigkeiten von den Eingaben.

Ein klassisches Beispiel, das die Unterschiede zwischen diesen Ansätzen verdeutlicht, ist der Vergleich zwischen dem Naive-Bayes-Klassifizierer und dem logistischen Regressionsklassifizierer. Beide Klassifizierer schätzen die Wahrscheinlichkeiten der Klassen-Labels $p(y||x)$ und eignen sich für Klassifizierungsaufgaben. Allerdings gilt die logistische Regression als diskriminatives Modell, weil es direkt die bedingte Wahrscheinlichkeitsverteilung $p(y|x)$ der Klassen-Labels in Abhängigkeit von den Eingabefeatures modelliert, ohne Annahmen über die zugrunde liegende gemeinsame Verteilung der Eingaben und Labels zu treffen. Hingegen gilt Naive Bayes als generatives Modell, weil es die gemeinsame Wahrscheinlichkeitsverteilung $p(x, y)$ der Eingabefeatures x und der Ausgabelabels y modelliert. Durch das Erlernen der gemeinsamen Verteilung erfasst ein generatives Modell wie Naive Bayes den zugrunde liegenden Datengenerierungsprozess, sodass es bei Bedarf neue Stichproben aus der Verteilung erzeugen kann.

9.2 Arten von tiefen generativen Modellen

Wenn wir von tiefen generativen Modellen oder tiefer generativer KI sprechen, lockern wir oftmals diese Definition, um alle Arten von Modellen einzuschließen, die realistisch aussehende Daten produzieren können (typischerweise Text, Bilder, Videos und Ton). Dieses Kapitel erörtert kurz die verschiedenen Arten von tiefen generativen Modellen, die dazu dienen, solche Daten zu erzeugen.

9.2.1 Energie-basierte Modelle

Energie-basierte Modelle (EBMs) sind eine Klasse von generativen Modellen, die eine Energiefunktion lernen, die jedem Datenpunkt einen Skalarwert (Energie) zuweist. Niedrigere Energiewerte entsprechen wahrscheinlicheren Datenpunkten. Das Modell wird trainiert, um die Energie der realen Datenpunkte zu minimieren, während es die Energie der generierten Datenpunkte erhöht. Beispiele für EBMs sind Deep-Boltzmann-Maschinen (DBMs). Als einer der ersten Durchbrüche im Bereich des Deep Learning bieten DBMs die Möglichkeit, komplexe Datendarstellungen zu lernen. Man kann sie als eine Art unüberwachtes Vortraining betrachten, das zu Modellen führt, die sich dann für verschiedene Aufgaben fein abstimmen lassen.

Ähnlich wie bei Naive Bayes und logistischer Regression können DBMs und mehrschichtige Perzeptrons (MLPs) als generative und diskriminative Gegenstücke betrachtet werden, wobei sich DBMs auf das Erfassen des Datenerzeugungsprozesses und MLPs auf das Modellieren der Entscheidungsgrenze zwischen Klassen oder die Zuordnung der Eingaben zu Ausgaben konzentrieren.

Eine DBM besteht aus mehreren Schichten von verborgenen Knoten, wie Abbildung 9–1 zeigt. Wie aus der Abbildung hervorgeht, gibt es neben den verborgenen Schichten in der Regel eine sichtbare Schicht, die den beobachtbaren Daten entspricht. Diese sichtbare Schicht dient als Eingabeschicht, in der die eigentlichen Daten oder Features in das Netz eingespeist werden. DBMs verwenden nicht nur einen anderen Lernalgorithmus als MLPs (kontrastive Divergenz anstelle von Backpropagation), sondern bestehen auch aus binären Knoten (Neuronen) anstelle von kontinuierlichen Knoten.

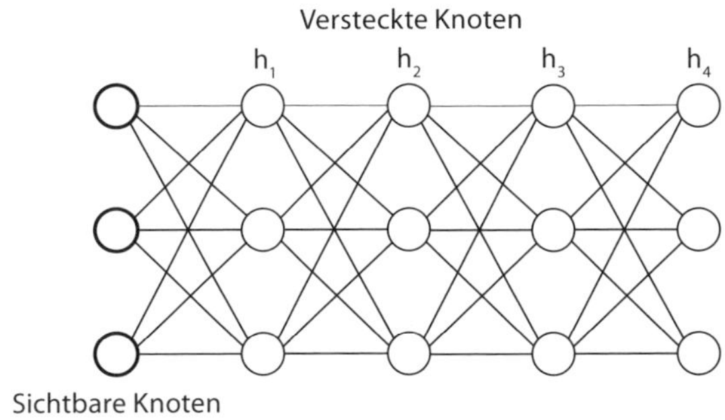

Abb. 9–1 *Eine vierschichtige Deep-Boltzmann-Maschine mit drei Stapeln versteckter Knoten*

Angenommen, wir sind an der Erzeugung von Bildern interessiert. Eine DBM kann die gemeinsame Wahrscheinlichkeitsverteilung über die Pixelwerte in einem einfachen Bilddatensatz wie MNIST lernen. Um neue Bilder zu generieren, nimmt die DBM dann Stichproben aus dieser Verteilung, und zwar in einem als *Gibbs-Sampling* bezeichneten Prozess. Hier stellt die sichtbare Schicht der DBM das Eingabebild dar. Um ein neues Bild zu generieren, initialisiert die DBM die sichtbare Schicht mit Zufallswerten oder verwendet alternativ ein vorhandenes Bild als Startwert (Seed). Nach mehreren Gibbs-Sampling-Iterationen stellt der Endzustand der sichtbaren Schicht das erzeugte Bild dar.

DBMs haben in der Vergangenheit eine wichtige Rolle als erste tiefe generative Modelle gespielt, aber sie sind nicht mehr sehr beliebt für die Generierung von Daten. Denn sie sind teuer und komplizierter zu trainieren. Außerdem haben sie eine geringere Ausdruckskraft, was im Allgemeinen zu qualitativ schlechter generierten Mustern führt.

9.2.2 Variationale Autoencoder

Variationale Autoencoder (VAEs) basieren auf den Prinzipien der variationalen Inferenz und Autoencoder-Architekturen. *Variationale Inferenz* ist eine Methode zur Approximation komplexer Wahrscheinlichkeitsverteilungen, indem eine einfachere, überschaubare Verteilung optimiert wird, sodass sie der wahren Verteilung so nahe wie möglich kommt. *Autoencoder* sind unüberwachte neuronale Netze, die lernen, Eingabedaten in eine Darstellung mit weniger Dimensionen zu komprimieren (Encoding) und anschließend die Originaldaten aus der komprimierten Darstellung zu rekonstruieren (Decoding), indem sie den Rekonstruktionsfehler minimieren.

Das VAE-Modell besteht im Wesentlichen aus zwei Teilmodulen: einem Encoder-Netz und einem Decoder-Netz. Das Encoder-Netz nimmt zum Beispiel ein Eingabebild und bildet es auf einen latenten Raum ab, indem es eine Wahrscheinlichkeitsverteilung über den latenten Variablen lernt. Diese Verteilung ist in der Regel als Gauß-Verteilung modelliert, deren Parameter (Mittelwert und Varianz) Funktionen des Eingabebilds sind. Das Decoder-Netz entnimmt dann eine Stichprobe aus der gelernten latenten Verteilung und rekonstruiert das Eingabebild aus dieser Probe. Ziel des VAE ist es, eine kompakte und aussagekräftige latente Repräsentation zu erlernen, die die wesentliche Struktur der Eingabedaten erfasst und gleichzeitig in der Lage ist, neue Bilder durch Sampling aus dem latenten Raum zu erzeugen. (Siehe Kapitel 1 mit weiteren Einzelheiten zu latenten Repräsentationen.)

Abbildung 9–2 veranschaulicht die Teilmodule Encoder und Decoder eines Autoencoders, wobei *x'* die rekonstruierte Eingabe *x* darstellt. In einem standardmäßigen variationalen Autoencoder kommt der latente Vektor als Stichprobe aus einer Verteilung, die eine standardmäßige Gauß-Verteilung approximiert.

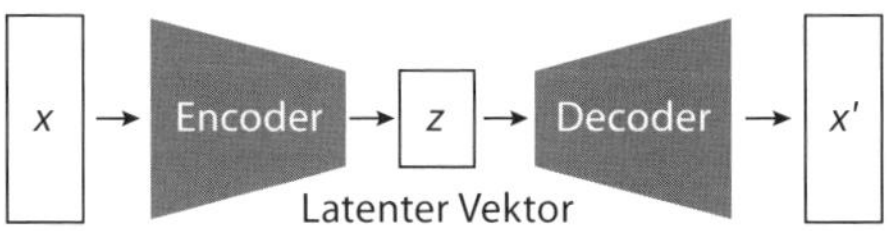

Abb. 9–2 *Ein Autoencoder*

Beim Training eines VAE geht es um die Optimierung der Modellparameter, um eine Verlustfunktion zu minimieren, die aus zwei Termen besteht: einem Rekonstruktionsverlust und einem Regulierungsterm der Kullback-Leibler-Divergenz (KL-Divergenz). Der Rekonstruktionsverlust stellt sicher, dass die decodierten Proben den Eingabebildern sehr ähnlich sind, während der KL-Divergenz-Term als Ersatzverlust fungiert, der die erlernte latente Verteilung dazu anregt, einer vordefinierten Prior-Verteilung (normalerweise einer standardmäßigen Gauß-Verteilung) nahezukommen. Um neue Bilder zu generieren, entnehmen wir dann Stichproben von Punkten aus der Prior-Verteilung (der standardmäßigen Gauß-Verteilung) des latenten Raums und leiten sie durch das Decoder-Netz, das neue, unterschiedliche Bilder erzeugt, die den Trainingsdaten ähnlich sehen.

Zu den Nachteilen von VAEs gehören ihre komplizierte Verlustfunktion, die aus separaten Termen besteht, sowie ihre oft geringe Aussagekraft. Letzteres kann dazu führen, dass die Bilder im Vergleich zu anderen Modellen, wie zum Beispiel generativen adversarialen Netzen, unschärfer ausfallen.

9.2.3 Generative Adversarial Networks

Generative Adversarial Networks (GANs) sind Modelle, die aus interagierenden Teilnetzen bestehen und darauf ausgelegt sind, neue Datensamples zu generieren, die einer bestimmten Menge von Eingabedaten ähnlich sind. Obwohl sowohl GANs als auch VAEs Modelle mit latenten Variablen sind, die Daten durch Sampling aus einem erlernten latenten Raum erzeugen, unterscheiden sich ihre Architekturen und Lernmechanismen grundlegend.

GANs bestehen aus zwei neuronalen Netzen, einem Generator und einem Diskriminator, die gleichzeitig in einer adversarialen (»gegnerischen«) Weise trainiert werden. Der Generator nimmt einen zufälligen Rauschvektor aus dem latenten Raum als Eingabe und erzeugt ein synthetisches Datenmuster (zum Beispiel ein Bild). Der Diskriminator hat die Aufgabe, zwischen echten Proben aus den Trainingsdaten und vom Generator erzeugten gefälschten Proben zu unterscheiden, wie Abbildung 9–3 zeigt.

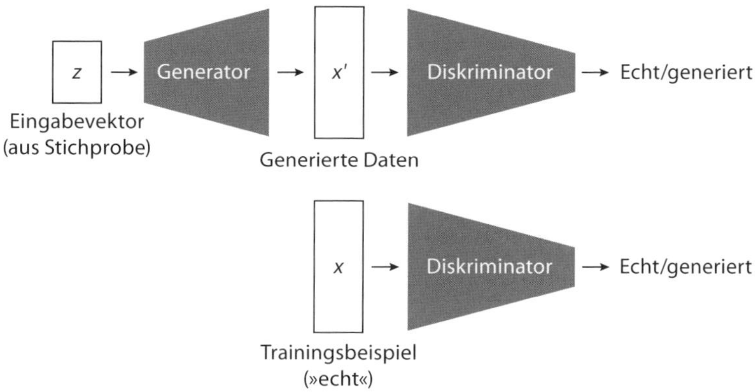

Abb. 9–3 *Ein Generative Adversarial Network*

Der Generator in einem GAN ähnelt hinsichtlich seiner Funktionalität etwas einem VAE. Während der Inferenz nehmen sowohl GAN-Generatoren als auch VAE-Decoder zufällige Rauschvektoren als Stichproben aus einer bekannten Verteilung (zum Beispiel einer standardmäßigen Gauß-Verteilung) und transformieren sie in synthetische Datenproben, beispielsweise Bilder.

Ein wesentlicher Nachteil von GANs ist ihr instabiles Training aufgrund der adversarialen Natur der Verlustfunktion und des Lernprozesses. Es kann schwierig sein, die Lernraten des Generators und des Diskriminators auszubalancieren, was oft zu Schwingungen, Moduskollaps oder Nichtkonvergenz führt. Der zweite große Nachteil von GANs ist die geringe Diversität der erzeugten Ausgaben, die oftmals durch einen Moduskollaps entsteht. Hier ist der Generator in der Lage, den Diskriminator erfolgreich mit einer kleinen Menge von Stichproben zu täuschen, die nur eine kleine Teilmenge der ursprünglichen Trainingsdaten repräsentieren.

9.2.4 Flussbasierte Modelle

Das Kernkonzept der *flussbasierten Modelle*, die auch als *normalisierende Flüsse* bezeichnet werden, wird von traditionsreichen Methoden der Statistik inspiriert. In erster Linie geht es bei diesen Modellen darum, eine einfache Wahrscheinlichkeitsverteilung (wie eine Gauß-Verteilung) durch invertierbare Transformationen in eine komplexere Verteilung umzuwandeln.

Obwohl man das Konzept der normalisierenden Flüsse in der Statistik schon lange kennt, ist die Implementierung von frühen flussbasierten Deep-Learning-Modellen eine relativ neue Entwicklung, was insbesondere für die Bildgenerierung gilt. Eines der bahnbrechenden Modelle in diesem Bereich war der Ansatz der *nichtlinearen Schätzung unabhängiger Komponenten* (Non-Linear Independent Components Estimation, NICE). NICE geht von einer einfachen Wahrscheinlichkeitsverteilung aus, die oftmals so einfach wie eine Normalverteilung ist. Man kann sich dies als eine Art »zufälliges Rauschen« oder als Daten ohne besondere Form oder Struktur vorstellen. NICE wendet dann eine Reihe von Transformationen auf diese einfache Verteilung an. Jede Transformation dient dazu, die Daten dem endgültigen Ziel (zum Beispiel der Verteilung von realen Bildern) ähnlicher zu machen. Diese Transformationen sind »invertierbar«, das heißt, sie lassen sich jederzeit wieder in die ursprüngliche einfache Verteilung umkehren. Nach mehreren aufeinanderfolgenden Transformationen hat sich die einfache Verteilung in eine komplexe Verteilung verwandelt, die der Verteilung der Zieldaten (zum Beispiel Bilder) sehr ähnlich ist. Wir können nun neue Daten erzeugen, die wie die Zieldaten aussehen, indem wir zufällige Punkte aus dieser komplexen Verteilung auswählen.

Abbildung 9–4 veranschaulicht das Konzept eines flussbasierten Modells, das die komplexe Eingabeverteilung auf eine einfachere Verteilung und zurück abbildet.

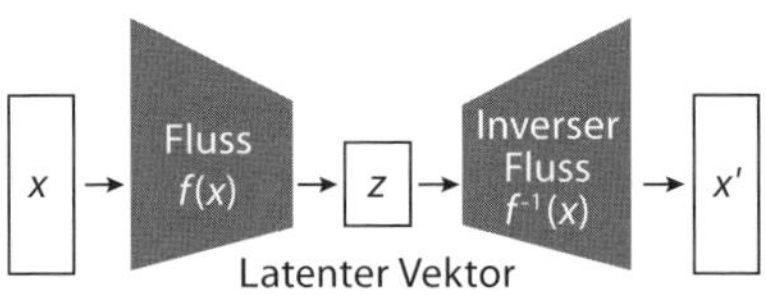

Abb. 9–4 *Ein flussbasiertes Modell*

Auf den ersten Blick ähnelt die Abbildung der VAE-Darstellung in Abbildung 9–2. Während aber VAEs Encoder auf Basis neuronaler Netze, wie zum Beispiel CNNs, arbeiten, verwendet das flussbasierte Modell einfachere Entkopplungsschichten, wie zum Beispiel einfache lineare Transformationen. Und während der Decoder in einem VAE unabhängig vom Encoder ist, werden die Datentransformationsfunktionen im flussbasierten Modell mathematisch invertiert, um die Ausgaben zu erhalten. Im Gegensatz zu VAEs und GANs liefern flussbasierte Modelle genaue Wahrscheinlichkeiten, die uns Aufschluss darüber geben, wie gut die generierten Stichproben mit der Verteilung der Trainingsdaten übereinstimmen. Dies kann beispielsweise bei der Erkennung von Anomalien oder Dichteschätzungen von Nutzen sein. Allerdings ist die Qualität von flussbasierten Modellen für die Generierung von Bilddaten im Allgemeinen geringer als bei GANs. Flussbasierte Modelle benötigen oftmals mehr Speicher und Rechenressourcen als GANs oder VAEs, da sie die Inversionen von Transformationen speichern und berechnen müssen.

9.2.5 Autoregressive Modelle

Autoregressive Modelle sind darauf ausgelegt, den nächsten Wert auf der Grundlage aktueller (und vergangener) Werte vorherzusagen. Zu den bekannten Beispielen für diese Art von Modellen gehören LLMs für die Texterzeugung wie ChatGPT (wird in Kapitel 17 näher erläutert).

Ähnlich wie bei der Wortgenerierung versuchen autoregressive Modelle wie PixelCNN bei der Bilderzeugung, ein Pixel nach dem anderen vorherzusagen, und zwar auf der Grundlage der Pixel, die sie bisher gesehen haben. Ein derartiges Modell könnte die Pixel von links oben nach rechts unten, in einer Rasterscan-Reihenfolge oder in einer anderen definierten Reihenfolge vorhersagen.

Um zu veranschaulichen, wie autoregressive Modelle ein Bild pixelweise generieren, nehmen wir ein Bild der Größe $H \times W$ an (wobei H die Höhe und W die Breite bezeichnen), wobei wir der Einfachheit halber den Farbkanal ignorieren. Dieses Bild besteht aus N Pixeln, wobei $i = 1, ..., N$ gilt. Die Wahrscheinlichkeit, ein bestimmtes Bild im Datensatz zu sehen, beträgt dann $P(Image) = P(i_1, i_2, ..., i_N)$. Gemäß der Kettenregel der Wahrscheinlichkeit in der Statistik können wir diese gemeinsame Wahrscheinlichkeit in bedingte Wahrscheinlichkeiten zerlegen:

$$\begin{aligned} P(Image) &= P(i_1, i_2, ..., i_N) \\ &= P(i_1) \cdot P(i_2 \mid i_1) \cdot P(i_3 \mid i_1, i_2) \ldots P(i_N \mid i_1 \text{ to } i_{N-1}) \end{aligned}$$

Hier ist $P(i_1)$ die Wahrscheinlichkeit des ersten Pixels, $P(i_2|i_1)$ die Wahrscheinlichkeit des zweiten Pixels unter der Bedingung, dass das erste Pixel vorhanden ist, $P(i_3|i_1, i_2)$ die Wahrscheinlichkeit des dritten Pixels unter der Bedingung, dass das erste und zweite Pixel vorhanden sind, usw.

Im Zusammenhang mit der Bildgenerierung versucht ein autoregressives Modell im Wesentlichen, ein Pixel nach dem anderen vorherzusagen, wie oben beschrieben, allerdings unter Berücksichtigung der Pixel, die es bisher gesehen hat. Abbildung 9–5 veranschaulicht diesen Prozess, wobei die Pixel $i_1, ..., i_{53}$ den Kontext darstellen und Pixel i_{54} das nächste zu generierende Pixel ist.

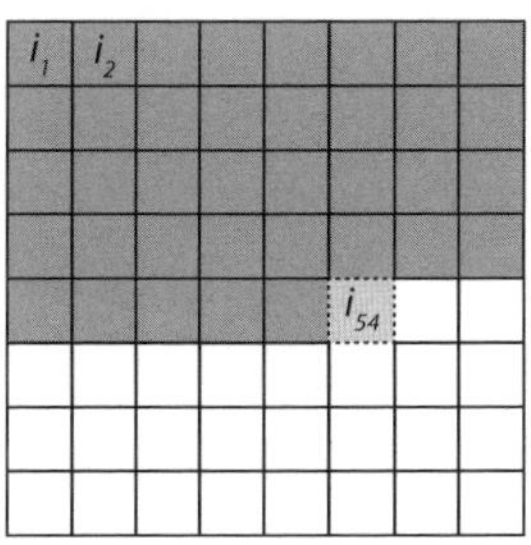

Abb. 9–5 *Autoregressive Pixelgenerierung*

Autoregressive Modelle haben den Vorteil, dass die Vorhersage des nächsten Pixels (oder Wortes) relativ einfach und interpretierbar ist. Darüber hinaus können autoregressive Modelle die Wahrscheinlichkeit von Daten genau berechnen, ähnlich wie flussbasierte Modelle, was für Aufgaben wie die Erkennung von Anomalien nützlich sein kann. Des Weiteren sind autoregressive Modelle einfacher zu trainieren als GANs, da sie nicht unter Problemen wie Moduskollaps und anderen Trainingsinstabilitäten leiden.

Allerdings können autoregressive Modelle bei der Generierung neuer Stichproben langsam sein. Denn sie müssen die Daten schrittweise erzeugen (zum Beispiel pixelweise bei Bildern), was rechenintensiv sein kann. Zudem haben autoregressive Modelle möglicherweise Schwierigkeiten, weitreichende Abhängigkeiten zu erfassen, da jede Ausgabe nur von den zuvor erzeugten Ausgaben abhängig ist.

In Bezug auf die Bildqualität insgesamt sind autoregressive Modelle daher in der Regel schlechter als GANs, lassen sich aber leichter trainieren.

9.2.6 Diffusionsmodelle

Wie der vorangegangene Abschnitt erörtert hat, wandeln flussbasierte Modelle eine einfache Verteilung (wie zum Beispiel eine standardmäßige Normalverteilung) in eine komplexe Verteilung (die Zielverteilung) um, indem sie eine Sequenz von umkehrbaren und differenzierbaren Transformationen (Flüssen) anwendet. Wie die flussbasierten Modelle wenden auch die *Diffusionsmodelle* eine Reihe von Transformationen an. Allerdings sieht das zugrunde liegende Konzept prinzipiell anders aus.

Diffusionsmodelle transformieren die Verteilung der Eingabedaten über eine Reihe von Schritten mithilfe stochastischer Differenzialgleichungen in eine einfache Rauschverteilung. Diffusion ist ein stochastischer Prozess, bei dem den Daten zunehmend Rauschen hinzugefügt wird, bis sie einer einfacheren Verteilung, wie dem gaußschen Rauschen, ähneln. Um neue Stichproben zu erzeugen, wird der Vorgang dann umgekehrt, wobei das Rauschen nach und nach entfernt wird.

Abbildung 9–6 skizziert das Hinzufügen und Entfernen von gaußschem Rauschen bei einem Eingabebild x. Während der Inferenz generiert der umgekehrte Diffusionsprozess ein neues Bild x, beginnend mit dem Rauschtensor zn, der aus einer Stichprobe der Gauß-Verteilung stammt.

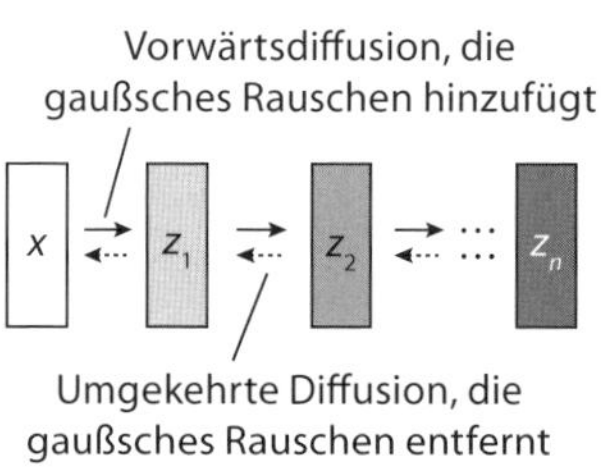

Abb. 9–6 *Der Diffusionsprozess*

Obwohl sowohl Diffusionsmodelle als auch flussbasierte Modelle generative Modelle sind, die darauf abzielen, komplexe Datenverteilungen zu lernen, gehen sie das Problem aus unterschiedlichen Blickwinkeln an. Flussbasierte Modelle arbeiten mit deterministischen invertierbaren Transformationen, während Diffusionsmodelle den bereits erwähnten stochastischen Diffusionsprozess verwenden.

Jüngste Projekte haben die Performance nach dem Stand der Technik etabliert, indem sie qualitativ hochwertige Bilder mit realistischen Details und Texturen generieren. Außerdem sind Diffusionsmodelle einfacher zu trainieren als GANs. Der Nachteil von Diffusionsmodellen ist jedoch, dass sie langsamer sind, da sie – ähnlich wie flussbasierte und autoregressive Modelle – eine Reihe von sequenziellen Schritten erfordern.

9.2.7 Konsistenzmodelle

Konsistenzmodelle trainieren ein neuronales Netz, um ein verrauschtes Bild einem sauberen Bild zuzuordnen. Das Netz wird auf einem Datensatz mit Paaren von verrauschten und sauberen Bildern trainiert und lernt, Muster in den sauberen Bildern zu erkennen, die durch Rauschen verändert werden. Sobald das Netz trainiert ist, kann es verwendet werden, um in einem einzigen Schritt rekonstruierte Bilder aus verrauschten Bildern zu erzeugen.

Das Training des Konsistenzmodells verwendet die Trajektorie einer *gewöhnlichen Differenzialgleichung* (Ordinary Differential Equation, ODE), einen Pfad, dem ein verrauschtes Bild folgt, während es schrittweise entrauscht wird. Die Trajektorie der gewöhnlichen Differenzialgleichung wird durch einen Satz von Differenzialgleichungen definiert, die beschreiben, wie sich das Rauschen im Bild im Laufe der Zeit verändert, wie Abbildung 9–7 zeigt.

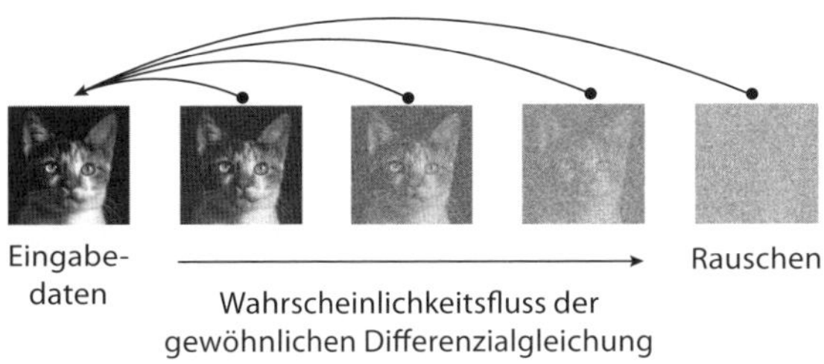

Abb. 9–7 *Trajektorien eines Konsistenzmodells zum Entrauschen von Bildern*

Wie Abbildung 9–7 zeigt, kann man sich Konsistenzmodelle als Modelle vorstellen, die lernen, einen beliebigen Punkt aus dem Wahrscheinlichkeitsfluss einer gewöhnlichen Differenzialgleichung, die Daten sanft in Rauschen konvertiert, auf die Eingabe abzubilden.

Zu dem Zeitpunkt, an dem dieses Buch entstanden ist, waren Konsistenzmodelle die neueste Art von generativen KI-Modellen. Ausgehend von der Originalarbeit, in der diese Methode vorgeschlagen wurde, sind Konsistenzmodelle den Diffusionsmodellen in Bezug auf die Bildqualität überlegen. Konsistenzmodelle sind auch schneller als Diffusionsmodelle, da sie keinen iterativen Prozess zur Bilderzeugung erfordern, sondern Bilder in einem einzigen Schritt generieren.

Zwar erlauben Konsistenzmodelle eine schnellere Inferenz, aber es ist dennoch teurer, sie zu trainieren, weil sie einen großen Datensatz aus Paaren von verrauschten und sauberen Bildern benötigen.

9.3 Empfehlungen

Deep-Boltzmann-Maschinen sind aus historischer Sicht interessant, da sie zu den bahnbrechenden Modellen gehören, die das Konzept des unüberwachten Lernens effektiv demonstrieren. Flussbasierte und autoregressive Modelle können nützlich sein, wenn Sie exakte Wahrscheinlichkeiten beurteilen müssen. Geht es jedoch darum, qualitativ hochwertige Bilder zu erzeugen, sind andere Modelle in der Regel die bessere Wahl.

Insbesondere konkurrieren VAEs und GANs seit Jahren darum, die besten Bilder mit hoher Wiedergabetreue zu generieren. Allerdings begannen im Jahr 2022 die Diffusionsmodelle, die Bilderzeugung fast vollständig zu übernehmen. Konsistenzmodelle sind eine vielversprechende Alternative zu Diffusionsmodellen, aber es bleibt abzuwarten, ob sie sich durchsetzen, um Ergebnisse nach dem Stand der Technik zu generieren. Der Nachteil dabei ist, dass das Sampling aus Diffusionsmodellen im Allgemeinen langsamer ist, da es eine Reihe von Schritten zur Rauschentfernung umfasst, die ähnlich wie bei autoregressiven Modellen nacheinander ausgeführt werden müssen. Dies kann dazu führen, dass Diffusionsmodelle für einige Anwendungen, die ein schnelles Sampling benötigen, weniger geeignet sind.

9.4 Übungen

1. Wie würden wir die Qualität der Bilder bewerten, die von einem generativen KI-Modell erzeugt wurden?
2. Wie würden wir die in diesem Kapitel beschriebenen Konsistenzmodelle verwenden, um neue Bilder zu generieren?

9.5 Referenzen

- Die Originalarbeit, in der variationale Autoencoder vorgeschlagen werden: Diederik P. Kingma und Max Welling, »Auto-Encoding Variational Bayes« (2013), *https://arxiv.org/abs/1312.6114*.
- Das Paper, das generative adversariale Netze vorstellt: Ian J. Goodfellow et al., »Generative Adversarial Networks« (2014), *https://arxiv.org/abs/1406.2661*.
- Das Paper, in dem NICE eingeführt wird: Laurent Dinh, David Krueger und Yoshua Bengio, »NICE: Non-linear Independent Components Estimation« (2014), *https://arxiv.org/abs/1410.8516*.
- Das Paper, in dem das Modell PixelCNN vorgeschlagen wird: Aaron van den Oord et al., »Conditional Image Generation with PixelCNN Decoders« (2016), *https://arxiv.org/abs/1606.05328*.
- Das Paper, das das bekannte latente Diffusionsmodell Stable Diffusion vorstellt: Robin Rombach et al., »High-Resolution Image Synthesis with Latent Diffusion Models« (2021), *https://arxiv.org/abs/2112.10752*.
- Die Code-Implementierungen des Modells Stable Diffusion: *https://github.com/CompVis/stable-diffusion*.
- Das Paper, das Konsistenzmodelle erstmals vorschlägt: Yang Song et al., »Consistency Models« (2023), *https://arxiv.org/abs/2303.01469*.

10 Quellen der Zufälligkeit

Was sind die häufigsten Quellen für Zufälligkeit beim Training von tiefen neuronalen Netzen, die nicht reproduzierbares Verhalten beim Training und bei der Inferenz bewirken können?

Trainiert oder verwendet man Modelle des maschinellen Lernens wie zum Beispiel tiefe neuronale Netze, können verschiedene Zufallsquellen jedes Mal, wenn wir diese Modelle trainieren oder ausführen, zu unterschiedlichen Ergebnissen führen, selbst wenn wir die gleichen allgemeinen Einstellungen verwenden. Einige dieser Effekte sind zufällig, andere sind beabsichtigt. Die folgenden Abschnitte kategorisieren und erörtern diese verschiedenen Quellen von Zufälligkeit. Praktische Beispiele für die meisten dieser Kategorien finden Sie unter *https://github.com/rasbt/MachineLearning-QandAI-book* im Unterordner *supplementary/q10-random-sources*.

10.1 Initialisierung der Modellgewichte

Alle gängigen Frameworks für tiefe neuronale Netze, einschließlich TensorFlow und PyTorch, initialisieren die Gewichts- und Bias-Einheiten jeder Schicht standardmäßig mit Zufallswerten. Das endgültige Modell wird also jedes Mal, wenn es trainiert wird, anders aussehen. Der Grund dafür, dass sich diese trainierten Modelle unterscheiden, wenn wir mit verschiedenen zufälligen Gewichten beginnen, ist die nichtkonvexe Eigenschaft des Verlustes. Wie Abbildung 10–1 zeigt, konvergiert der Verlust zu verschiedenen lokalen Minima, je nachdem, wo sich die anfänglichen Startgewichte befinden.

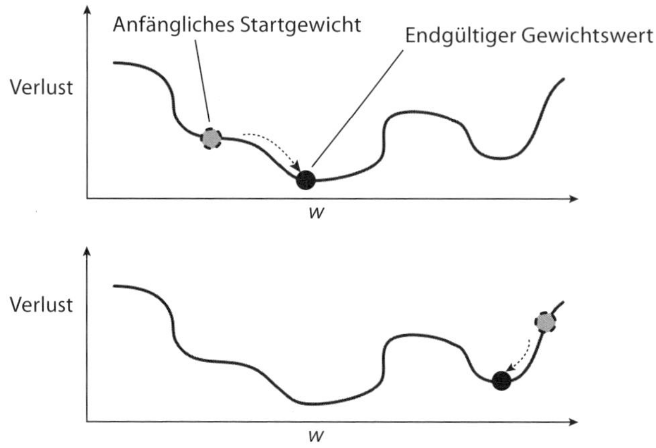

Abb. 10–1 *Unterschiedliche Startgewichte können zu unterschiedlichen Endgewichten führen.*

In der Praxis empfiehlt es sich daher, das Training mehrmals durchzuführen (sofern die Rechenressourcen es zulassen), da unglückliche Anfangsgewichte manchmal dazu führen, dass das Modell nicht konvergiert oder bei einem lokalen Minimum konvergiert, was einer schlechteren Vorhersagegenauigkeit entspricht.

Allerdings können wir die zufällige Initialisierung der Gewichte deterministisch gestalten, indem wir den Zufallsgenerator mit einem Startwert (englisch Seed) aufrufen. Wenn wir zum Beispiel den Startwert auf 123 setzen, werden die Gewichte immer noch mit kleinen Zufallswerten initialisiert. Nichtsdestotrotz wird das neuronale Netz stets mit denselben kleinen Zufallsgewichten initialisiert, was eine genaue Reproduktion der Ergebnisse ermöglicht.

10.2 Sampling und Shuffling von Datensätzen

Wenn wir Modelle des maschinellen Lernens trainieren und bewerten, teilen wir in der Regel als Erstes einen Datensatz in Trainings- und Testsätze. Dies erfordert eine zufällige Stichprobenauswahl (Sampling), da wir entscheiden müssen, welche Beispiele wir in einen Trainingsdatensatz und welche Beispiele wir in einen Testdatensatz aufnehmen.

In der Praxis verwenden wir oftmals Modellbewertungstechniken wie *k*-fache Kreuzvalidierung oder Holdout-Validierung. Bei der Holdout-Validierung wird die Trainingsmenge in einen Trainings-, einen Validierungs- und einen Testdatensatz aufgeteilt, wobei es sich ebenfalls um Stichprobenverfahren handelt, die Elemente zufällig auswählen. Ähnlich verhält es sich mit der *k*-fachen Kreuzvalidierung. Wenn wir keinen festen Startwert verwenden, erhalten wir jedes Mal ein anderes Modell, wenn wir den Datensatz partitionieren oder das Modell optimieren oder evaluieren, da sich die Trainingspartitionen unterscheiden werden.

10.3 Nichtdeterministische Algorithmen

Je nach Architektur und Wahl der Hyperparameter können wir zufällige Komponenten und Algorithmen einbeziehen. Ein bekanntes Beispiel hierfür ist *Dropout.*

Beim Dropout[1] wird zufällig ein Teil der Knoten einer Schicht während des Trainings auf null gesetzt, was dem Modell hilft, robustere und verallgemeinerte Repräsentationen zu lernen. Dieses »Ausschalten« wird normalerweise bei jedem Trainingsdurchlauf mit einer Wahrscheinlichkeit p angewendet. Der Hyperparameter p steuert den Anteil der Knoten, die ausgeschaltet werden. Typische Werte für p liegen im Bereich von 0,2 bis 0,8. Um dieses Konzept zu veranschaulichen, zeigt Abbildung 10–2 ein kleines neuronales Netz, bei dem in jedem Forward-Pass während des Trainings zufällig eine Teilmenge der Knoten in der verborgenen Schicht ausgeschaltet wird.

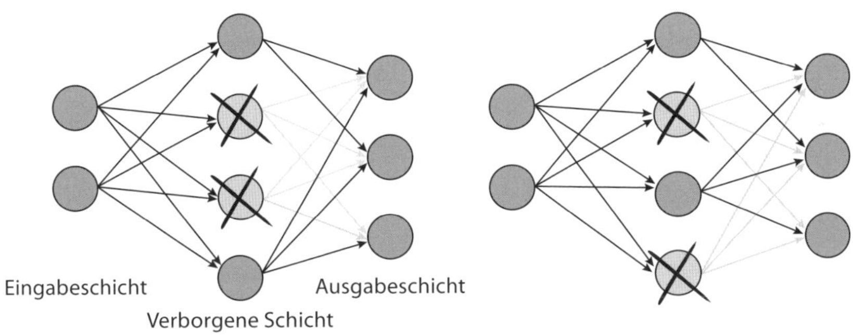

Abb. 10–2 *Dropout bedeutet, verborgene Knoten bei jedem Forward-Pass im Training zufällig auszuwählen und zeitweilig zu deaktivieren.*

Um reproduzierbare Trainingsläufe zu erhalten, müssen wir vor dem Training die anfänglichen Dropout-Knoten festlegen (so wie der Zufallsgenerator für die Modellgewichte mit einem festen Startwert initialisiert wird). Während der Inferenz müssen wir Dropout deaktivieren, um deterministische Ergebnisse zu garantieren. Jedes Framework für Deep Learning verfügt für diesen Zweck über eine spezifische Einstellung – ein PyTorch-Beispiel finden Sie unter *https://github.com/rasbt/MachineLearning-QandAI-book* im Unterordner *supplementary/q10-random-sources.*

10.4 Verschiedene Laufzeitalgorithmen

Die intuitivste oder einfachste Implementierung eines Algorithmus oder einer Methode ist nicht immer die beste, die sich in der Praxis einsetzen lässt. Zum Beispiel verwenden wir beim Training und bei der Inferenz tiefer neuronaler Netze oftmals effiziente Alternativen und Approximationen, um Geschwindigkeits- und Ressourcenvorteile zu erzielen.

1. Dropout – Wegfallen eines Terms (Mathematik), Ausschalten eines Neurons (neuronale Netze)

Ein bekanntes Beispiel ist die Konvolution (Faltung), die in CNNs (Convolutional Neural Networks) gebräuchlich ist. Es gibt mehrere Möglichkeiten, die Konvolution zu implementieren:

- **Die klassische direkte Faltung** Die übliche Implementierung der diskreten Faltung über ein elementweises Produkt zwischen der Eingabe und dem Fenster, gefolgt von der Summierung des Ergebnisses, um eine einzelne Zahl zu erhalten. (Siehe Kapitel 12, das die Konvolution ausführlich erläutert.)
- **FFT-basierte Konvolution** Überführt mithilfe der schnellen Fourier-Transformation (Fast Fourier Transform, FFT) die Faltung in eine elementweise Multiplikation im Frequenzbereich.
- **Winograd-basierte Konvolution** Ein effizienter Algorithmus für kleine Filtergrößen (wie 3×3), der die Anzahl der für die Faltung erforderlichen Multiplikationen verringert.

Bei den einzelnen Faltungsalgorithmen ist mit verschiedenen Kompromissen in Bezug auf Speicherbedarf, Rechenaufwand und Geschwindigkeit zu rechnen. Standardmäßig können Bibliotheken wie etwa die CUDA Deep Neural Network (cuDNN), auf die PyTorch und TensorFlow zurückgreifen, verschiedene Algorithmen auswählen, um Konvolutionsoperationen bei tiefen neuronalen Netzen auf GPUs auszuführen. Allerdings muss die deterministische Algorithmenauswahl explizit aktiviert werden. Zum Beispiel geschieht das in PyTorch mit der Einstellung:

```
torch.use_deterministic_algorithms(True)
```

Auch wenn diese Approximationen ähnliche Ergebnisse liefern, können sich subtile numerische Abweichungen während des Trainings akkumulieren und dazu führen, dass das Training zu leicht unterschiedlichen lokalen Minima konvergiert.

10.5 Hardware und Treiber

Das Training von tiefen neuronalen Netzen auf unterschiedlicher Hardware kann ebenfalls zu verschiedenen Ergebnissen führen, was auf kleine numerische Differenzen zurückzuführen ist, selbst wenn die gleichen Algorithmen und Operationen ausgeführt werden. Diese Unterschiede hängen manchmal mit der unterschiedlichen numerischen Präzision von Fließkommaoperationen zusammen. Allerdings können kleine numerische Abweichungen auch durch Optimierungen von Hardware und Software entstehen, selbst bei gleicher Genauigkeit.

So können verschiedene Hardwareplattformen aufgrund spezieller Optimierungen oder Bibliotheken das Verhalten von Deep-Learning-Algorithmen geringfügig verändern. Um ein Beispiel dafür zu geben, wie unterschiedliche GPUs verschiedene Modellierungsergebnisse liefern können, folgt ein Zitat aus der offiziellen NVIDIA-Dokumentation: »Über verschiedene Architekturen hinweg garantiert keine cuDNN-Routine eine bitweise Reproduzierbarkeit. Beispielsweise gibt es keine Garantie für eine bitweise Reproduzierbarkeit, wenn dieselbe Routine auf den Architekturen NVIDIA Volta™ und NVIDIA Turing™ [...] und NVIDIA Ampere ausgeführt wird.«

10.6 Zufälligkeit und generative KI

Neben den bereits erwähnten verschiedenen Zufallsquellen können bestimmte Modelle während der Inferenz ebenfalls ein zufälliges Verhalten zeigen, das sich als »Zufälligkeit durch Design« bezeichnen lässt. Zum Beispiel können generative Modelle für Bilder und Sprache verschiedene Ergebnisse für identische Prompts liefern, um eine diverse Stichprobe von Ergebnissen zu erhalten. Bei Bildmodellen geschieht dies häufig, damit Benutzer das genaueste und ästhetisch ansprechendste Bild auswählen können. Bei Sprachmodellen geht es oft darum, die Antworten zu variieren, um zum Beispiel bei Chat-Agenten Wiederholungen zu vermeiden.

Die beabsichtigte Zufälligkeit in generativen Bildmodellen während der Inferenz ist oft darauf zurückzuführen, dass bei jedem Schritt des Umkehrprozesses unterschiedliche Rauschwerte abgetastet werden. In Diffusionsmodellen definiert ein Rauschplan die Rauschvarianz, die bei jedem Schritt des Diffusionsprozesses hinzugefügt wird.

Autoregressive LLMs wie GPT neigen dazu, für den gleichen Eingabeprompt verschiedene Ausgaben zu erzeugen (mehr zu GPT in den Kapiteln 14 und 17). Die ChatGPT-Benutzeroberfläche bietet für diesen Zweck sogar eine Schaltfläche *Antwort regenerieren*. Die Fähigkeit, unterschiedliche Ergebnisse zu erzeugen, ist auf die Stichprobenstrategien zurückzuführen, die diese Modelle verwenden. Techniken wie Top-k-Sampling, Nucleus Sampling und Temperaturskalierung beeinflussen die Ausgabe des Modells, indem sie den Grad der Zufälligkeit steuern. Dies ist ein Feature, kein Bug, da es unterschiedliche Reaktionen ermöglicht und verhindert, dass das Modell zu deterministische oder sich wiederholende Ergebnisse liefert. (Siehe Kapitel 9 für einen ausführlicheren Überblick über generative KI und Deep-Learning-Modelle sowie Kapitel 17 für weitere Einzelheiten über autoregressive LLMs.)

Beim *Top-k-Sampling*, das in Abbildung 10–3 dargestellt ist, werden in jedem Schritt beim Generieren des nächsten Wortes Stichproben aus den k wahrscheinlichsten Tokens ausgewählt.

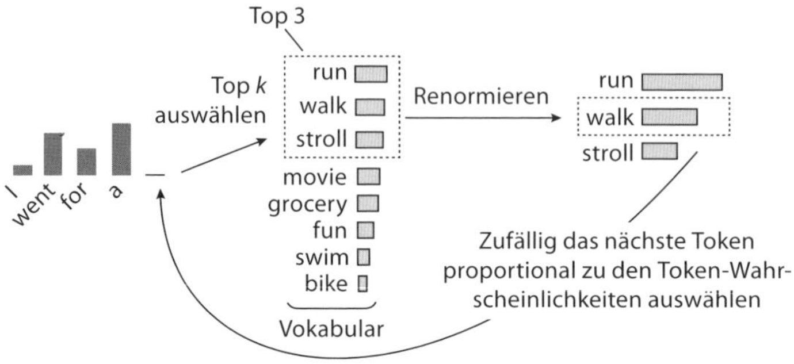

Abb. 10–3 *Top-k-Sampling*

Bei einem Eingabe-Prompt erzeugt das Sprachmodell eine Wahrscheinlichkeitsverteilung über dem gesamten Vokabular (den Kandidatenwörtern) für das nächste Token. Jedem Token im Vokabular wird eine Wahrscheinlichkeit zugeordnet, die auf dem Kontextverständnis des Modells basiert. Die ausgewählten Top-k-Tokens werden dann renormiert, sodass die Summe der Wahrscheinlichkeiten 1 ergibt. Schließlich wird ein Token zufällig aus der renormierten Top-k-Wahrscheinlichkeitsverteilung genommen und an den Eingabe-Prompt angehängt. Dieser Vorgang wiederholt sich für die gewünschte Länge des generierten Textes oder bis eine Stoppbedingung erfüllt ist.

Das in Abbildung 10–4 dargestellte *Nucleus Sampling* (auch als *Top-p-Sampling* bekannt) ist eine Alternative zum Top-k-Sampling.

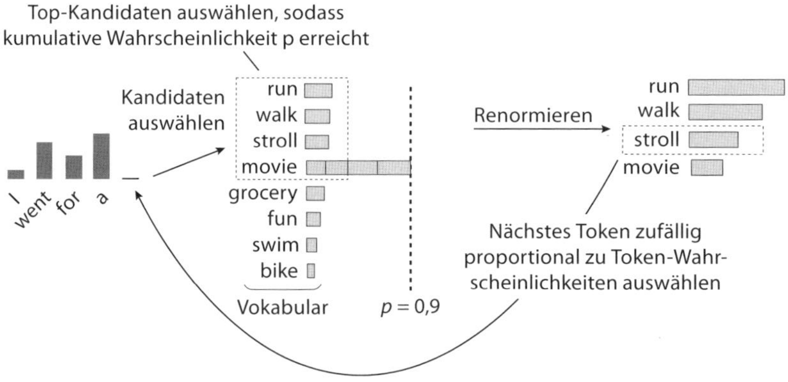

Abb. 10–4 *Nucleus Sampling*

Ähnlich wie beim Top-k-Sampling geht es beim Nucleus-Sampling darum, einen Mittelweg zwischen Vielfalt und Kohärenz in der Ausgabe zu finden. Allerdings unterscheiden sich Nucleus und Top-k-Sampling in der Art und Weise, wie die Kandidaten-Tokens für das Sampling in jedem Schritt des Generierungsprozesses ausgewählt werden. Beim Top-k-Sampling werden die k wahrscheinlichsten Tokens aus der vom Sprachmodell erzeugten Wahrscheinlichkeitsverteilung ausgewählt, und zwar unabhängig von ihren Wahrscheinlichkeiten. Der Wert von k bleibt über den gesamten Generierungsprozess konstant. Beim Nucleus Sampling werden dagegen die Tokens auf der Grundlage eines Wahrscheinlichkeitsschwellenwerts *p* ausgewählt, wie Abbildung 10–4 veranschaulicht. Anschließend werden die wahrscheinlichsten Tokens in absteigender Reihenfolge akkumuliert, bis ihre kumulative Wahrscheinlichkeit den Schwellenwert *p* erreicht oder überschreitet. Im Unterschied zum Top-*k*-Sampling kann die Größe der Kandidatenmenge (Nucleus) bei jedem Schritt variieren.

10.7 Übungen

1. Angenommen, wir trainieren ein neuronales Netz mit Top-*k*- oder Nucleus Sampling, wobei *k* und *p* als Hyperparameter ausgewählt werden. Können wir erreichen, dass sich das Modell während der Inferenz deterministisch verhält, ohne den Code zu verändern?
2. In welchen Szenarios könnte zufälliges Dropout-Verhalten während der Inferenz erwünscht sein?

10.8 Referenzen

- Weitere Informationen über verschiedene Techniken zum Daten-Sampling und zur Modellevaluierung finden Sie in meinem Artikel: »Model Evaluation, Model Selection, and Algorithm Selection in Machine Learning« (2018), *https://arxiv.org/abs/1811.12808*.
- Das Paper, das ursprünglich die Dropout-Technik vorgeschlagen hat: Nitish Srivastava et al., »Dropout: A Simple Way to Prevent Neural Networks from Overfitting« (2014), *https://jmlr.org/papers/v15/srivastava14a.html*.
- Ein ausführliches Paper zur FFT-basierten Konvolution: Lu Chi, Borui Jiang und Yadong Mu, »Fast Fourier Convolution« (2020), *https://dl.acm.org/doi/abs/10.5555/3495724.3496100*.
- Einzelheiten zur Winograd-basierten Konvolution: Syed Asad Alam et al., »Winograd Convolution for Deep Neural Networks: Efficient Point Selection« (2022), *https://arxiv.org/abs/2201.10369*.
- Weitere Informationen über die deterministischen Algorithmuseinstellungen in PyTorch: *https://pytorch.org/docs/stable/generated/torch.use_deterministic_algorithms.html*.
- Einzelheiten zum deterministischen Verhalten von NVIDIA-Grafikkarten finden Sie im Abschnitt »Reproducibility« der offiziellen NVIDIA-Dokumentation: *https://docs.nvidia.com/deeplearning/cudnn/developer-guide/index.html#reproducibility*.

II Computer Vision

11 Die Anzahl der Parameter berechnen

Wie berechnet man die Anzahl der Parameter in einem Faltungsnetz und warum ist diese Information nützlich?

Wenn die Anzahl der Parameter in einem Modell bekannt ist, lässt sich die Größe des Modells abschätzen und daraus die Anforderungen an Datenträger und Arbeitsspeicher ableiten. Die folgenden Abschnitte erläutern, wie die Anzahl der Parameter für konvolutionale und vollständig verbundene Schichten berechnet wird.

11.1 Wie man die Anzahl der Parameter ermittelt

Angenommen, wir arbeiten mit einem Faltungsnetz, das zwei Faltungsschichten mit Kernel-Größe 5 und Kernel-Größe 3 umfasst. Die erste Faltungsschicht hat 3 Eingabekanäle und 5 Ausgabekanäle, die zweite Faltungsschicht 5 Eingabekanäle und 12 Ausgabekanäle. Der Stride (die Schrittweite) dieser Faltungsschichten beträgt 1. Darüber hinaus enthält das Netz zwei Pooling-Schichten, eine mit einer Kernel-Größe von 3 und einer Schrittweite von 2 und eine andere mit einer Kernel-Größe von 5 und einer Schrittweite von 2. Außerdem verfügt das Netz über zwei vollständig verbundene verborgene Schichten mit jeweils 192 und 128 verborgenen Knoten. Die Ausgabeschicht ist als Klassifizierungsschicht für 10 Klassen ausgelegt. Abbildung 11–1 zeigt die Architektur dieses Netzes.

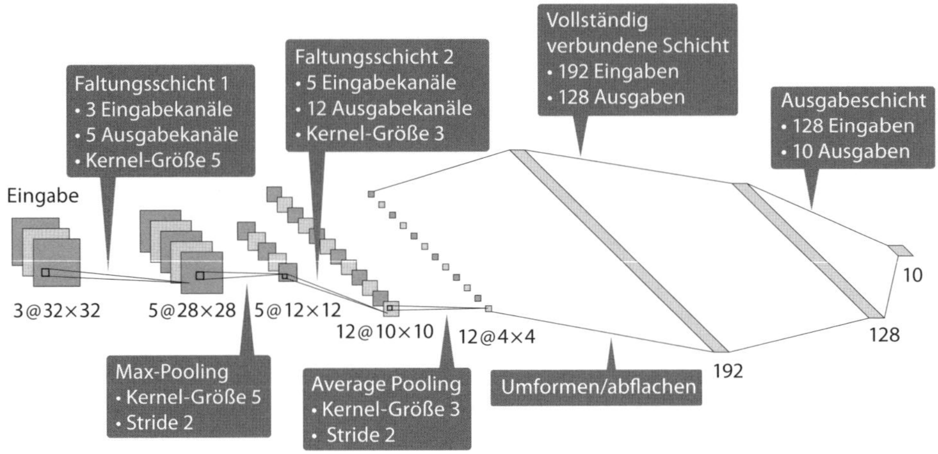

Abb. 11–1 *Ein Convolutional Neural Network mit zwei konvolutionalen (Faltungs-) und zwei vollständig verbundenen Schichten*

Wie viele trainierbare Parameter gibt es in diesem Faltungsnetz? Diesem Problem können wir uns von links nach rechts nähern, indem wir die Anzahl der Parameter für jede Schicht berechnen und die Ergebnisse addieren, um die Gesamtanzahl der Parameter zu erhalten. Die Anzahl der trainierbaren Parameter jeder Schicht ergibt sich aus der Anzahl der Gewichte und der Bias-Einheiten.

11.1.1 Faltungsschichten

In einer Faltungsschicht (konvolutionalen Schicht) hängt die Anzahl der Gewichte von Breite und Höhe des Kernels sowie der Anzahl der Eingangs- und Ausgangskanäle ab. Die Anzahl der Bias-Einheiten ergibt sich allein aus der Anzahl der Ausgabekanäle. Um die Berechnung Schritt für Schritt zu veranschaulichen, nehmen wir an, dass der Kernel eine Breite von 5 und eine Höhe von 5 hat und einen Ein- und einen Ausgabekanal besitzt, wie Abbildung 11–2 zeigt.

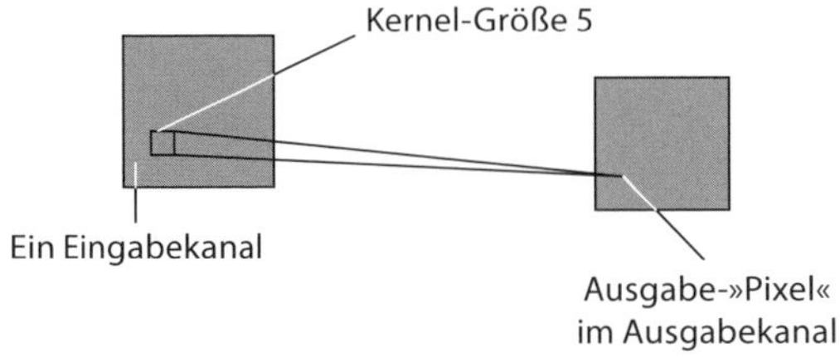

Abb. 11–2 *Eine Faltungsschicht mit einem Eingabekanal und einem Ausgabekanal*

In diesem Fall haben wir 26 Parameter, denn es gibt $5 \times 5 = 25$ Gewichte über dem Kernel plus die Bias-Einheit. Einen Ausgabewert oder ein Ausgabepixel z berechnen wir nach der Formel $z = b + \sum_j w_j x_j$, wobei x_j ein Eingabepixel, w_j einen Gewichtsparameter des Kernels und b die Bias-Einheit darstellen.

Nehmen wir nun an, wir haben drei Eingangskanäle, wie in Abbildung 11–3 dargestellt.

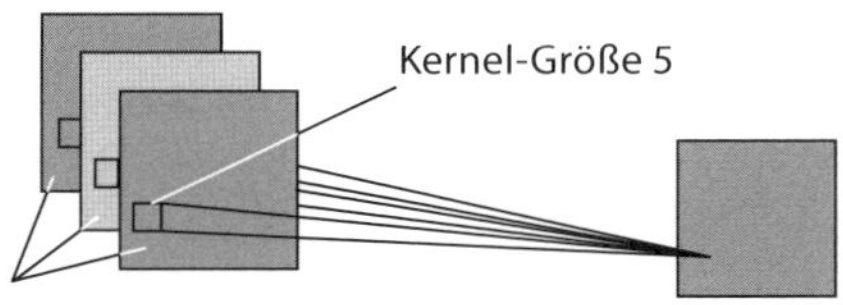

Abb. 11–3 *Eine Faltungsschicht mit drei Eingabekanälen und einem Ausgabekanal*

In diesem Fall berechnen wir den Ausgabewert mit der oben genannten Operation $\sum_j w_j x_j$, die wir für jeden Eingabekanal ausführen, und dann die Bias-Einheit addieren. Für drei Eingabekanäle wären dies drei verschiedene Kernels mit drei Sätzen von Gewichten:

$$z = \sum_j w_j^{(1)} x_j + \sum_j w_j^{(2)} x_j + \sum_j w_j^{(3)} x_j + b$$

Da wir drei Sätze von Gewichten ($w^{(1)}$, $w^{(2)}$ und $w^{(3)}$ für j = [1, ..., 25]) haben, kommen wir in dieser Faltungsschicht auf 3 × 25 + 1 = 76 Parameter.

Für jeden Ausgabekanal verwenden wir nur einen Kernel, wobei jeder Kernel für einen bestimmten Ausgabekanal eindeutig ist. Wenn wir also die Anzahl der Ausgabekanäle von eins auf fünf erweitern, wie Abbildung 11–4 zeigt, erhöhen wir die Anzahl der Parameter um den Faktor 5. Mit anderen Worten: Umfasst der Kernel für einen Ausgabekanal 76 Parameter, haben die 5 Kernel, die für die 5 Ausgabekanäle erforderlich sind, 5 × 76 = 380 Parameter.

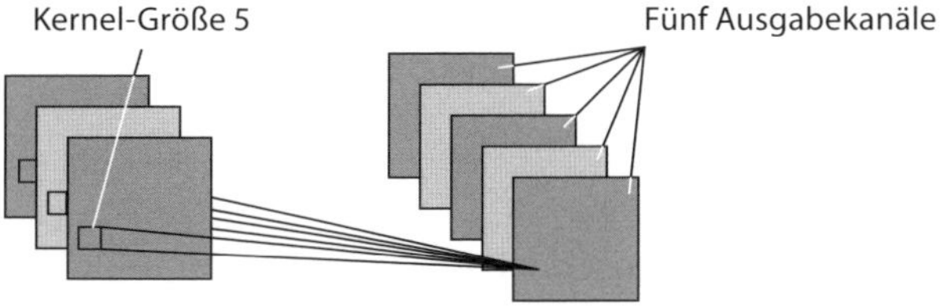

Abb. 11–4 *Eine Faltungsschicht mit drei Eingabekanälen und fünf Ausgabekanälen*

Für die in Abbildung 11–1 am Anfang dieses Abschnitts dargestellte Architektur des neuronalen Netzes berechnen wir die Anzahl der Parameter in den Faltungsschichten basierend auf der Kernel-Größe und der Anzahl von Eingabe- und Ausgabekanälen. So hat die erste Faltungsschicht drei Eingabekanäle, fünf Ausgabekanäle und eine Kernel-Größe von 5. Die Anzahl der Parameter ergibt sich also zu 5 × (5 × 5 × 3) + 5 = 380. Die zweite Faltungsschicht mit 5 Eingabekanälen, 12 Ausgabekanälen und einer Kernel-Größe von 3 hat 12 × (3 × 3 × 5) + 12 = 552 Parameter. Da die Pooling-Schichten keine trainierbaren Parameter beinhalten, ermitteln wir 380 + 552 = 932 für den Faltungsteil dieser Architektur.

Sehen wir uns als Nächstes an, wie wir die Anzahl der Parameter von vollständig verbundenen Schichten berechnen können.

11.1.2 Vollständig verbundene Schichten

Die Anzahl der Parameter in einer vollständig verbundenen Schicht ist relativ einfach zu ermitteln. Ein vollständig verbundener Knoten verbindet jeden Eingabeknoten mit jedem Ausgabeknoten, sodass sich die Anzahl der Gewichte aus der Anzahl der Eingaben mal der Anzahl der Ausgaben plus der zur Ausgabe addierten Bias-Einheiten ergibt. Wenn wir zum Beispiel eine vollständig verbundene Schicht mit fünf Eingaben und drei Ausgaben wie in Abbildung 11–5 dargestellt haben, gibt es $5 \times 3 = 15$ Gewichte und drei Bias-Einheiten, das heißt insgesamt 18 Parameter.

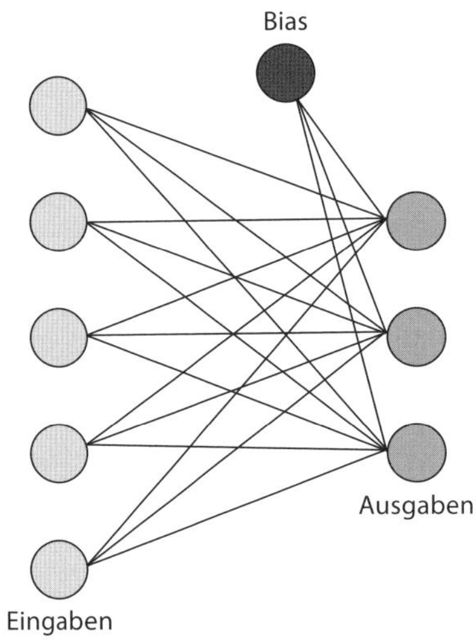

Abb. 11–5 *Eine vollständig verbundene Schicht mit fünf Eingaben und drei Ausgaben*

Für die in Abbildung 11–1 dargestellte Architektur des neuronalen Netzes können wir nun die Parameter in den vollständig verbundenen Schichten berechnen: $192 \times 128 + 128 = 24.704$ in der ersten vollständig verbundenen Schicht und $128 \times 10 + 10 = 1290$ in der zweiten vollständig verbundenen Schicht, der Ausgabeschicht. Folglich haben wir $24.704 + 1290 = 25.994$ Parameter im vollständig verbundenen Teil dieses Netzes. Addiert man die 932 Parameter aus den Faltungsschichten und die 25.994 Parameter aus den vollständig verbundenen Schichten, ergibt sich für dieses Netz eine Gesamtanzahl von 26.926 Parametern.

Interessierte Leser finden als Bonus den PyTorch-Code, mit dem sich die Anzahl der Parameter per Programm berechnen lässt, unter *https://github.com/rasbt/MachineLearning-QandAI-book* im Unterordner *supplementary/q11-conv-size*.

11.2 Praktische Anwendungen

Weshalb interessieren wir uns überhaupt für die Anzahl der Parameter? Erstens können wir mithilfe dieser Zahl die Komplexität eines Modells abschätzen. Als Faustregel gilt: Je mehr Parameter es gibt, desto mehr Trainingsdaten sind erforderlich, um das Modell gut trainieren zu können.

Anhand der Anzahl der Parameter lässt sich auch die Größe des neuronalen Netzes abschätzen, woraus man wiederum schließen kann, ob das Netz in den GPU-Speicher passt. Obwohl die Speicheranforderungen während des Trainings oftmals die Modellgröße überschreiten, was mit dem zusätzlich benötigten Speicher für Matrixmultiplikationen und dem Speichern der Gradienten zusammenhängt, gibt uns die Modellgröße eine ungefähre Vorstellung davon, ob das Training des Modells auf einer bestimmten Hardwarekonfiguration machbar ist.

11.3 Übungen

1. Angenommen, wir wollen das neuronale Netz mit einem einfachen stochastischen Gradientenabstieg (Stochastic Gradient Descent, SGD) oder dem bekannten Adam-Optimierer optimieren. Wie viele Parameter müssen für SGD und Adam jeweils gespeichert werden?
2. Angenommen, wir fügen drei Batch-Normalisierungs-Schichten (BatchNorm) hinzu: eine nach der ersten Faltungsschicht, eine nach der zweiten Faltungsschicht und eine weitere nach der ersten vollständig verbundenen Schicht (normalerweise fügen wir der Ausgabeschicht keine BatchNorm-Schichten hinzu). Um wie viele zusätzliche Parameter vergrößert sich das Modell durch diese drei BatchNorm-Schichten?

12 Vollständig verbundene und konvolutionale Schichten

Unter welchen Umständen können wir vollständig verbundene Schichten durch Faltungsschichten ersetzen, um die gleiche Berechnung durchzuführen?

Vollständig verbundene Schichten durch Faltungsschichten zu ersetzen, kann vorteilhaft sein in Bezug auf die Hardwareoptimierung, zum Beispiel durch Einsatz spezialisierter Hardwarebeschleuniger für Faltungsoperationen. Dies dürfte insbesondere für Edge-Geräte von Bedeutung sein.

Es gibt genau zwei Szenarios, in denen vollständig verbundene Schichten und Faltungsschichten äquivalent sind: wenn die Größe des konvolutionalen Filters gleich der Größe des rezeptiven Feldes ist und wenn die Größe des konvolutionalen Filters 1 ist. Zur Veranschaulichung dieser beiden Szenarios betrachten wir eine vollständig verbundene Schicht mit vier Eingabe- und zwei Ausgabeeinheiten, wie Abbildung 12–1 zeigt.

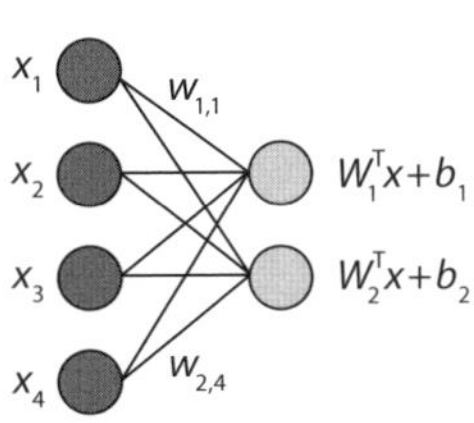

Abb. 12–1 *Vier Eingaben und zwei Ausgaben, die über acht Gewichtsparameter verbunden sind*

Die vollständig verbundene Schicht in dieser Abbildung besteht aus acht Gewichten und zwei Bias-Einheiten. Die Ausgabeknoten können wir über die folgenden Punktprodukte berechnen:

Knoten 1 $w_{1,1} \times x_1 + w_{1,2} \times x_2 + w_{1,3} \times x_3 + w_{1,4} \times x_4 + b_1$

Knoten 2 $w_{2,1} \times x_1 + w_{2,2} \times x_2 + w_{2,3} \times x_3 + w_{2,4} \times x_4 + b_2$

Die folgenden beiden Abschnitte veranschaulichen Szenarios, in denen Faltungsschichten so definiert werden können, dass sie genau dieselben Berechnungen wie die beschriebene vollständig verbundene Schicht ausführen.

12.1 Szenario: Gleiche Größen von Kernel und Eingabe

Beginnen wir mit dem ersten Szenario, in dem die Größe des Faltungsfilters gleich der Größe des rezeptiven Feldes ist. Kapitel 11 hat erläutert, wie man eine Anzahl von Parametern in einem Faltungskernel mit einem Eingabekanal und mehreren Ausgabekanälen berechnet. Wir haben eine Kernel-Größe von 2×2, einen Eingabekanal und zwei Ausgabekanäle. Die Eingabegröße ist ebenfalls 2×2, eine umgeformte Version der vier Eingänge (siehe Abbildung 12–2).

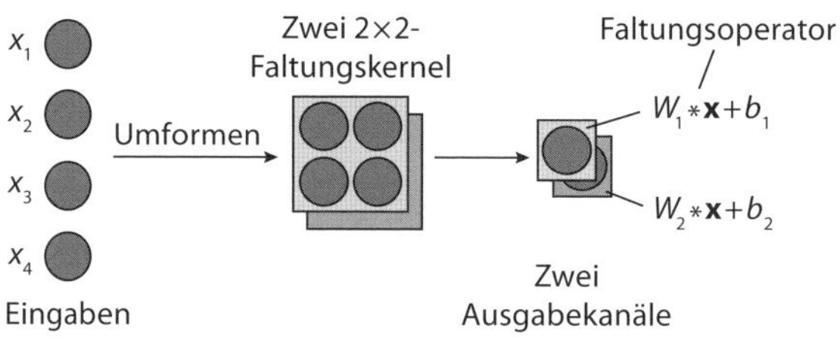

Abb. 12–2 *Eine Faltungsschicht, die aus einem 2 x 2-Kernel mit gleicher Eingabegröße und zwei Ausgabekanälen besteht*

Wenn die Dimensionen des Faltungskernels gleich der Eingabegröße sind, wie es Abbildung 12–2 zeigt, gibt es keinen Schiebefenster-Mechanismus in der Faltungsschicht. Für den ersten Ausgabekanal haben wir den folgenden Satz von Gewichten:

$$W_1 = \begin{bmatrix} w_{1,1} & w_{1,2} \\ w_{1,3} & w_{1,4} \end{bmatrix}$$

Für den zweiten Ausgabekanal sieht der Satz von Gewichten so aus:

$$W_2 = \begin{bmatrix} w_{2,1} & w_{2,2} \\ w_{2,3} & w_{2,4} \end{bmatrix}$$

Sind die Eingaben als

$$x = \begin{bmatrix} x_1 & x_2 \\ x_3 & x_4 \end{bmatrix}$$

organisiert, berechnen wir den ersten Ausgabekanal mit $o_1 = \sum_i (W_1 * \mathbf{x})_i + b_1$, wobei der Faltungsoperator $*$ für eine elementweise Multiplikation steht. Mit anderen Worten führen wir eine elementweise Multiplikation zwischen zwei Matrizen W_1 und x durch und berechnen dann die Ausgabe als Summe dieser Elemente. Dies entspricht dem Punktprodukt in der vollständig verbundenen Schicht. Zuletzt addieren wir die Bias-Einheit. Die Berechnung für den zweiten Ausgabekanal funktioniert analog: $o_2 = \Sigma_i(W_2 * \mathbf{x})_i + b_2$.

Das ergänzende Material zu diesem Buch enthält als Bonus den PyTorch-Code, um diese Äquivalenz anhand eines praktischen Beispiels zu zeigen, unter *https://github.com/rasbt/MachineLearning-QandAI-book* im Unterordner *supplementary/q12-fc-cnn-equivalence*.

12.2 Szenario: Kernel-Größe ist 1

Das zweite Szenario geht davon aus, dass wir die Eingabe in ein Eingabe-»Bild« mit 1 × 1 Dimensionen umformen, wobei die Anzahl der »Farbkanäle« gleich der Anzahl der Eingabefeatures ist, wie in Abbildung 12–3 dargestellt.

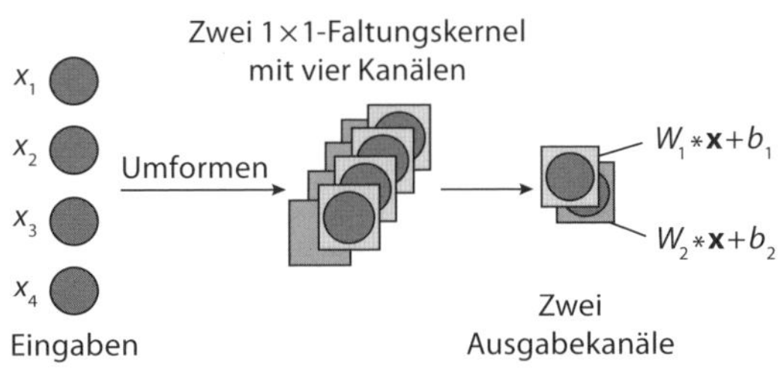

Abb. 12–3 *Die Anzahl der Ausgabeknoten ist gleich der Anzahl der Kanäle, wenn die Kernel-Größe gleich der Eingabegröße ist.*

Jeder Kernel besteht aus einem Stapel von Gewichten, der der Anzahl der Eingangskanäle entspricht. Zum Beispiel sehen die Gewichte für die erste Ausgabeschicht wie folgt aus:

$$W_1 = [w_1^{(1)} w_1^{(2)} w_1^{(3)} w_1^{(4)}]$$

und die Gewichte für den zweiten Kanal so:

$$W_2 = [w_2^{(1)} w_2^{(2)} w_2^{(3)} w_2^{(4)}]$$

Um diese Berechnung intuitiv besser zu verstehen, sehen Sie sich am besten die Abbildungen in Kapitel 11 an, die beschreiben, wie die Parameter in einer Faltungsschicht berechnet werden.

12.3 Empfehlungen

Die Tatsache, dass sich vollständig verbundene Schichten als äquivalente Faltungsschichten implementieren lassen, zeigt auf Standardcomputern keine unmittelbaren Performance- oder anderen Vorteile. Ersetzt man vollständig verbundene Schichten durch Faltungsschichten, können sich jedoch in Kombination mit der Entwicklung spezialisierter Hardwarebeschleuniger für Faltungsoperationen Vorteile bieten.

Und wenn Sie die Szenarios verstanden haben, in denen vollständig verbundene Schichten gleichwertig zu Faltungsschichten sind, werden Sie auch die Mechanik dieser Schichten besser durchdringen können. Außerdem ist es auf diese Weise bei Bedarf möglich, neuronale Faltungsnetze ohne vollständig verbundene Schichten zu implementieren, um Code-Implementierungen zu vereinfachen.

12.4 Übungen

1. Wie würde sich eine größere Schrittweite (Stride) auf die in diesem Kapitel beschriebene Äquivalenz auswirken?
2. Beeinflusst Padding die Äquivalenz zwischen vollständig verbundenen Schichten und Faltungsschichten?

13 Große Trainingsmengen für Vision Transformer

Weshalb erfordern Vision Transformer (ViTs) im Allgemeinen größere Trainingsdatensätze als Convolutional Neural Networks (CNNs)?

Jeder Algorithmus und jedes Modell des maschinellen Lernens codiert in seinem Design einen bestimmten Satz von Annahmen oder Vorwissen, was gemeinhin als *induktive Verzerrungen* bezeichnet wird. Einige induktive Verzerrungen sind Hilfslösungen, um Algorithmen praktikabler zu machen, andere basieren auf Domänenwissen und manche verkörpern beides.

CNNs und ViTs kommen für die gleichen Aufgaben infrage, einschließlich Bildklassifizierung, Objekterkennung und Bildsegmentierung. CNNs bestehen hauptsächlich aus Faltungsschichten, während ViTs in erster Linie aus Multi-Head-Attention-Blöcken bestehen (in Kapitel 8 im Zusammenhang mit Transformern für NLP-Eingaben erörtert).

Bei CNNs finden sich mehr induktive Verzerrungen, die hier als Teil des algorithmischen Entwurfs fest codiert sind, sodass sie im Allgemeinen weniger Trainingsdaten benötigen als ViTs. In gewissem Sinne haben ViTs mehr Freiheitsgrade und können oder müssen bestimmte induktive Verzerrungen aus den Daten lernen (vorausgesetzt, dass diese Verzerrungen der Optimierung des Trainingsziels förderlich sind). Allerdings verlangt alles, was gelernt werden muss, mehr Trainingsbeispiele.

Die folgenden Abschnitte erläutern die wichtigsten induktiven Verzerrungen, die bei CNNs auftreten. Außerdem wird gezeigt, wie ViTs auch ohne sie funktionieren.

13.1 Induktive Verzerrungen in CNNs

Die folgenden Punkte beschreiben die primären induktiven Verzerrungen, die die Funktionsweise von CNNs weitgehend bestimmen:

- **Lokale Konnektivität:** In CNNs ist jedes Neuron in einer verborgenen Schicht nur mit einer Teilmenge der Neuronen in der vorherigen Schicht verbunden.

Diese Einschränkung lässt sich durch die Annahme rechtfertigen, dass benachbarte Pixel füreinander relevanter sind als weiter voneinander entfernte Pixel. Betrachten Sie als intuitives Beispiel, wie diese Annahme im Zusammenhang mit der Erkennung von Kanten oder Konturen in einem Bild anzuwenden ist.

- **Gemeinsame Nutzung von Gewichten:** Über die Faltungsschichten verwenden wir für das gesamte Bild denselben kleinen Satz von Gewichten (die Kernel oder Filter). Dies spiegelt die Annahme wider, dass dieselben Filter nützlich sind, um dieselben Muster in verschiedenen Teilen des Bildes zu erkennen.
- **Hierarchische Verarbeitung:** CNNs bestehen aus mehreren Faltungsschichten, um Features aus dem Eingabebild zu extrahieren. Wenn das Netz von der Eingabeschicht zur Ausgabeschicht fortschreitet, werden Low-Level-Merkmale sukzessive zu immer komplexeren Features kombiniert, was schließlich zur Erkennung komplexerer Objekte und Formen führt. Außerdem lernen die Faltungsfilter in diesen Schichten, spezifische Muster und Merkmale auf verschiedenen Abstraktionsebenen zu erkennen.
- **Räumliche Invarianz:** CNNs weisen die mathematische Eigenschaft der räumlichen Invarianz auf, das heißt, die Ausgabe eines Modells bleibt auch dann konsistent, wenn das Eingangssignal an eine andere Stelle innerhalb der räumlichen Domäne verschoben wird. Diese Eigenschaft ergibt sich aus der Kombination von lokaler Konnektivität, gemeinsamer Nutzung von Gewichten und der bereits erwähnten hierarchischen Architektur.

Die Kombination von lokaler Konnektivität, gemeinsamer Nutzung von Gewichten und hierarchischer Verarbeitung in einem CNN führt zu räumlicher Invarianz, die es dem Modell ermöglicht, dasselbe Muster oder Merkmal unabhängig von seiner Position im Eingangsbild zu erkennen.

Translationsinvarianz ist ein Sonderfall der räumlichen Invarianz, bei dem die Ausgabe nach einer Positionsverschiebung des Eingabesignals in der räumlichen Domäne gleich bleibt. In diesem Zusammenhang liegt der Schwerpunkt ausschließlich auf der Verschiebung eines Objekts an eine andere Stelle innerhalb eines Bildes, ohne dass andere Attribute des Objekts gedreht oder verändert werden.

In der Praxis sind Faltungsschichten und -netze nicht wirklich translationsinvariant. Vielmehr erreichen sie ein gewisses Maß an Translationsäquivarianz. Worin liegt der Unterschied zwischen Translationsinvarianz und -äquivarianz? *Translationsinvarianz* bedeutet, dass sich die Ausgabe bei einer Eingabeverschiebung nicht ändert, während *Translationsäquivarianz* impliziert, dass sich die Ausgabe entsprechend mit der Eingabe verschiebt. Mit anderen Worten: Wenn wir das Eingabeobjekt nach rechts verschieben, verschieben sich auch die Ergebnisse entsprechend nach rechts, wie Abbildung 13–1 zeigt.

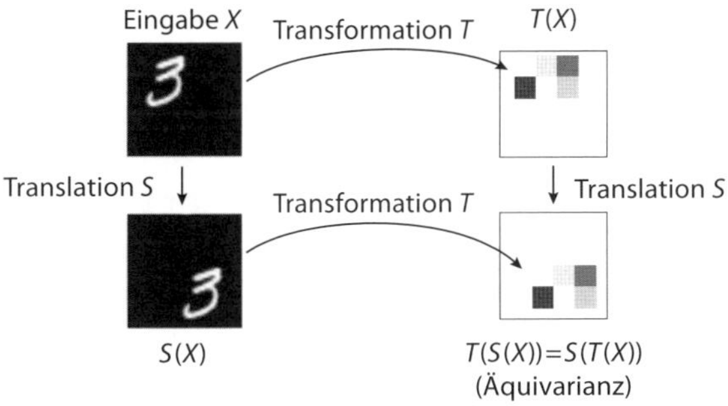

Abb. 13–1 *Äquivarianz unter verschiedenen Bildtranslationen*

Wie Abbildung 13–1 zeigt, erhalten wir unter Translationsinvarianz das gleiche Ausgabemuster, und zwar unabhängig von der Reihenfolge, in der wir die Operationen anwenden: Transformation gefolgt von Translation oder Translation gefolgt von Transformation. Wie bereits erwähnt, erreichen CNNs eine Translationsäquivarianz durch eine Kombination aus lokaler Konnektivität, gemeinsamer Nutzung der Gewichte und hierarchischer Verarbeitung. Abbildung 13–2 zeigt eine Faltungsoperation, um die lokale Konnektivität und die gemeinsame Nutzung von Gewichten zu veranschaulichen. Diese Abbildung verdeutlicht das Konzept der Translationsäquivarianz in CNNs, bei dem ein Faltungsfilter das Eingabesignal (die beiden dunklen Blöcke) erfasst, und zwar unabhängig davon, wo es sich in der Eingabe befindet.

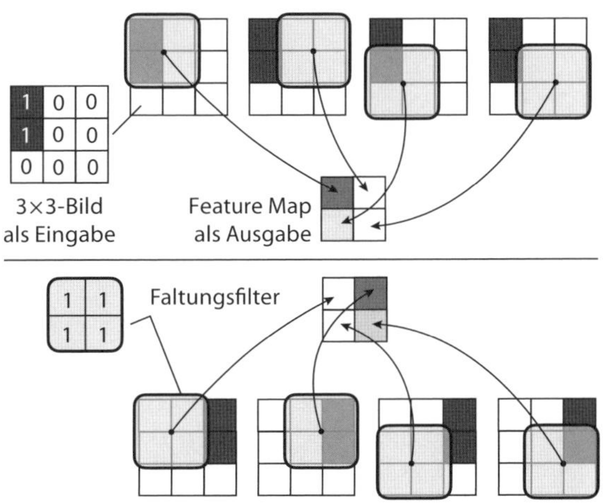

Abb. 13–2 *Faltungsfilter und Translationsäquivarianz*

In Abbildung 13–2 ist ein 3×3-Eingabebild dargestellt, das zwei Pixelwerte ungleich null in der linken oberen Ecke (oberer Teil der Abbildung) oder rechten oberen Ecke (unterer Teil der Abbildung) enthält. Wenn wir einen 2×2-Faltungsfilter auf diese beiden Eingabebildszenarios anwenden, sehen wir, dass die Feature Maps der Ausgabe das gleiche extrahierte Muster enthalten, das sich entweder links (in der Abbildung oben) oder rechts (in der Abbildung unten) befindet, was die Translationsäquivarianz der Faltungsoperation demonstriert.

Zum Vergleich: Ein vollständig verbundenes Netz, wie zum Beispiel ein mehrschichtiges Perzeptron, verfügt nicht über diese räumliche Invarianz oder Äquivarianz. Um diesen Punkt zu veranschaulichen, stellen Sie sich ein mehrschichtiges Perzeptron mit einer verborgenen Schicht vor. Jedes Pixel im Eingabebild ist mit jedem Wert in der resultierenden Ausgabe verbunden. Wenn wir die Eingabe um ein oder mehrere Pixel verschieben, wird ein anderer Satz von Gewichten aktiviert, wie Abbildung 13–3 zeigt.

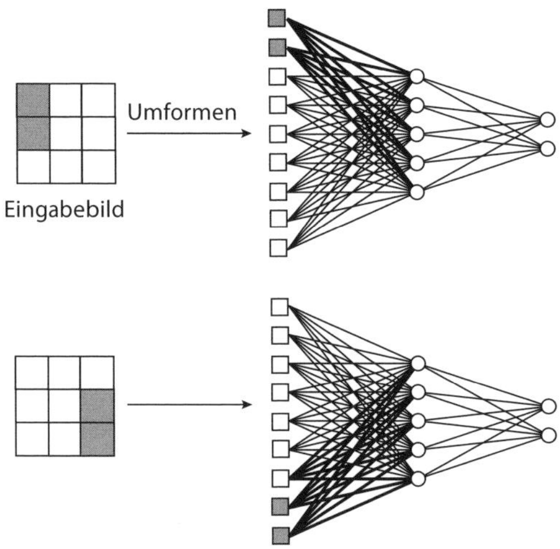

Abb. 13–3 *Positionsspezifische Gewichte in vollständig verbundenen Schichten*

Wie bei vollständig verbundenen Netzen fehlt der ViT-Architektur (und der Transformer-Architektur im Allgemeinen) die induktive Verzerrung für räumliche Invarianz oder Äquivarianz. So erzeugt das Modell beispielsweise unterschiedliche Ergebnisse, wenn wir dasselbe Objekt an zwei verschiedenen räumlichen Positionen innerhalb eines Bildes platzieren. Dies ist nicht ideal, da die semantische Bedeutung eines Objekts (das Konzept, das ein Objekt repräsentiert oder vermittelt) unabhängig von seiner Position gleich bleibt. Folglich muss es diese Invarianzen direkt aus den Daten lernen. Um es zu erleichtern, nützliche Muster in CNNs zu lernen, ist ein Vortraining mit einem größeren Datensatz erforderlich.

Um Positionsinformationen in ViTs hinzuzufügen, sind *relative Positionseinbettungen* (auch bekannt als Positionscodierungen) üblich, die den relativen Abstand zwischen zwei Tokens in der Eingabesequenz berücksichtigen. Zwar helfen die Informationen in den relativen Einbettungen dem Transformer, die relative Position von Tokens zu verfolgen, doch muss der Transformer dennoch aus den Daten lernen, ob und inwieweit räumliche Informationen für die jeweilige Aufgabe relevant sind.

13.2 ViTs können CNNs übertreffen

Die fest codierten Annahmen über die induktiven Verzerrungen, mit denen sich die vorherigen Abschnitte befasst haben, reduzieren die Anzahl der Parameter in CNNs im Vergleich zu vollständig verbundenen Schichten erheblich. Andererseits haben ViTs tendenziell eine größere Anzahl von Parametern als CNNs, die mehr Trainingsdaten benötigen. (Kapitel 11 erläutert, wie man die Anzahl der Parameter in vollständig verbundenen Schichten und Faltungsschichten genau berechnet.)

Im Vergleich zu gängigen CNN-Architekturen ohne umfangreiches Vortraining können ViTs unterdurchschnittlich abschneiden, doch mit einem genügend großen Vortrainingsdatensatz können sie eine sehr gute Performance bieten. Im Gegensatz zu Sprachtransformern, bei denen unüberwachtes Vortraining (zum Beispiel selbstüberwachtes Lernen wie in Kapitel 2 erörtert) die bevorzugte Methode ist, werden Vision-Transformer oftmals mit großen, gelabelten Datensätzen wie ImageNet, der Millionen gelabelter Bilder für das Training bereitstellt, und regulärem überwachten Lernen vortrainiert.

Ein Beispiel dafür, dass ViTs die Vorhersageleistung von CNNs übertreffen, wenn genügend Daten vorhanden sind, lässt sich aus der anfänglichen Forschung zur ViT-Architektur ablesen, wie das Paper »An Image Is Worth 16 × 16 Words: Transformers for Image Recognition at Scale« zeigt. Diese Studie hat ResNet, eine Art Faltungsnetz, mit dem ursprünglichen ViT-Design verglichen, und zwar mit verschiedenen Größen der Datensätze für das Vortraining. Die Ergebnisse haben auch gezeigt, dass das ViT-Modell den Faltungsansatz nur dann übertraf, wenn es zuvor mit mindestens 100 Millionen Bildern trainiert worden war.

13.3 Induktive Verzerrungen in ViTs

ViTs weisen auch einige induktive Verzerrungen auf. So *zerstückeln* Vision-Transformer das Eingabebild, um jedes Feld (Patch) einzeln zu verarbeiten. Hierbei kann jedes Feld auf alle anderen Felder achten, sodass das Modell Beziehungen zwischen weit voneinander entfernten Feldern im Eingabebild lernt, wie Abbildung 13–4 veranschaulicht.

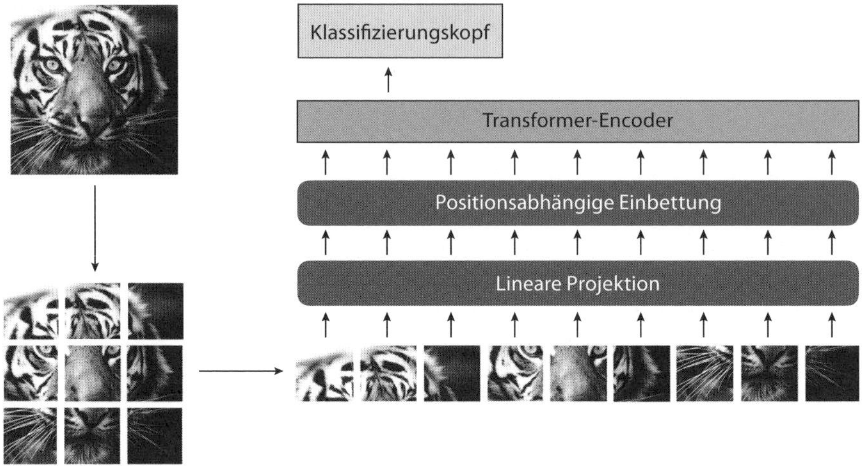

Abb. 13–4 *Arbeitsweise eines Vision-Transformers mit Bildfeldern*

Durch die induktive Verzerrung von Bildfeldern lassen sich ViTs auf größere Bilder skalieren, ohne die Anzahl der Parameter im Modell zu erhöhen, was rechentechnisch aufwendig sein könnte. Da die kleineren Bildfelder einzeln verarbeitet werden, können ViTs räumliche Beziehungen zwischen Bildregionen effizient erfassen und gleichzeitig vom globalen Kontext profitieren, der durch den Mechanismus der Selbstaufmerksamkeit erfasst wird.

Dies wirft eine weitere Frage auf: Wie und was lernen ViTs aus den Trainingsdaten? ViTs lernen einheitlichere Merkmalsdarstellungen über alle Schichten, wobei die Mechanismen der Selbstaufmerksamkeit eine frühe Aggregation globaler Informationen ermöglichen. Darüber hinaus propagieren die restlichen Verbindungen in ViTs verstärkt die Features von niedrigeren zu höheren Schichten, im Gegensatz zu der eher hierarchischen Struktur von CNNs.

ViTs neigen dazu, sich mehr auf globale als auf lokale Beziehungen zu konzentrieren, da ihr Selbstaufmerksamkeitsmechanismus dem Modell ermöglicht, weiträumige Abhängigkeiten zwischen verschiedenen Teilen des Eingabebilds zu berücksichtigen. Folglich gelten die Selbstaufmerksamkeitsschichten in ViTs oftmals als Tiefpassfilter, die sich mehr auf Formen und Krümmungen konzentrieren.

Im Gegensatz dazu betrachtet man Faltungsschichten in CNNs oftmals als Hochpassfilter, die vor allem Texturen erkennen. Bedenken Sie aber, dass Faltungsschichten sowohl als Hochpass- als auch als Tiefpassfilter fungieren können, je nach den auf jeder Schicht gelernten Filtern. Hochpassfilter erkennen die Kanten, feine Details und die Textur eines Bildes, während Tiefpassfilter eher globale, glatte Features und Formen erfassen. CNNs wenden hierfür in jeder Schicht Faltungskerne unterschiedlicher Größe an und erlernen verschiedene Filter.

13.4 Empfehlungen

In letzter Zeit haben ViTs begonnen, CNNs zu übertreffen, wenn genügend Daten für das Vortraining verfügbar sind. Allerdings macht dies CNNs nicht überflüssig, da Methoden wie die beliebte CNN-Architektur EfficientNetV2 weniger speicher- und datenhungrig sind.

Außerdem stützen sich ViT-Architekturen nicht allein auf große Datensätze, Parameteranzahlen und Selbstaufmerksamkeit. Stattdessen haben sie in Anlehnung an CNNs weiche konvolutionale induktive Verzerrungen oder sogar vollständige Faltungsschichten hinzugefügt, um das Beste aus beiden Welten zu erhalten.

Kurz, Vision-Transformer-Architekturen ohne Faltungsschichten haben im Allgemeinen weniger räumliche und lokale induktive Verzerrungen als Convolutional Neural Networks. Demzufolge müssen Vision-Transformer datenbezogene Konzepte wie lokale Beziehungen zwischen Pixeln lernen. Vision-Transformer erfordern somit mehr Trainingsdaten, um eine gute Vorhersageperformance zu erreichen und akzeptable visuelle Repräsentationen in generativen Modellierungskontexten zu erzeugen.

13.5 Übungen

1. Betrachten Sie die Zerlegung der Eingabebilder, wie sie Abbildung 13–4 zeigt. Die Größe der resultierenden Felder läuft auf einen Kompromiss zwischen rechentechnischer und prädiktiver Performance hinaus. Die optimale Feldgröße hängt von der Anwendung und dem angestrebten Kompromiss zwischen Rechenleistung und Modellperformance ab. Führen kleinere Felder typischerweise zu höheren oder niedrigeren Rechenkosten?
2. Anknüpfend an die vorherige Frage: Führen kleinere Felder typischerweise zu einer höheren oder niedrigeren Vorhersagegenauigkeit?

13.6 Referenzen

- Das Paper, in dem das ursprüngliche Vision-Transformer-Modell vorgeschlagen wird: Alexey Dosovitskiy et al., »An Image Is Worth 16x16 Words: Transformers for Image Recognition at Scale« (2020), *https://arxiv.org/abs/2010.11929*.
- Als Workaround für das Hinzufügen von Positionsangaben in ViTs verwendet man relative Positionseinbettungen: Peter Shaw, Jakob Uszkoreit und Ashish Vaswani, »Self-Attention with Relative Position Representations« (2018), *https://arxiv.org/abs/1803.02155*.
- Residuale Verbindungen in ViTs propagieren verstärkt Features von niedrigeren zu höheren Schichten, im Gegensatz zu der eher hierarchischen Struktur von CNNs: Maithra Raghu et al., »Do Vision Transformers See Like Convolutional Neural Networks?« (2021), *https://arxiv.org/abs/2108.08810*.

- Ein ausführlicher Forschungsartikel über die CNN-Architektur EfficientNetV2: Mingxing Tan und Quoc V. Le, »EfficientNetV2: Smaller Models and Faster Training« (2021), *https://arxiv.org/abs/2104.00298*.
- Eine ViT-Architektur, die auch Faltungsschichten einbezieht: Stéphane d'Ascoli et al., »ConViT: Improving Vision Transformers with Soft Convolutional Inductive Biases« (2021), *https://arxiv.org/abs/2103.10697*.
- Ein weiteres Beispiel für einen ViT mit Faltungsschichten: Haiping Wu et al., »CvT: Introducing Convolutions to Vision Transformers« (2021), *https://arxiv.org/abs/2103.15808*.

III Natural Language Processing

14 Die Verteilungshypothese

Was ist die Verteilungshypothese in der Verarbeitung natürlicher Sprache (NLP)? Wo wird sie verwendet und inwieweit ist sie zutreffend?

Die Verteilungshypothese ist eine linguistische Theorie, die besagt, dass Wörter, die in identischen Kontexten auftreten, dazu neigen, ähnliche Bedeutungen zu haben, so die Originalquelle »Distributional Structure« von Zellig S. Harris. Kurz: Je ähnlicher die Bedeutungen zweier Wörter sind, desto häufiger kommen sie in ähnlichen Kontexten vor.

Sehen Sie sich zum Beispiel den Satz in Abbildung 14–1 an. Die Wörter *cats* (Katzen) und *dogs* (Hunde) tauchen oft in ähnlichen Zusammenhängen auf und wir könnten *cats* durch *dogs* ersetzen, ohne dass der Satz merkwürdig klingen würde. Wir könnten auch *cats* durch *hamsters* ersetzen, denn beide sind Säugetiere und Haustiere – der Satz würde immer noch plausibel klingen. Würde man jedoch *cats* durch ein nichtverwandtes Wort, wie zum Beispiel *sandwiches*, ersetzen, wäre der Satz eindeutig falsch, und würde man *cats* durch das nicht verwandte Wort *driving* (fahren) ersetzen, wäre der Satz auch noch grammatikalisch falsch.

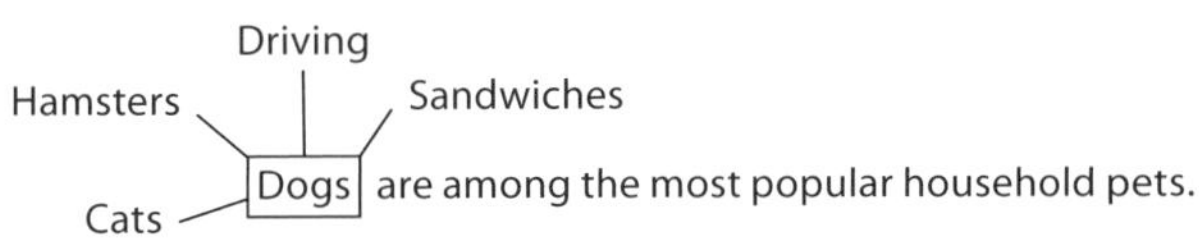

Abb. 14–1 *Häufige und ungewöhnliche Wörter in einem bestimmten Kontext*

Es ist einfach, Gegenbeispiele mit polysemen Wörtern zu konstruieren, das heißt mit Wörtern, die mehrere Bedeutungen haben, die zwar verwandt, aber nicht identisch sind. Nehmen Sie zum Beispiel das Wort *bank*. Als Substantiv kann es sich auf ein Finanzinstitut, das »ansteigende Geländer am Rande eines Flusses«, die »steile Neigung eines Hügels« oder einen »schützenden, polsternden Rand« (nach dem Wörterbuch von Merriam-Webster) beziehen. Es kann sogar ein Verb sein: sich auf etwas stützen, sich darauf verlassen oder davon abhängig sein. Diese verschiedenen Bedeutungen haben unterschiedliche Verteilungseigenschaften und treten nicht immer in ähnlichen Kontexten auf.

Nichtsdestotrotz ist die Verteilungshypothese recht nützlich. Worteinbettungen (in Kapitel 1 eingeführt) wie Word2vec sowie viele große Sprachtransformer-Modelle beruhen auf dieser Idee. Dazu gehören das maskierte Sprachmodell in BERT und die in GPT verwendete Aufgabe zum Vortraining des nächsten Wortes.

14.1 Word2vec, BERT und GPT

Der Word2vec-Ansatz verwendet ein einfaches, zweischichtiges neuronales Netz, um Wörter in Einbettungsvektoren zu codieren, sodass die Einbettungsvektoren ähnlicher Wörter sowohl semantisch als auch syntaktisch ähnlich sind. Es gibt zwei Ansätze, ein Word2vec-Modell zu trainieren: Continuous Bag-Of-Words (CBOW) und Skip-Gram. Beim CBOW-Ansatz lernt das Word2vec-Modell, die aktuellen Wörter anhand der Wörter im Umgebungskontext vorherzusagen. Im Gegensatz dazu sagt Word2vec im Skip-Gram-Modell die Kontextwörter nach einem ausgewählten Wort voraus. Während Skip-Gram bei seltenen Wörtern effizienter arbeitet, lässt sich CBOW in der Regel schneller trainieren.

Nach dem Training werden die Worteinbettungen im Vektorraum so platziert, dass Wörter mit gemeinsamen Kontexten im Korpus – das heißt Wörter mit semantischen und syntaktischen Ähnlichkeiten – nahe beieinanderliegen, wie Abbildung 14–2 zeigt. Umgekehrt werden unähnliche Wörter im Einbettungsraum weiter voneinander entfernt positioniert.

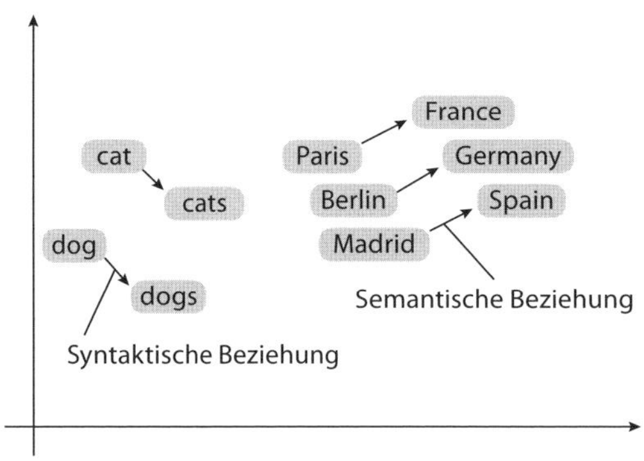

Abb. 14–2 *Word2vec-Einbettungen in einem zweidimensionalen Vektorraum*

BERT ist ein LLM, das auf der Transformer-Architektur (siehe Kapitel 8) basiert und einen maskierten Sprachmodellansatz verwendet, bei dem einige der Wörter in einem Satz maskiert (versteckt) werden. Seine Aufgabe ist es, diese maskierten Wörter auf der Grundlage der anderen Wörter in der Sequenz vorherzusagen, wie Abbildung 14–3 veranschaulicht. Dies ist eine Form des selbstüberwachten Lernens, mit der LLMs vortrainiert werden (siehe Kapitel 2 für weitere Informationen zum selbstüberwachten Lernen). Das vortrainierte Modell erzeugt Einbettungen, in denen ähnliche Wörter (oder Tokens) im Einbettungsraum nahe beieinanderliegen.

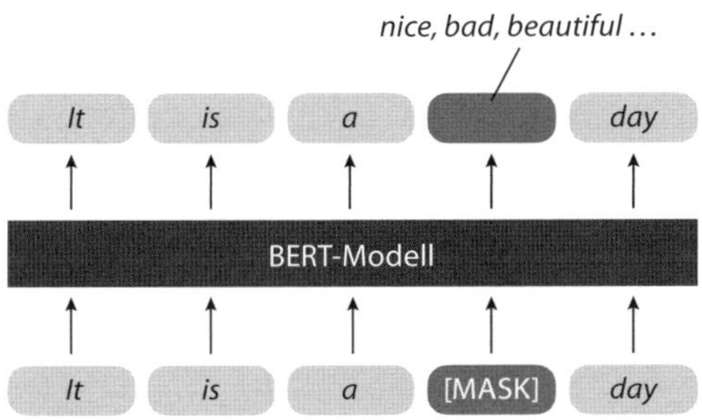

Abb. 14–3 *Zum Vortraining von BERT gehört es, zufällig maskierte Wörter vorherzusagen.*

GPT, das wie BERT ebenfalls ein LLM ist, das auf der Transformer-Architektur basiert, fungiert als Decoder. Decoder-artige Modelle wie GPT lernen, nachfolgende Wörter in einer Sequenz auf der Grundlage der vorangegangenen Wörter vorherzusagen, wie Abbildung 14–4 veranschaulicht. GPT steht im Gegensatz zu Encoder-Modell BERT, da es in erster Linie das vorhersagt, was folgt, anstatt die gesamte Sequenz simultan zu codieren.

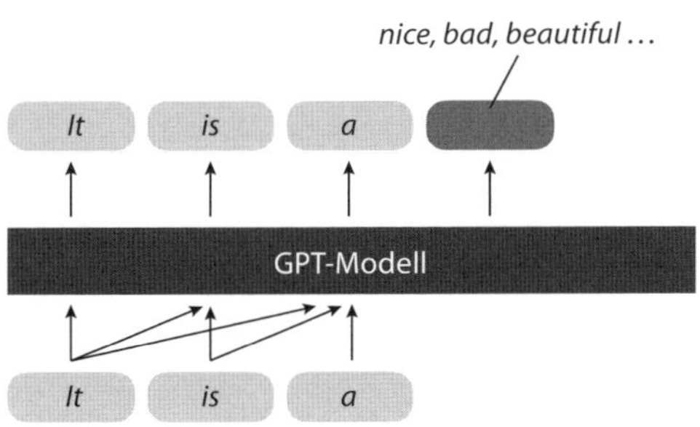

Abb. 14–4 *GPT wird vortrainiert, indem das nächste Wort vorhergesagt wird.*

Während BERT als bidirektionales Sprachmodell die gesamte Eingabesequenz berücksichtigt, analysiert GPT nur die vorherigen Sequenzelemente. Das bedeutet, dass BERT vor allem für Klassifizierungsaufgaben infrage kommt, während GPT eher für Textgenerierungsaufgaben geeignet ist. Ähnlich wie BERT erzeugt GPT hochwertige kontextbezogene Worteinbettungen, die semantische Ähnlichkeiten erfassen.

14.2 Trifft die Hypothese zu?

Für große Datensätze ist die Verteilungshypothese mehr oder weniger zutreffend, was sie für das Verständnis und die Modellierung von Sprachmustern, Wortbeziehungen und semantischen Bedeutungen recht nützlich macht. So ermöglicht dieses Konzept Techniken wie Worteinbettung und semantische Analyse, die wiederum Aufgaben der Verarbeitung natürlicher Sprache wie Textklassifizierung, Stimmungsanalyse und maschinelle Übersetzung erleichtern.

Zusammenfassend lässt sich sagen, dass es zwar Gegenbeispiele gibt, in denen die Verteilungshypothese nicht zutrifft, dass es sich jedoch um ein sehr nützliches Konzept handelt, das den Grundstein für moderne Transformer-Sprachmodelle bildet.

14.3 Übungen

1. Gilt die Verteilungshypothese auch für Homofone, das heißt Wörter, die gleich klingen, aber unterschiedliche Bedeutungen haben, wie zum Beispiel *Nachnahme* und *Nachname*?
2. Können Sie einen anderen Bereich nennen, in dem ein ähnliches Konzept wie die Verteilungshypothese gilt? (Hinweis: Denken Sie an andere Eingabemodalitäten für neuronale Netze.)

14.4 Referenzen

- Die Originalquelle, die die Verteilungshypothese beschreibt: Zellig S. Harris, »Distributional Structure« (1954), *https://doi.org/10.1080/00437956.1954.11659520*.
- Das Paper, das das Word2vec-Modell einführt: Tomas Mikolov et al., »Efficient Estimation of Word Representations in Vector Space« (2013), *https://arxiv.org/abs/1301.3781*.
- Das Paper, das das BERT-Modell einführt: Jacob Devlin et al., »BERT: Pretraining of Deep Bidirectional Transformers for Language Understanding« (2018), *https://arxiv.org/abs/1810.04805*.
- Das Paper, das das GPT-Modell einführt: Alec Radford und Karthik Narasimhan, »Improving Language Understanding by Generative Pre-Training« (2018), *https://www.semanticscholar.org/paper/Improving-Language-Understanding-by-Generative-Radford-Narasimhan/cd18800a0fe0b668a1cc19f2ec95b5003d0a5035*.
- BERT erzeugt Einbettungen, bei denen ähnliche Wörter (oder Tokens) im Einbettungsraum nahe beieinanderliegen: Nelson F. Liu et al., »Linguistic Knowledge and Transferability of Contextual Representations« (2019), *https://arxiv.org/abs/1903.08855*.
- Das Paper, das zeigt, dass GPT hochwertige kontextbezogene Worteinbettungen erzeugt, die semantische Ähnlichkeiten erfassen: Fabio Petroni et al., »Language Models as Knowledge Bases?« (2019), *https://arxiv.org/abs/1909.01066*.

15 Datenvermehrung für Text

Inwieweit ist Datenvermehrung nützlich und was sind die gängigsten Vermehrungstechniken für Textdaten?

Datenvermehrung ist nützlich, um Datensätze künstlich zu vergrößern mit dem Ziel, die Modellleistung zu verbessern, indem zum Beispiel der Grad der Überanpassung verringert wird, wie Kapitel 5 erläutert hat. Dazu gehören Techniken, die häufig in Modellen der Computer Vision verwendet werden, wie Rotieren, Skalieren und Flippen.

Analog dazu gibt es mehrere Techniken, um Textdaten zu vermehren. Zu den gebräuchlichsten gehören das Ersetzen von Synonymen, Löschen von Wörtern, Vertauschen von Wortpositionen, Umstellen von Sätzen, Einfügen von Rauschen, Rückübersetzungen und Erzeugen von Text durch LLMs. Dieses Kapitel beschreibt die einzelnen Techniken und stellt unter *https://github.com/rasbt/MachineLearning-QandAI-book* im Unterordner *supplementary/q15-text-augment* optionale Codebeispiele bereit.

15.1 Ersetzen von Synonymen

Beim *Ersetzen von Synonymen* wählen wir in einem Satz Wörter zufällig aus – oft Substantive, Verben, Adjektive und Adverbien – und ersetzen sie durch Synonyme. Zum Beispiel könnten wir mit dem Satz »The cat quickly jumped over the lazy dog« beginnen und dann den Satz wie folgt ändern: »The cat rapidly jumped over the idle dog.«

Durch Synonymersetzung kann das Modell lernen, dass verschiedene Wörter ähnliche Bedeutungen haben können, und dadurch seine Fähigkeit verbessern, Text zu verstehen und zu generieren. In der Praxis stützt sich die Ersetzung von Synonymen oft auf einen Thesaurus wie WordNet. Allerdings ist bei dieser Technik Vorsicht geboten, da nicht alle Synonyme in allen Kontexten austauschbar sind. Die meisten automatischen Textersetzungstools besitzen Einstellungen, mit denen sich die Ersetzungshäufigkeit und der Ähnlichkeitsschwellenwert anpassen lassen. Die automatische Synonymersetzung ist jedoch nicht perfekt und Sie sollten durch Überprüfungen bei einer Nachbearbeitung Ersetzungen herausfiltern, die möglicherweise keinen Sinn ergeben.

15.2 Löschen von Wörtern

Das *Löschen von Wörtern* ist eine weitere Technik zur Datenvermehrung, die den Lernprozess der Modelle unterstützt. Im Gegensatz zur Ersetzung von Synonymen, die Wörter im Text durch ihre Synonyme austauscht, werden durch das Löschen bestimmter Wörter aus dem Text neue Varianten erzeugt, wobei versucht wird, die Gesamtbedeutung des Satzes zu erhalten. Zum Beispiel könnten wir mit dem Satz »The cat quickly jumped over the lazy dog« beginnen und dann das Wort *quickly* entfernen: »The cat jumped over the lazy dog.«

Indem wir zufällige Wörter in den Trainingsdaten löschen, bringen wir dem Modell bei, genaue Vorhersagen selbst dann zu liefern, wenn einige Informationen fehlen. Dies kann das Modell robuster machen, wenn in realen Szenarios unvollständige oder verrauschte Daten zu verarbeiten sind. Zudem können wir durch das Löschen unwichtiger Wörter dem Modell beibringen, sich auf die Schlüsselaspekte des Textes zu konzentrieren, die für die anstehende Aufgabe am wichtigsten sind.

Wir müssen jedoch darauf achten, keine entscheidenden Wörter zu entfernen, was die Bedeutung eines Satzes erheblich verändern könnte. Zum Beispiel wäre es suboptimal, das Wort *cat* im vorherigen Satz zu entfernen: »The quickly jumped over the lazy dog.« Auch die Löschrate muss sorgfältig gewählt werden, damit der Text auch nach dem Entfernen von Wörtern noch einen Sinn ergibt. Typische Löschquoten liegen zwischen 10 und 20 Prozent, was aber ein allgemeiner Richtwert ist, der je nach Anwendungsfall stark variieren kann.

15.3 Vertauschen von Wortpositionen

Beim *Vertauschen von Wortpositionen* – auch als *Wortverschiebung* oder *Permutation* bezeichnet – werden die Positionen der Wörter in einem Satz vertauscht bzw. die Wörter neu angeordnet, um neue Versionen des Satzes zu erzeugen. Wenn wir mit »The cat quickly jumped over the lazy dog« beginnen, könnten wir die Positionen einiger Wörter vertauschen, um die folgende Version zu erhalten: »Quickly the cat jumped the over lazy dog.«

Diese Sätze mögen zwar grammatikalisch falsch sein oder seltsam klingen, doch liefern sie wertvolle Trainingsinformationen für die Datenvermehrung, da das Modell immer noch die wichtigen Wörter und ihre Assoziationen zueinander erkennen kann. Allerdings hat diese Methode ihre Grenzen. Denn wenn man beispielsweise Wörter zu stark mischt oder auf bestimmte Art und Weise umstellt, kann sich die Bedeutung eines Satzes drastisch verändern oder ihn völlig unsinnig machen. Darüber hinaus kann das Umstellen von Wörtern den Lernprozess des Modells beeinträchtigen, da die Positionsbeziehungen zwischen bestimmten Wörtern in den jeweiligen Kontexten entscheidend sein können.

15.4 Sätze mischen

Beim *Mischen von Sätzen* (Sentence Shuffling) werden ganze Sätze innerhalb eines Absatzes oder eines Dokuments neu angeordnet, um neue Versionen des Eingabetextes zu erzeugen. Durch das Mischen der Sätze setzen wir das Modell verschiedenen Anordnungen desselben Inhalts aus, sodass es lernt, thematische Elemente und Schlüsselkonzepte zu erkennen, anstatt sich auf eine bestimmte Satzreihenfolge zu verlassen. Dies fördert ein solideres Verständnis für das Gesamtthema oder die Kategorie des Dokuments. Daher ist diese Technik besonders nützlich für Aufgaben, die mit der Analyse auf Dokumentenebene oder dem Verständnis auf Absatzebene zu tun haben, wie zum Beispiel Dokumentenklassifizierung, Themenmodellierung oder Textzusammenfassung.

Im Gegensatz zu den oben erwähnten wortbasierten Methoden (Vertauschen von Wortpositionen, Löschen von Wörtern und Ersetzen von Synonymen) bleibt beim Mischen von Sätzen die interne Struktur der einzelnen Sätze erhalten. Dadurch entfällt das Problem, dass eine veränderte Wortwahl oder -reihenfolge grammatikalisch falsche oder völlig in ihrer Bedeutung geänderte Sätze ergibt.

Satzmischen ist nützlich, wenn die Reihenfolge der Sätze für die Gesamtbedeutung des Textes nicht entscheidend ist. Es funktioniert jedoch nicht immer, wenn die Sätze logisch oder chronologisch miteinander verbunden sind. Betrachten Sie zum Beispiel den folgenden Absatz: »Ich ging in den Supermarkt. Dann kaufte ich Zutaten für eine Pizza. Danach habe ich eine leckere Pizza gebacken.« Wenn Sie diese Sätze wie folgt umstellen, wird die logische und zeitliche Abfolge der Erzählung zerstört: »Danach habe ich eine leckere Pizza gebacken. Dann kaufte ich Zutaten für eine Pizza. Ich ging in den Supermarkt.«

15.5 Rauschinjektion

Rauschinjektion ist ein Oberbegriff für Techniken, mit denen sich Texte auf unterschiedliche Weise verändern und variieren lassen. Er kann sich entweder auf die in den vorangegangenen Abschnitten beschriebenen Methoden beziehen oder Techniken auf der Ebene von Zeichen meinen, beispielsweise das Einfügen zufälliger Buchstaben, Zeichen oder Tippfehler, wie die folgenden Beispiele zeigen:

- **Zufällige Zeichen einfügen:** »The cat qzuickly jumped over the lazy dog.« (Ein *z* im Wort *quickly* eingefügt.)
- **Zufällige Zeichen löschen:** »The cat quickl jumped over the lazy dog.« (Das *y* aus dem Wort *quickly* gelöscht.)
- **Einen Tippfehler erzeugen:** »The cat qickuly jumped over the lazy dog.« (Einen Tippfehler in *quickly* erzeugt und damit das Wort in *qickuly* geändert.)

Diese Modifikationen sind vorteilhaft für Aufgaben, die Rechtschreibprüfung und Textkorrektur beinhalten, doch können sie auch dazu beitragen, das Modell robuster gegenüber unvollkommenen Eingaben zu machen.

15.6 Rückübersetzung

Die *Rückübersetzung* ist eine der am häufigsten verwendeten Techniken, um Variationen in Texten zu erzeugen. Dabei wird ein Satz zunächst aus der Originalsprache in eine oder mehrere andere Sprachen übersetzt und dann in die ursprüngliche Sprache zurückübersetzt. Das Hin- und Herübersetzen führt oft zu Sätzen, die dem Originalsatz semantisch ähnlich sind, aber leichte Abweichungen in Struktur, Wortschatz oder Grammatik aufweisen. So entstehen zusätzliche, diverse Beispiele für das Training, ohne dass sich die Gesamtbedeutung ändert.

Wenn wir zum Beispiel »The cat quickly jumped over the lazy dog« ins Deutsche übersetzen, erhalten wir wahrscheinlich: »Die Katze sprang schnell über den faulen Hund.« Diesen deutschen Satz könnten wird dann ins Englische zurückübersetzen und würden: »The cat jumped quickly over the lazy dog.« erhalten.

Inwieweit sich ein Satz durch die Rückübersetzung verändert, hängt von den verwendeten Sprachen und den Besonderheiten des maschinellen Übersetzungsmodells ab. Im angegebenen Beispiel bleibt der Satz sehr ähnlich. In anderen Fällen oder bei anderen Sprachen kann es jedoch vorkommen, dass sich der Wortlaut oder die Satzstruktur bei gleichbleibender Gesamtbedeutung deutlicher ändert.

Diese Methode setzt voraus, dass zuverlässige Modelle oder Dienste der maschinellen Übersetzung verfügbar sind, und es muss darauf geachtet werden, dass die rückübersetzten Sätze die wesentliche Bedeutung der Originalsätze beibehalten.

15.7 Synthetische Daten

Das *Generieren synthetischer Daten* ist ein Oberbegriff für Methoden und Techniken, mit denen künstliche Daten erzeugt werden, die die Struktur realer Daten nachahmen oder replizieren. Alle in diesem Kapitel beschriebenen Methoden kommen als Techniken für die Generierung synthetischer Daten infrage, da sie neue Daten durch kleine Änderungen an vorhandenen Daten erzeugen und somit die Gesamtbedeutung bewahren, dabei aber gleichzeitig etwas Neues schaffen.

Zu den modernen Techniken, mit denen synthetische Daten erzeugt werden, gehören nun auch Decoder-orientierte LLMs wie GPT (mehr zu Decoder-orientierten LLMs in Kapitel 17). Wir können diese Modelle verwenden, um neue Daten von Grund auf zu erzeugen, indem wir unter anderem Prompts wie »Vervollständige den Satz« oder »Erzeuge Beispielsätze« verwenden. LLMs bieten sich auch als Alternativen zur Rückübersetzung an. Dabei verlangen wir in den Prompts, die Sätze neu zu formulieren (»rewrite the following sentence:«), wie Abbildung 15-1 zeigt.

Beachten Sie, dass ein LLM (wie in Abbildung 15-1 gezeigt) standardmäßig in einem nichtdeterministischen Modus läuft, das heißt, wir können es mehrmals auffordern, um eine Reihe von neu formulierten Sätzen zu erhalten.

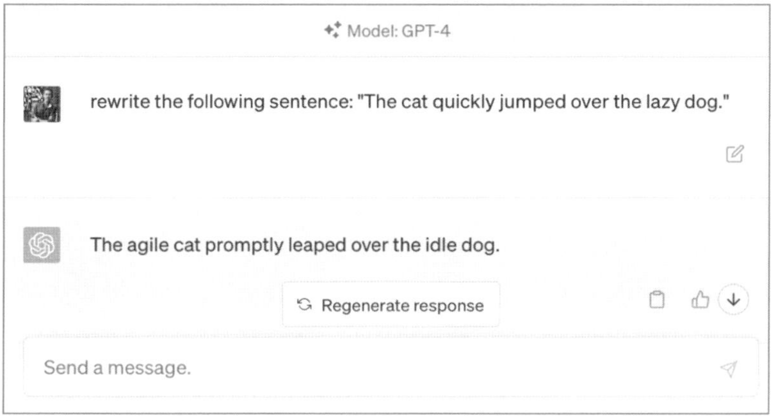

Abb. 15–1 *Einen Satz mithilfe eines LLM neu formulieren*

15.8 Empfehlungen

Die in diesem Kapitel beschriebenen Techniken der Datenvermehrung kommen üblicherweise in der Textklassifizierung, der Stimmungsanalyse und anderen NLP-Aufgaben zum Einsatz, bei denen die Menge der verfügbaren gelabelten Daten begrenzt sein kann.

LLMs werden normalerweise mit einem riesigen und vielfältigen Datensatz vortrainiert, sodass sie sich nicht so sehr auf diese Vermehrungstechniken stützen wie bei anderen, spezifischeren NLP-Aufgaben. Dies liegt daran, dass LLMs darauf abzielen, die statistischen Eigenschaften der Sprache zu erfassen, und die große Menge der Daten, mit denen sie trainiert werden, bietet oftmals eine genügende Varietät von Kontexten und Ausdrücken. In den Phasen der Feinabstimmung von LLMs, in denen ein vortrainiertes Modell mit einem kleineren, aufgabenspezifischen Datensatz angepasst wird, können Techniken zur Datenvermehrung dennoch wieder an Bedeutung gewinnen, vor allem wenn der Umfang des aufgabenspezifischen, gelabelten Datensatzes begrenzt ist.

15.9 Übungen

1. Kann die Textdatenvermehrung bei Datenschutzproblemen helfen?
2. Welche Fälle gibt es, in denen eine Datenvermehrung für eine bestimmte Aufgabe nicht vorteilhaft sein könnte?

15.10 Referenzen

- Der Thesaurus WordNet: George A. Miller, »WordNet: A Lexical Database for English« (1995), *https://dl.acm.org/doi/10.1145/219717.219748*.

16 Selbstaufmerksamkeit

Woher hat Selbstaufmerksamkeit ihren Namen und wie unterscheidet sie sich von früher entwickelten Aufmerksamkeitsmechanismen?

Selbstaufmerksamkeit (Self-Attention) ermöglicht es einem neuronalen Netz, sich auf andere Teile der Eingabe zu beziehen, während es sich auf ein bestimmtes Segment konzentriert, wodurch jeder Teil die Fähigkeit erhält, an der gesamten Eingabe »teilzuhaben«. Der ursprüngliche Aufmerksamkeitsmechanismus, der für rekurrente neuronale Netze (RNNs) entwickelt wurde, wird auf zwei verschiedene Sequenzen angewendet: die Encoder- und die Decoder-Einbettungen. Da die in Transformer-basierten LLMs verwendeten Aufmerksamkeitsmechanismen darauf ausgelegt sind, auf alle Elemente derselben Menge angewendet zu werden, nennt man sie *Selbst*aufmerksamkeitsmechanismen.

Dieses Kapitel erörtert zunächst einen früheren, für RNNs entwickelten Aufmerksamkeitsmechanismus, den Bahdanau-Mechanismus, um die Motivation hinter der Entwicklung des Aufmerksamkeitsmechanismus zu veranschaulichen. Anschließend vergleiche ich den Bahdanau-Mechanismus mit dem Selbstaufmerksamkeitsmechanismus, der heute in Transformer-Architekturen vorherrscht.

16.1 Aufmerksamkeit in RNNs

Ein Beispiel für einen Aufmerksamkeitsmechanismus, der in RNNs längere Sequenzen verarbeitet, ist die *Bahdanau-Aufmerksamkeit*. Die Bahdanau-Aufmerksamkeit wurde entwickelt, um Modelle des maschinellen Lernens – insbesondere diejenigen, die bei der Übersetzung von Sprachen eingesetzt werden – in die Lage zu versetzen, lange Sätze besser zu verstehen. Bis zur Entwicklung dieser Aufmerksamkeit wurde die gesamte Eingabe (beispielsweise ein englischer Satz) in einen einzigen Informationsblock gepresst, wobei wichtige Details vor allem bei längeren Sätzen verloren gehen konnten.

Um den Unterschied zwischen normaler Aufmerksamkeit und Selbstaufmerksamkeit zu verstehen, zeige ich zunächst den Bahdanau-Aufmerksamkeitsmechanismus näher, den Abbildung 16–1 veranschaulicht.

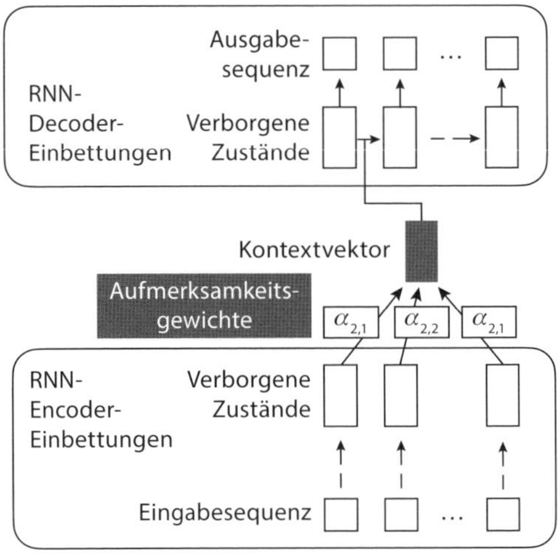

Abb. 16–1 *Der Bahdanau-Mechanismus verwendet ein separates RNN, um Aufmerksamkeitsgewichte zu berechnen.*

In Abbildung 16–1 stellen die α-Werte die Aufmerksamkeitsgewichte für das zweite Sequenzelement und jedes andere Element in der Sequenz von 1 bis T dar. Außerdem beinhaltet dieser ursprüngliche Aufmerksamkeitsmechanismus zwei RNNs. Das untere RNN, das die Aufmerksamkeitsgewichte berechnet, stellt den Encoder dar, während das obere RNN, das die Ausgabesequenz erzeugt, ein Decoder ist.

Kurz, der ursprünglich für RNNs entwickelte Aufmerksamkeitsmechanismus wird zwischen zwei verschiedenen Sequenzen angewendet: den Encoder- und den Decoder-Einbettungen. Für jedes generierte Element der Ausgabesequenz basiert das obere Decoder-RNN auf einem verborgenen Zustand plus einem vom Encoder erzeugten Kontextvektor. Dieser Kontextvektor umfasst alle Elemente der Eingangssequenz und ist eine gewichtete Summe aller Eingabeelemente, wobei die Aufmerksamkeitswerte (α) die Gewichtskoeffizienten darstellen. Dadurch kann der Decoder bei jedem Schritt auf alle Elemente der Eingangssequenz (den Kontext) zugreifen. Der Grundgedanke ist, dass sich die Aufmerksamkeitsgewichte (und der Kontext) bei jedem Schritt unterscheiden und dynamisch ändern können.

Dieses komplizierte Encoder-Decoder-Design beruht auf der Motivation, dass sich Sätze nicht Wort für Wort übersetzen lassen. Dies würde zu grammatikalisch falschen Ausgaben führen, wie die RNN-Architektur (a) in Abbildung 16–2 veranschaulicht.

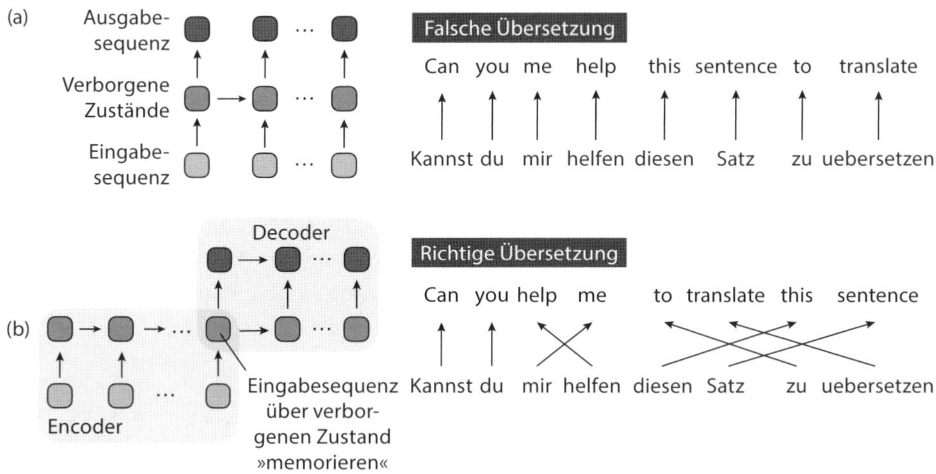

Abb. 16–2 *Zwei RNN-Architekturen für die Textübersetzung*

Abbildung 16–2 zeigt zwei verschiedene Sequenz-zu-Sequenz-RNN-Designs für die Satzübersetzung. Das normale Sequenz-zu-Sequenz-RNN in Abbildung 16–2(a) kann verwendet werden, um einen Satz Wort für Wort vom Deutschen ins Englische zu übersetzen. Abbildung 16–2(b) zeigt ein Encoder-Decoder-RNN, das zuerst den ganzen Satz liest, bevor es ihn übersetzt.

Die RNN-Architektur (a) eignet sich am besten für Zeitreihenaufgaben, bei denen wir eine Vorhersage nach der anderen machen wollen, wie zum Beispiel einen bestimmten Aktienkurs Tag für Tag vorhersagen. Für Aufgaben wie die Sprachübersetzung entscheiden wir uns in der Regel für ein Encoder-Decoder-RNN, wie in Architektur (b) in Abbildung 16–2. Hier codiert das RNN den Eingabesatz, speichert ihn in einer verborgenen Zwischendarstellung und generiert den Ausgabesatz. Allerdings entsteht hierbei ein Flaschenhals, da das RNN den gesamten Eingabesatz über einen einzigen verborgenen Zustand memorieren muss, was bei längeren Sequenzen nicht gut funktioniert.

Der in Architektur (b) dargestellte Flaschenhals war der Grund für das ursprüngliche Design des Bahdanau-Aufmerksamkeitsmechanismus, der es dem Decoder ermöglicht, bei jedem Zeitschritt auf alle Elemente des Eingabesatzes zuzugreifen. Die Aufmerksamkeitswerte liefern auch verschiedene Gewichte für die verschiedenen Eingabeelemente, abhängig vom aktuellen Wort, das der Decoder generiert. Wenn zum Beispiel das Wort *help* in der Ausgabesequenz generiert wird, kann das Wort *helfen* im deutschen Eingabesatz ein hohes Aufmerksamkeitsgewicht erhalten, da es in diesem Kontext sehr relevant ist.

16.2 Der Selbstaufmerksamkeitsmechanismus

Der Bahdanau-Aufmerksamkeitsmechanismus beruht auf einem etwas komplizierten Encoder-Decoder-Design, um langfristige Abhängigkeiten in Sequenz-zu-Sequenz-Aufgaben zu modellieren. Ungefähr drei Jahre nach Veröffentlichung des Bahdanau-Mechanismus arbeiteten Forscher daran, die Sequenz-zu-Sequenz-Modellierungsarchitekturen zu vereinfachen. Dabei klärten sie die Frage, ob das RNN-Backbone überhaupt erforderlich ist, um eine gute Sprachübersetzungsleistung zu erzielen. Dies hat zur Entwicklung der ursprünglichen Transformer-Architektur und des Selbstaufmerksamkeitsmechanismus geführt.

Bei Selbstaufmerksamkeit wird der Aufmerksamkeitsmechanismus zwischen allen Elementen in derselben Sequenz angewendet (im Gegensatz zu zwei Sequenzen), wie es Abbildung 16–3 zeigt, die einen vereinfachten Aufmerksamkeitsmechanismus darstellt. Ähnlich wie beim Aufmerksamkeitsmechanismus für RNNs ist der Kontextvektor eine nach Aufmerksamkeit gewichtete Summe über den Elementen der Eingabesequenz.

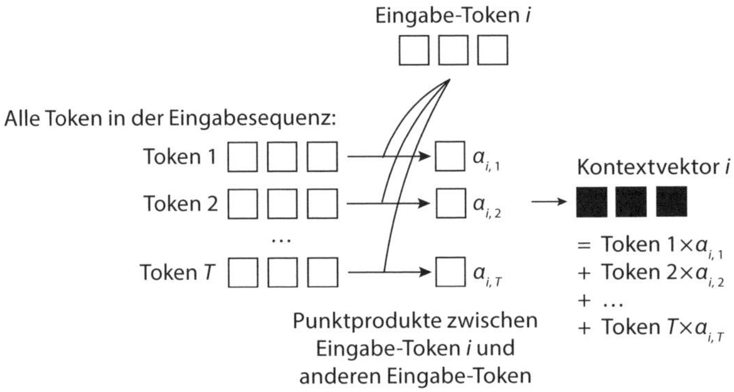

Abb. 16–3 *Ein einfacher Selbstaufmerksamkeitsmechanismus ohne Gewichtsmatrizen*

In Abbildung 16–3 sind zwar keine Gewichtsmatrizen dargestellt, doch beinhaltet der Selbstaufmerksamkeitsmechanismus in Transformern typischerweise mehrere Gewichtsmatrizen, um die Aufmerksamkeitsgewichte zu berechnen.

Dieses Kapitel hat die Grundlagen gelegt, um die innere Funktionsweise von Transformer-Modellen und des Aufmerksamkeitsmechanismus zu verstehen. Das nächste Kapitel geht ausführlicher auf die verschiedenen Typen der Transformer-Architekturen ein.

16.3 Übungen

1. Wenn man bedenkt, dass Selbstaufmerksamkeit jedes Sequenzelement mit sich selbst vergleicht, wie hoch sind dann der Zeitaufwand und die Speicherkomplexität zu bewerten?
2. Wir haben die Selbstaufmerksamkeit im Zusammenhang mit der Verarbeitung natürlicher Sprache diskutiert. Könnte dieser Mechanismus auch für Computer-Vision-Anwendungen nützlich sein?

16.4 Referenzen

- Das Paper, das den ursprünglichen Selbstaufmerksamkeitsmechanismus vorstellt, auch als skalierte Punktproduktaufmerksamkeit bezeichnet: Ashish Vaswani et al., »Attention Is All You Need« (2017), *https://arxiv.org/abs/1706.03762.*
- Der Bahdanau-Aufmerksamkeitsmechanismus für RNNs: Dzmitry Bahdanau, Kyunghyun Cho und Yoshua Bengio, »Neural Machine Translation by Jointly Learning to Align and Translate« (2014), *https://arxiv.org/ abs/1409.0473.*
- Mehr über den parametrisierten Selbstaufmerksamkeitsmechanismus finden Sie in meinem Blogbeitrag: »Understanding and Coding the Self-Attention Mechanism of Large Language Models from Scratch« unter *https://sebastianraschka.com/blog/2023/self-attention-from-scratch.html.*

17 Encoder- und Decoder-Transformer

Worin unterscheiden sich Encoder- und Decoder-basierte Transformer?

Sowohl Encoder- als auch Decoder-basierte Architekturen verwenden die gleichen Selbstaufmerksamkeitsschichten, um Word-Tokens zu codieren. Der Unterschied besteht vor allem darin, dass Encoder darauf ausgelegt sind, Einbettungen zu lernen, die für verschiedene prädiktive Modellierungsaufgaben wie zum Beispiel Klassifizierung verwendet werden können. Im Gegensatz dazu sind Decoder dafür vorgesehen, neue Texte zu generieren, zum Beispiel Benutzeranfragen zu beantworten.

Dieses Kapitel beschreibt zunächst die ursprüngliche Transformer-Architektur, bestehend aus einem Encoder, der Eingabetext verarbeitet, und einem Decoder, der Übersetzungen erzeugt. In den sich anschließenden Abschnitten erfahren Sie, wie Modelle wie BERT und RoBERTa nur mithilfe des Encoders Kontext verstehen und wie die GPT-Architekturen den Schwerpunkt auf reine Decoder-Mechanismen zur Textgenerierung legen.

17.1 Der ursprüngliche Transformer

Die ursprüngliche Transformer-Architektur, die Kapitel 16 eingeführt hat, wurde für Übersetzungen von Englisch nach Französisch und Englisch nach Deutsch entwickelt. Sie hat sowohl einen Encoder als auch einen Decoder genutzt, wie Abbildung 17–1 zeigt.

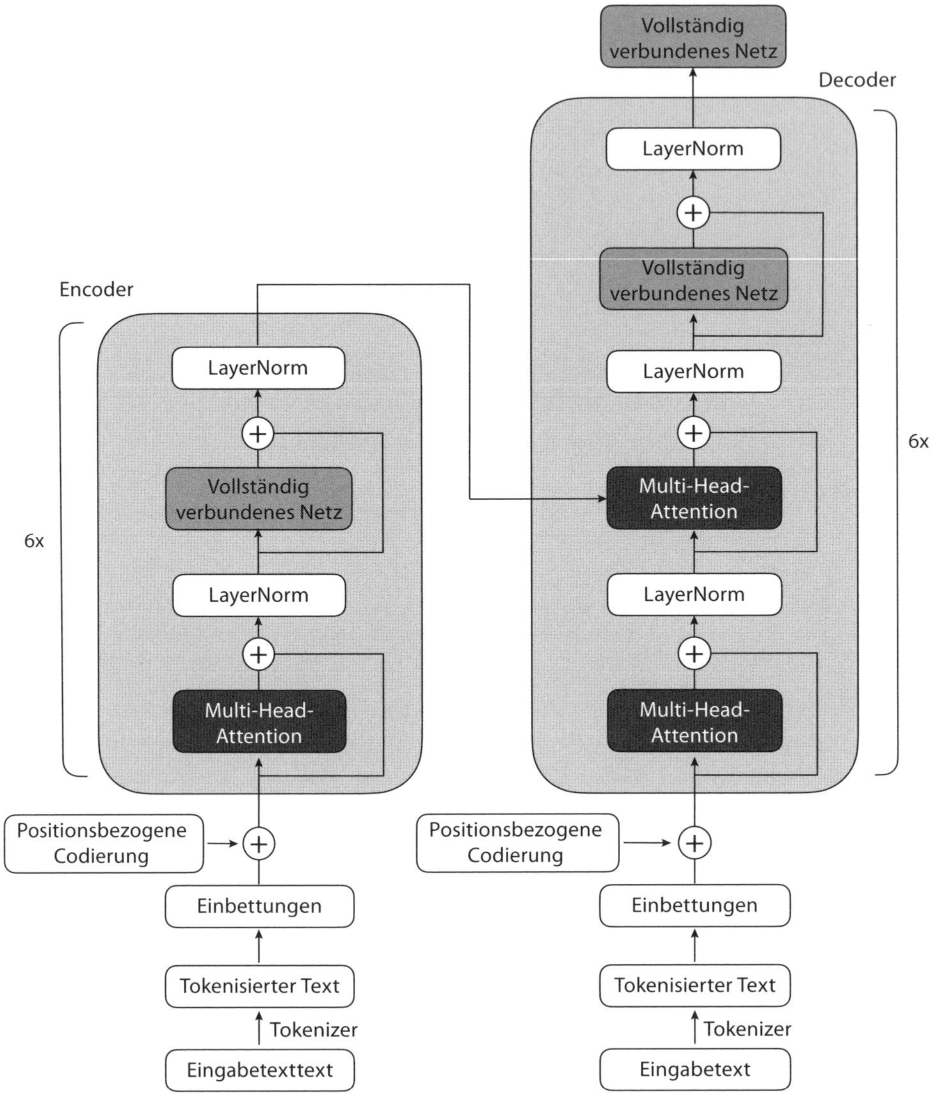

Abb. 17–1 *Die ursprüngliche Transformer-Architektur*

Wie aus Abbildung 17–1 hervorgeht, zerlegt das Modell den Eingabetext (d.h. die Sätze des zu übersetzenden Textes) zunächst in einzelne Word-Tokens und codiert diese dann über eine Einbettungsschicht, bevor sie in den Encoder-Teil gelangen (siehe Kapitel 1 für weitere Informationen zu Einbettungen). Nachdem zu jedem eingebetteten Wort ein positionsbezogener Codierungsvektor hinzugefügt wurde, durchlaufen die Einbettungen eine Multi-Head-Selbstaufmerksamkeitsschicht. Auf diese Schicht folgt ein Additionsschritt, der in Abbildung 17–1 mit einem Pluszeichen (+) gekennzeichnet ist und der eine *Schichtnormalisierung* durchführt sowie die ursprünglichen Einbettungen über eine Skip-Verbindung, auch bekannt als *Residual-* oder *Shortcut*-Verbindung, hinzufügt. Es folgt ein LayerNorm-Block, kurz für Layer-Normalisierung, der die Aktivierungen der vorherigen

Schicht normalisiert, um die Stabilität beim Training des neuronalen Netzes zu verbessern. Das Hinzufügen der ursprünglichen Einbettungen und die Schritte der Schichtnormalisierung werden oftmals als *Add-&-Norm-Schritt* zusammengefasst. Nachdem schließlich das vollständig verbundene Netz – ein kleines, mehrschichtiges Perzeptron, das aus zwei vollständig verbundenen Schichten mit nichtlinearen Aktivierungsfunktionen dazwischen besteht – erreicht ist, werden die Ausgaben erneut addiert und normalisiert, bevor sie an eine Multi-Head-Selbstaufmerksamkeitsschicht des Decoders weitergeleitet werden.

Der Decoder in Abbildung 17–1 hat eine ähnliche Gesamtstruktur wie der Encoder. Der wesentliche Unterschied besteht darin, dass die Ein- und Ausgaben unterschiedlich sind: Der Encoder erhält den zu übersetzenden Eingabetext, während der Decoder den übersetzten Text generiert und übersetzt.

17.1.1 Encoder

Der Encoder-Teil im ursprünglichen Transformer, wie in Abbildung 17–1 dargestellt, ist dafür verantwortlich, die relevanten Informationen aus dem Eingabetext zu verstehen und zu extrahieren. Anschließend gibt er eine kontinuierliche Darstellung (Einbettung) des Eingabetextes aus, die an den Decoder übergeben wird. Schließlich generiert der Decoder den übersetzten Text (Zielsprache) auf der Grundlage der kontinuierlichen Darstellung, die er vom Encoder erhält.

Im Laufe der Jahre wurden verschiedene reine Encoder-Architekturen entwickelt, die auf dem Encoder-Modul des oben beschriebenen ursprünglichen Transformer-Modells basieren. Ein bemerkenswertes Beispiel ist BERT, was für Bidirectional Encoder Representations from Transformers steht.

Wie in Kapitel 14 erwähnt, handelt es sich bei BERT um eine reine Encoder-Architektur, die auf dem Encoder-Modul des Transformers basiert. Das BERT-Modell wird auf einem großen Textkorpus vortrainiert, und zwar mithilfe von maskierter Sprachmodellierung und Aufgaben zur Vorhersage des nächsten Satzes. Abbildung 17–2 veranschaulicht das Ziel des Vortrainings mit maskierter Sprachmodellierung, das in BERT-artigen Transformern verwendet wird.

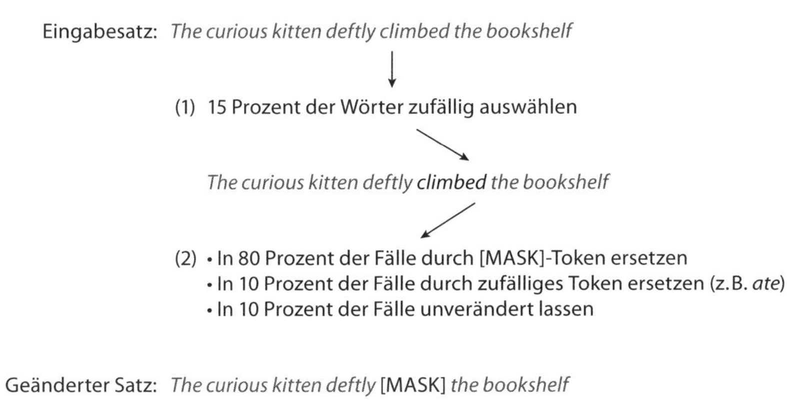

Abb. 17–2 *BERT maskiert während des Vortrainings 15 Prozent der Eingabe-Tokens.*

Wie Abbildung 17–2 zeigt, liegt der maskierten Sprachmodellierung die Idee zugrunde, zufällige Wort-Tokens in der Eingabesequenz zu maskieren (oder zu ersetzen) und dann das Modell zu trainieren, um die ursprünglichen maskierten Tokens basierend auf dem umgebenden Kontext vorherzusagen.

Zusätzlich zu der in Abbildung 17–2 dargestellten Vortrainingsaufgabe der maskierten Sprachmodellierung soll das Modell bei der Aufgabe zur Vorhersage des nächsten Satzes vorhersagen, ob die Satzreihenfolge von zwei zufällig gemischten Sätzen im Originaldokument korrekt ist. Nehmen wir zum Beispiel an, dass zwei Sätze in zufälliger Reihenfolge durch das Token [SEP] getrennt werden (wobei *SEP* für *separate = trennen* steht). Die eckigen Klammern gehören zur Notation des Tokens und sollen deutlich machen, dass es sich um ein spezielles Token und nicht um ein normales Wort im Text handelt. BERT-artige Transformer verwenden auch ein [CLS]-Token. Es dient als Platzhalter-Token für das Modell und veranlasst dieses, mit der Rückgabe eines *True*- oder *False*-Labels anzuzeigen, ob die Sätze in der richtigen Reihenfolge stehen:

- »[CLS] Toast ist ein einfaches, aber leckeres Essen. [SEP] Er wird oft mit Butter, Marmelade oder Honig serviert.«
- »[CLS] Er wird oft mit Butter, Marmelade oder Honig serviert. [SEP] Toast ist ein einfaches, aber leckeres Essen.«

Die Zielvorgaben der maskierten Sprache und des Vortrainings in Bezug auf den nächsten Satz ermöglichen es BERT, umfangreiche kontextuelle Repräsentationen des Eingabetextes zu erlernen, die sich dann für verschiedene nachgelagerte Aufgaben wie Stimmungsanalyse, Beantwortung von Fragen und Erkennung von benannten Entitäten fein abstimmen lassen. Es ist erwähnenswert, dass dieses Vortraining eine Form des selbstüberwachten Lernens ist (siehe Kapitel 2 für weitere Details zu dieser Art des Lernens).

RoBERTa, was für »Robustly optimized BERT approach« steht, ist eine verbesserte Version von BERT. Die Architektur ist im Großen und Ganzen die gleiche wie die von BERT, es wurden aber mehrere Verbesserungen beim Training und bei der Optimierung vorgenommen, zum Beispiel größere Stapel, mehr Trainingsdaten und Eliminieren der Aufgabe, den nächsten Satz vorherzusagen. Diese Änderungen haben dazu geführt, dass RoBERTa bei verschiedenen Aufgaben zum Verstehen natürlicher Sprache besser abschneidet als BERT.

17.1.2 Decoder

Um auf die in Abbildung 17–1 skizzierte ursprüngliche Transformer-Architektur zurückzukommen: Der Multi-Head-Selbstaufmerksamkeitsmechanismus im Decoder ähnelt dem im Encoder, aber er ist maskiert, um das Modell daran zu hindern, auf zukünftige Positionen zu achten. Damit wird sichergestellt, dass die Vorhersagen für Position *i* nur von den bekannten Ausgaben bei Positionen kleiner als *i* abhängen können. Wie Abbildung 17–3 veranschaulicht, generiert der Decoder die Ausgabe Wort für Wort.

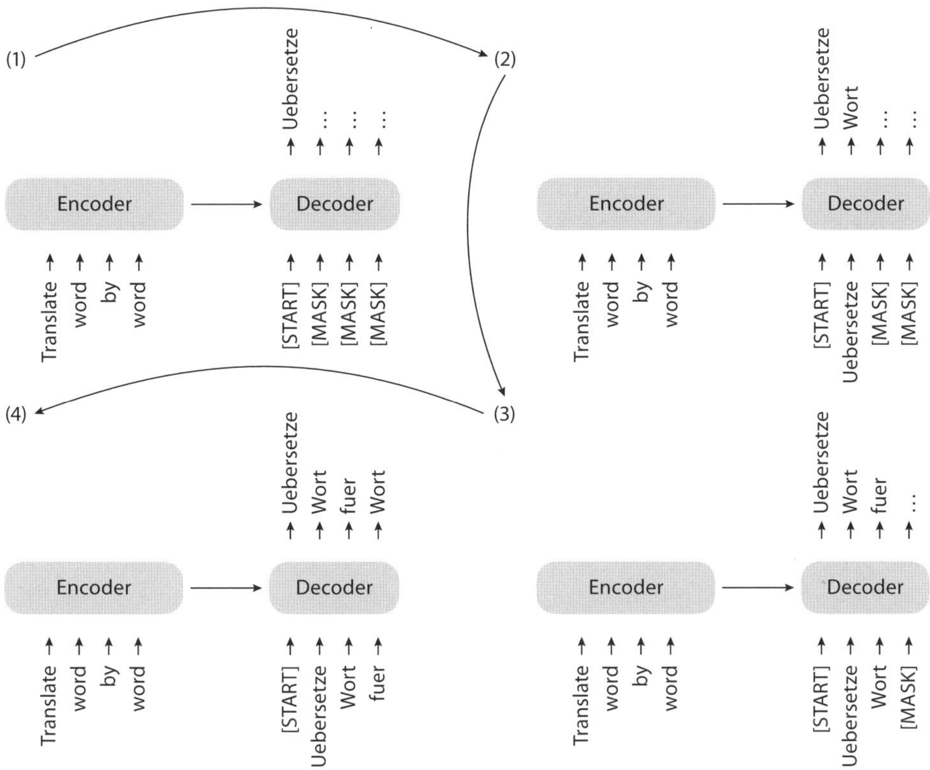

Abb. 17–3 *Die im ursprünglichen Transformer verwendete Aufgabe, den nächsten Satz vorherzusagen*

Diese Maskierung (in Abbildung 17–3 explizit dargestellt, obwohl sie im Multi-Head-Selbstaufmerksamkeitsmechanismus des Decoders intern stattfindet) ist entscheidend, um die autoregressive Eigenschaft des Transformer-Modells während des Trainings und der Inferenz aufrechtzuerhalten. Diese autoregressive Eigenschaft stellt sicher, dass das Modell jeweils ein Ausgabe-Token nach dem anderen generiert und dabei die zuvor generierten Tokens als Kontext für das Generieren des nächsten Wort-Tokens heranzieht.

Im Laufe der Jahre haben Forscher auf der ursprünglichen Encoder-Decoder-Transformer-Architektur aufgebaut und mehrere reine Decoder-Modelle entwickelt, die sich bei verschiedenen Aufgaben der natürlichen Sprachverarbeitung als äußerst effektiv erwiesen haben. Zu den bemerkenswertesten Modellen gehört die GPT-Familie, die in Kapitel 14 und in mehreren anderen Kapiteln des Buches kurz erwähnt wurde.

GPT steht für *Generative Pretrained Transformer*. Die GPT-Reihe besteht aus reinen Decoder-Modellen, die auf großen unüberwachten Textdaten vortrainiert und für bestimmte Aufgaben wie Textklassifizierung, Stimmungsanalyse, Beantwortung von Fragen und Zusammenfassungen fein abgestimmt wurden. Die GPT-Modelle inklusive der aktuellen (bezogen auf das Entstehen dieses Buches) Modelle GPT-2, GPT-3 und GPT-4 haben in verschiedenen Benchmarks bemerkenswerte Leistungen gezeigt und verkörpern derzeit die beliebteste Architektur für die Verarbeitung natürlicher Sprache.

Zu den bemerkenswertesten Aspekten der GPT-Modelle gehören ihre emergenten Eigenschaften. Emergente Eigenschaften sind die Fähigkeiten und Fertigkeiten, die ein Modell aufgrund seines Vortrainings zur Vorhersage des nächsten Wortes entwickelt. Obwohl diesen Modellen nur beigebracht wurde, das nächste Wort vorherzusagen, sind die trainierten Modelle in der Lage, Texte zusammenzufassen, zu übersetzen, Fragen zu beantworten, zu klassifizieren und vieles mehr. Darüber hinaus können diese Modelle neue Aufgaben erfüllen, ohne dass die Modellparameter durch kontextabhängiges Lernen aktualisiert werden müssen, worauf ich in Kapitel 18 näher eingehen werde.

17.2 Encoder-Decoder-Hybride

Neben den herkömmlichen Encoder- und Decoder-Architekturen sind Fortschritte bei der Entwicklung neuer Encoder-Decoder-Modelle zu verzeichnen, die die Stärken beider Komponenten vereinen. Diese Modelle beinhalten oft neuartige Techniken, Ziele für das Vortraining oder architektonische Modifikationen, um ihre Performance in verschiedenen Aufgaben der Verarbeitung natürlicher Sprache zu verbessern. Zu den herausragenden Beispielen dieser neuen Encoder-Decoder-Modelle gehören BART und T5.

Encoder-Decoder-Modelle setzt man in der Regel für Aufgaben bei der Verarbeitung natürlicher Sprache ein, bei denen es darum geht, Eingabesequenzen zu verstehen und Ausgabesequenzen zu generieren, deren Längen und Strukturen oftmals voneinander abweichen. Insbesondere eignen sie sich für Aufgaben, bei denen eine komplexe Zuordnung zwischen den Eingabe- und Ausgabesequenzen besteht und bei denen es entscheidend ist, die Beziehungen zwischen den Elementen in beiden Sequenzen zu erfassen. Häufige Anwendungsfälle für Encoder-Decoder-Modelle sind unter anderem Textübersetzungen und Zusammenfassungen.

17.3 Terminologie

Alle diese Methoden – reine Encoder-, reine Decoder- und Encoder-Decoder-Modelle – sind Sequenz-zu-Sequenz-Modelle (auch als *seq2seq* abgekürzt). BERT-artige Methoden bezeichnen wir zwar als »reine Encoder-Modelle«, doch kann diese Beschreibung irreführend sein, da auch bei diesen Methoden die Einbettungen während des Vortrainings in Ausgabe-Tokens oder Text *decodiert* werden. Mit anderen Worten: Sowohl reine Encoder- als auch reine Decoder-Architekturen führen eine Decodierung durch.

Allerdings decodieren die reinen Encoder-Architekturen im Gegensatz zu den reinen Decoder- und den Encoder-Decoder-Architekturen nicht auf autoregressive Art und Weise. Mit *autoregressiver Decodierung* ist gemeint, dass Ausgabesequenzen Token für Token generiert werden, wobei jedes Token von den zuvor generierten Tokens abhängig ist. Reine Encoder-Modelle generieren auf diese Weise keine kohärenten Ausgabesequenzen. Stattdessen konzentrieren sie sich darauf, den Eingabetext zu verstehen und aufgabenspezifische Ausgaben zu erzeugen, beispielsweise Label- oder Token-Vorhersagen.

17.4 Aktuelle Transformer-Modelle

Kurz, man verwendet Encoder-Modelle gern für das Lernen von Einbettungen, die in Klassifizierungsaufgaben verwendet werden, während man Encoder-Decoder-Modelle für generative Aufgaben einsetzt, bei denen die Ausgabe stark von der Eingabe abhängt (etwa Übersetzungen und Zusammenfassungen). Reine Decoder-Modelle eignen sich für andere Arten von generativen Aufgaben, einschließlich Beantwortung von Fragen. Seit dem Erscheinen der ersten Transformer-Architektur hat man Hunderte von reinen Encoder-, reinen Decoder- und Encoder-Decoder-Hybriden entwickelt, wie Abbildung 17–4 in einer Übersicht zeigt.

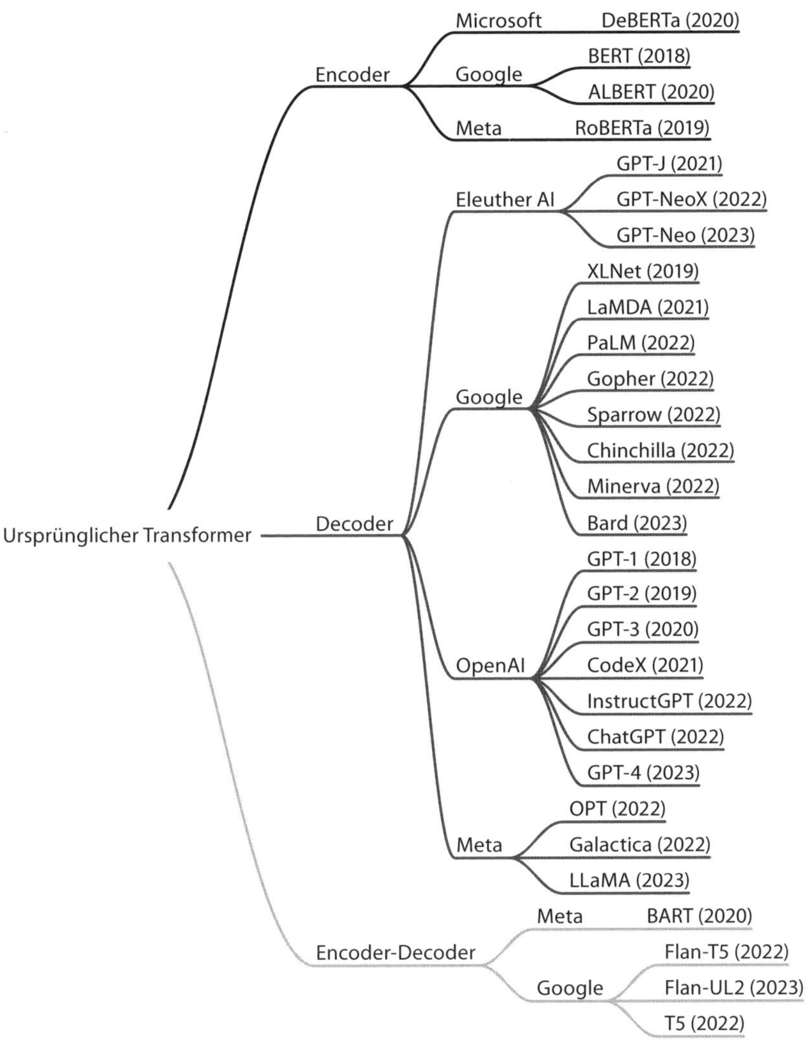

Abb. 17–4 *Einige der beliebtesten Large-Language-Transformer, geordnet nach Architekturtyp und Entwickler*

Während reine Encoder-Modelle allmählich an Beliebtheit verloren haben, ist die Beliebtheit bei reinen Decoder-Modellen wie GPT geradezu explodiert, was den bahnbrechenden Fortschritten bei der Texterzeugung durch GPT-3, ChatGPT und GPT-4 zu verdanken ist. Allerdings sind reine Encoder-Modelle immer noch sehr nützlich, um Vorhersagemodelle zu trainieren, die auf Texteinbettungen basieren, im Unterschied zu denen, die Texte generieren.

17.5 Übungen

1. Wie in diesem Kapitel beschrieben, werden BERT-artige Encoder-Modelle mithilfe maskierter Sprachmodellierung und Vorhersage des nächsten Satzes vortrainiert. Wie könnte man ein solches vortrainiertes Modell für eine Klassifizierungsaufgabe anpassen (um beispielsweise vorherzusagen, ob ein Text eine positive oder negative Stimmung vermittelt)?
2. Lässt sich ein reines Decoder-Modell wie GPT für die Klassifizierung feinabstimmen?

17.6 Referenzen

- Der Bahdanau-Aufmerksamkeitsmechanismus für RNNs: Dzmitry Bahdanau, Kyunghyun Cho und Yoshua Bengio, »Neural Machine Translation by Jointly Learning to Align and Translate« (2014), *https://arxiv.org/abs/1409.0473*.
- Das ursprüngliche BERT-Paper, das Encoder-artige Transformer mit den Zielvorgaben für das Vortraining, ein maskiertes Wort und einen nächsten Satz vorherzusagen, populär gemacht hat: »BERT: Pre-training of Deep Bidirectional Transformers for Language Understanding« (2018), *https://arxiv.org/abs/1810.04805*.
- RoBERTa verbessert BERT, indem größere Datensätze für das Training verwendet werden und die Aufgabe, den nächsten Satz vorherzusagen, entfällt: »RoBERTa: A Robustly Optimized BERT Pretraining Approach« (2019), *https://arxiv.org/abs/1907.11692*.
- Die Encoder-Decoder-Architektur BART: Mike Lewis et al., »BART: Denoising Sequence-to-Sequence Pre-training for Natural Language Generation, Translation, and Comprehension« (2018), *https://arxiv.org/abs/1910.13461*.
- Die Encoder-Decoder-Architektur T5: Colin Raffel et al., »Exploring the Limits of Transfer Learning with a Unified Text-to-Text Transformer« (2019), *https://arxiv.org/abs/1910.10683*.
- Das Paper, das die erste GPT-Architektur vorschlägt: Alec Radford et al., »Improving Language Understanding by Generative Pre-Training« (2018), *https://cdn.openai.com/research-covers/language-unsupervised/language_understanding_paper.pdf*.

- Das GPT-2-Modell: Alec Radford et al., »Language Models Are Unsupervised Multitask Learners« (2019), *https://www.semanticscholar.org/paper/Language-Models-are-Unsupervised-Multitask-Learners-Radford-Wu/9405cc0d6169988371b2755e573cc28650d14dfe*.
- Das GPT-3-Modell: Tom B. Brown et al., »Language Models Are Few-Shot Learners« (2020), *https://arxiv.org/abs/2005.14165*.

18 Transformer verwenden und feinabstimmen

Welche verschiedenen Möglichkeiten gibt es, vortrainierte LLMs zu verwenden und fein abzustimmen?

Zu den drei gebräuchlichsten Methoden, vortrainierte LLMs zu verwenden und fein abzustimmen, gehören ein Feature-basierter Ansatz, kontextuelles Prompting (In-Context Prompting) und Aktualisieren einer Teilmenge der Modellparameter. Erstens lassen sich die meisten vortrainierten LLMs oder Sprach-Transformer nutzen, ohne dass sie eine weitere Feinabstimmung benötigen. Zum Beispiel können wir ein neues Downstream-Modell mithilfe einer Feature-basierten Methode trainieren, etwa mit einem linearen Klassifizierer, indem wir Einbettungen verwenden, die von einem vorab trainierten Transformer generiert wurden. Zweitens können wir Beispiele für eine neue Aufgabe innerhalb der Eingabe selbst präsentieren, das heißt, wir zeigen direkt die erwarteten Ergebnisse, ohne irgendwelche Aktualisierungen oder Lernen des Modells zu erfordern. Dieses Konzept wird auch als *Prompting* bezeichnet. Schließlich ist es auch möglich, alle oder nur eine kleine Anzahl von Parametern fein abzustimmen, um die gewünschten Ergebnisse zu erreichen.

Die folgenden Abschnitte erörtern diese Ansätze ausführlicher.

18.1 Transformer für Klassifizierungsaufgaben verwenden

Beginnen wir mit den konventionellen Methoden, vortrainierte Transformer zu verwenden: Training eines anderen Modells auf Feature-Einbettungen, Feinabstimmung von Ausgabeschichten und Feinabstimmung aller Schichten. Wir werden diese im Zusammenhang mit Klassifizierung diskutieren. (Auf das Prompting gehe ich später im Abschnitt 18.2 ein.)

Im Feature-basierten Ansatz laden wir das vortrainierte Modell und »frieren es ein«, das heißt, wir aktualisieren keine Parameter des vortrainierten Modells. Stattdessen behandeln wir das Modell als Feature-Extraktor, den wir auf unseren neuen Datensatz anwenden. Anschließend trainieren wir ein Downstream-Modell auf diesen Einbettungen. Dieses Downstream-Modell kann jedes beliebige Modell sein (Random Forests, XGBoost usw.), wobei lineare Klassifikatoren in der Regel am besten abschneiden. Dies liegt wahrscheinlich daran, dass vortrainierte Transformer wie BERT und GPT bereits hochwertige, informative Features aus den Eingabedaten extrahieren. Diese Feature-Einbettungen erfassen oftmals komplexe Beziehungen und Muster, sodass es für einen linearen Klassifizierer einfach ist, die Daten effektiv in verschiedene Klassen zu unterteilen. Darüber hinaus verfügen lineare Klassifizierer, wie zum Beispiel logistische Regressionsmaschinen und Support Vector Machines, in der Regel über starke Regularisierungseigenschaften. Diese Regularisierungseigenschaften sind auch hilfreich, um bei hochdimensionalen Feature-Räumen, die von vortrainierten Transformern erzeugt werden, eine Überanpassung zu verhindern. Dieser Feature-basierte Ansatz ist die effizienteste Methode, da er überhaupt keine Aktualisierung des Transformer-Modells erfordert. Schließlich lassen sich die Einbettungen für einen bestimmten Trainingsdatensatz vorausberechnen (da sie sich nicht ändern), wenn ein Klassifizierer für mehrere Trainingsepochen trainiert wird.

Abbildung 18–1 veranschaulicht, wie LLMs typischerweise erstellt und für Downstream-Aufgaben per Feinabstimmung angepasst werden. Im dargestellten Beispiel wird ein Modell, das auf einem allgemeinen Textkorpus vortrainiert wurde, feinabgestimmt, um Aufgaben wie die Übersetzung vom Deutschen ins Englische durchzuführen.

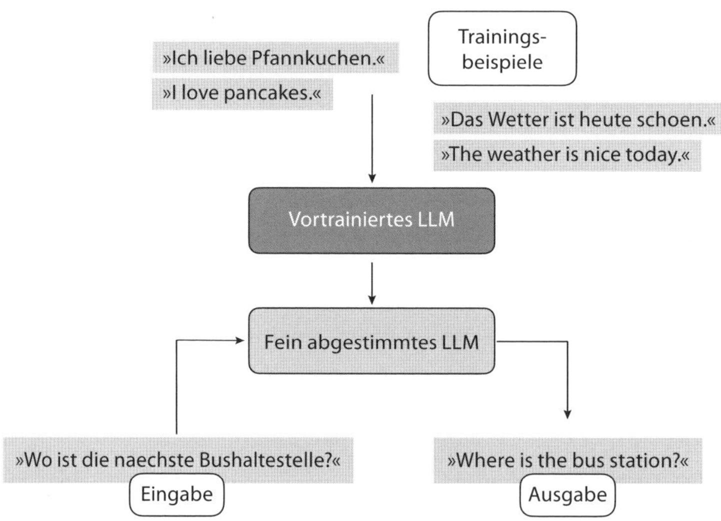

Abb. 18–1 *Der allgemeine Ablauf bei der Feinabstimmung von LLMs*

Zu den konventionellen Methoden für die Feinabstimmung vortrainierter LLMs gehört das Aktualisieren nur der Ausgabeschichten, eine Methode, die wir als *Feinabstimmung I* bezeichnen, und die Aktualisierung aller Schichten, die wir *Feinabstimmung II* nennen.

Die Feinabstimmung I ähnelt dem zuvor beschriebenen Feature-basierten Ansatz, fügt aber dem LLM selbst eine oder mehrere Ausgabeschichten hinzu. Das Grundgerüst des LLM bleibt unverändert und wir aktualisieren nur die Modellparameter in diesen neuen Schichten. Da wir nicht das gesamte Netz rückwärts durchlaufen müssen, ist dieser Ansatz in Bezug auf Durchsatz und Speicherbedarf relativ effizient.

Bei der Feinabstimmung II laden wir das Modell und fügen eine oder mehrere Ausgabeschichten hinzu, ähnlich wie bei der Feinabstimmung I. Anstatt jedoch das Backpropagating nur für die letzten Schichten durchzuführen, aktualisieren wir *alle* Schichten per Backpropagation, was diesen Ansatz zum teuersten macht. Diese Methode ist zwar rechenintensiver als der Feature-basierte Ansatz und die Feinabstimmung I, führt aber in der Regel zu einer besseren Modellierungs- oder Vorhersageperformance. Dies gilt insbesondere für speziellere domänenspezifische Datensätze.

Abbildung 18–2 fasst die drei bisher in diesem Abschnitt beschriebenen Ansätze zusammen.

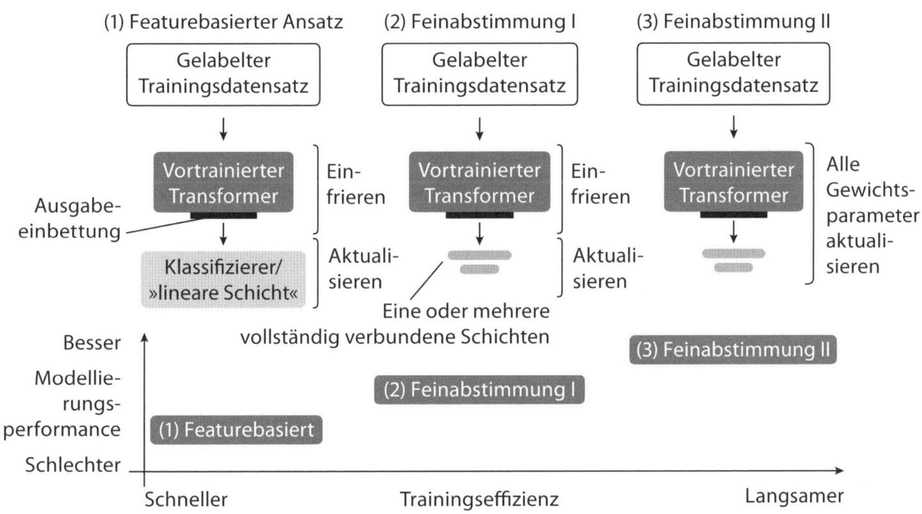

Abb. 18–2 *Die drei konventionellen Ansätze zur Nutzung von vortrainierten LLMs*

Neben der konzeptionellen Zusammenfassung der drei in diesem Abschnitt beschriebenen Feinabstimmungsmethoden bietet Abbildung 18–2 auch eine Faustregel für diese Methoden in Bezug auf die Trainingseffizienz. Da bei der Feinabstimmung II mehr Schichten und Parameter aktualisiert werden müssen als bei der Feinabstimmung I, ist die Backpropagation bei der Feinabstimmung II teurer. Aus ähnlichen Gründen ist die Feinabstimmung II kostspieliger als ein einfacherer Feature-basierter Ansatz.

18.2 Kontextbezogenes Lernen, Indizierung und Prompt-Feinabstimmung

LLMs wie GPT-2 und GPT-3 haben das Konzept des *In-Context Lernens* – oder kontextuelles Lernen – populär gemacht, das in diesem Zusammenhang oft als *Zero-Shot-* oder *Little-Shot-Lernen* bezeichnet wird und das in Abbildung 18–3 dargestellt ist.

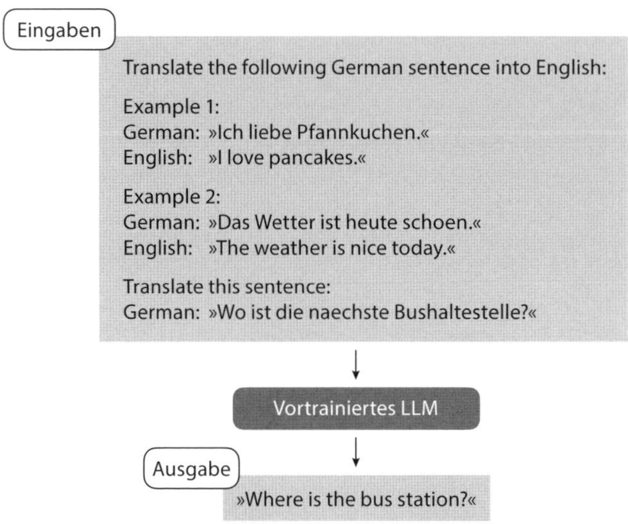

Abb. 18–3 *Prompting eines LLM für In-Context Lernen*

Wie aus Abbildung 18–3 hervorgeht, zielt In-Context Lernen darauf ab, Kontext oder Beispiele für die Aufgabe innerhalb der Eingabe oder des Prompts bereitzustellen, damit das Modell das gewünschte Verhalten ableiten und entsprechende Antworten generieren kann. Dieser Ansatz macht sich die Fähigkeit des Modells zunutze, während des Vortrainings aus großen Datenmengen, die verschiedene Aufgaben und Kontexte umfassen, zu lernen.

Hinweis Die Definition für *Few-Shot-Learning*, das als Synonym für In-Context Lernmethoden gilt, unterscheidet sich von dem in Kapitel 3 beschriebenen Few-Shot-Learning-Ansatz.

Nehmen wir zum Beispiel an, dass wir kontextuelles Lernen für eine Few-Shot-Übersetzung vom Deutschen ins Englische mithilfe eines umfangreichen vortrainierten Sprachmodells wie GPT-3 einsetzen möchten. Hierfür geben wir wie folgt einige Beispiele für Deutsch-Englisch-Übersetzungen an, um dem Modell zu helfen, die gewünschte Aufgabe zu verstehen:

```
Translate the following German sentences into English:

Example 1:
German: "Ich liebe Pfannkuchen." English: "I love pancakes."
```

```
Example 2:
German: "Das Wetter ist heute schoen." English: "The weather is nice today."
Translate this sentence:
German: "Wo ist die naechste Bushaltestelle?"
```

Im Allgemeinen ist das kontextuelle Lernen für bestimmte Aufgaben oder spezifische Datensätze nicht so leistungsfähig wie eine Feinabstimmung, da es sich auf die Fähigkeit des vortrainierten Modells verlässt, aus seinen Trainingsdaten zu verallgemeinern, ohne seine Parameter für die jeweilige Aufgabe weiter anzupassen.

Das kontextuelle Lernen hat allerdings auch seine Vorteile. Es kann besonders nützlich sein, wenn gelabelte Daten für eine Feinabstimmung nur begrenzt oder überhaupt nicht verfügbar sind. Zudem ermöglicht es schnelles Experimentieren mit verschiedenen Aufgaben ohne Feinabstimmung der Modellparameter in Fällen, in denen wir keinen direkten Zugriff auf das Modell haben oder nur über eine Benutzeroberfläche oder API mit dem Modell interagieren (wie zum Beispiel bei ChatGPT).

Mit dem kontextuellen Lernen verwandt ist das Konzept der *Hard-Prompt-Feinabstimmung*, wobei sich *hard* auf die nicht differenzierbare Natur der Eingabe-Tokens bezieht. Während die zuvor beschriebenen Feinabstimmungsmethoden die Modellparameter aktualisieren, um die jeweilige Aufgabe besser zu erfüllen, zielt die Hard-Prompt-Feinabstimmung darauf ab, den Prompt selbst zu optimieren, um eine bessere Performance zu erreichen. Eine Prompt-Feinabstimmung verändert die Modellparameter nicht, kann aber einen kleineren gelabelten Datensatz verwenden, um die beste Prompt-Formulierung für die jeweilige Aufgabe zu identifizieren. Um zum Beispiel die Prompts für die obige Deutsch-Englisch-Übersetzungsaufgabe zu verbessern, könnten Sie die folgenden drei Prompt-Varianten ausprobieren:

- `"Translate the German sentence '{german_sentence}' into English: {english_translation}"`
- `"German: '{german_sentence}' | English: {english_translation}"`
- `"From German to English: '{german_sentence}' -> {english_translation}"`

Prompt-Feinabstimmung ist eine ressourceneffiziente Alternative zur Parameterfeinabstimmung. Allerdings ist ihre Performance in der Regel nicht so gut wie bei der vollständigen Feinabstimmung des Modells, da die Parameter des Modells nicht für eine bestimmte Aufgabe aktualisiert werden, was die Fähigkeit zur Anpassung an aufgabenspezifische Nuancen einschränken kann. Darüber hinaus kann Prompt-Feinabstimmung arbeitsintensiv sein, um die Qualität der verschiedenen Prompts zu vergleichen, was entweder durch menschliches Engagement oder eine andere ähnliche Methode geschehen muss. Dies wird oft als *Hard-Prompting* bezeichnet, da auch hier die Eingabe-Tokens nicht differenzierbar sind. Außerdem gibt es andere Methoden, die vorschlagen, ein anderes LLM für die automatische Prompt-Generierung und -Evaluierung heranzuziehen.

Eine weitere Methode, einen rein auf kontextuellem Lernen basierenden Ansatz zu nutzen, ist die Indizierung, die in Abbildung 18–4 dargestellt ist.

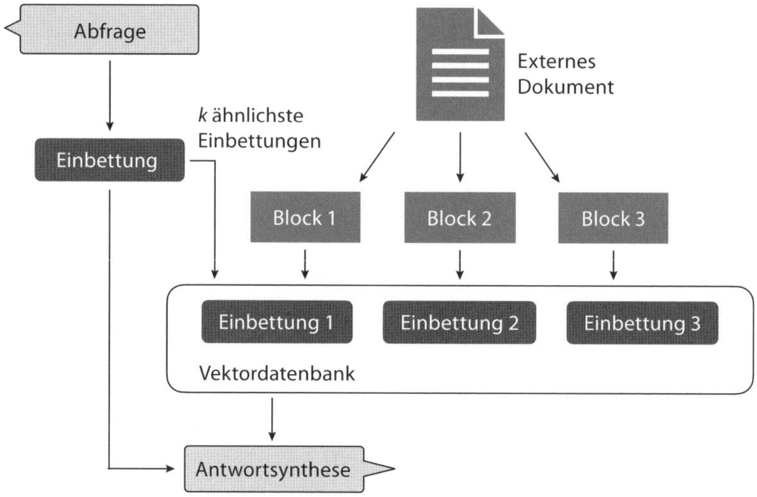

Abb. 18–4 *LLM-Indizierung, um Informationen aus externen Dokumenten abzurufen*

Im Zusammenhang mit LLMs können Sie sich die Indizierung als eine Lösung vorstellen, die auf kontextuellem Lernen basiert und es ermöglicht, LLMs in Informationsabrufsystemen einzusetzen, um Informationen aus externen Ressourcen und Websites zu extrahieren. In Abbildung 18–4 parst ein Indizierungsmodus ein Dokument oder eine Website in kleinere Blöcke und bettet sie in Vektoren ein, die sich in einer Vektordatenbank speichern lassen. Wenn ein Benutzer eine Abfrage übermittelt, berechnet das Indizierungsmodul die Vektorähnlichkeit zwischen der eingebetteten Abfrage und jedem Vektor, der in der Datenbank gespeichert ist. Schließlich ruft das Indizierungsmodul die *k* ähnlichsten Einbettungen ab, um die Antwort zu synthetisieren.

18.3 Parametereffiziente Feinabstimmung

In den letzten Jahren wurden viele Methoden entwickelt, um vortrainierte Transformer effizienter an neue Zielaufgaben anzupassen. Diese Methoden bezeichnet man gemeinhin als *parametereffiziente Feinabstimmungen*. Die derzeit (bei Entstehung dieses Buches) gängigsten Methoden sind in Abbildung 18–5 zusammengefasst.

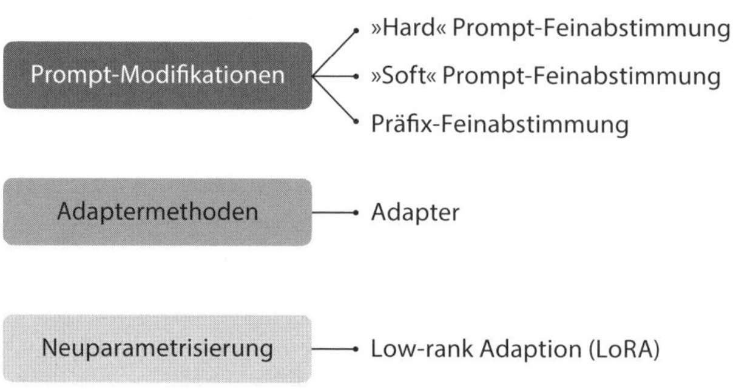

Abb. 18–5 *Die wichtigsten Techniken der parametereffizienten Feinabstimmung mit populären Beispielen*

Im Gegensatz zum Ansatz des Hard-Promptings, das der vorherige Abschnitt beschrieben hat, optimieren Strategien des *Soft-Promptings* eingebettete Versionen der Prompts. Während wir bei der Hard-Prompt-Feinabstimmung die diskreten Eingabe-Tokens modifizieren, nutzen wir bei der Soft-Prompt-Feinabstimmung stattdessen trainierbare Parameter-Tensoren.

Bei der Soft-Prompt-Feinabstimmung geht es prinzipiell darum, den eingebetteten Abfrage-Tokens einen trainierbaren Parameter-Tensor (den »Soft Prompt«) voranzustellen. Der vorangestellte Tensor wird dann abgestimmt, um die Modellierungsperformance auf einem Zieldatensatz mittels Gradientenabstieg zu verbessern. In Python-ähnlichem Pseudocode kann die Soft-Prompt-Feinabstimmung wie folgt beschrieben werden:

```
x = EmbeddingLayer(input_ids)
x = concatenate([soft_prompt_tensor, x],
                 dim=seq_len)
output = model(x)
```

Hier hat der Tensor `soft_prompt_tensor` die gleiche Feature-Dimension wie die eingebetteten Eingaben, die von der Einbettungsschicht erzeugt werden. Folglich hat die Eingabematrix zusätzliche Zeilen (als ob sie die ursprüngliche Eingabesequenz um zusätzliche Tokens erweitert und damit länger gemacht hätte).

Eine weitere beliebte Methode der Prompt-Feinabstimmung ist die *Präfix-Feinabstimmung*. Sie ähnelt der Soft-Prompt-Feinabstimmung, außer dass bei der Präfix-Feinabstimmung trainierbare Tensoren (Soft Prompts) jedem Transformer-Block und nicht nur den eingebetteten Eingaben vorangestellt werden, was das Training stabilisieren kann. Der folgende Pseudocode veranschaulicht die Implementierung der Präfix-Feinabstimmung:

```
def transformer_block_with_prefix(x):
❶   soft_prompt = FullyConnectedLayers(# Präfix
     soft_prompt)                       # Präfix
❷   x = concatenate([soft_prompt, x],  # Präfix
                     dim=seq_len)       # Präfix
❸   residual = x
    x = SelfAttention(x)
    x = LayerNorm(x + residual)
    residual = x
    x = FullyConnectedLayers(x)
    x = LayerNorm(x + residual)
    return x
```

Listing 18–1 *Ein Transformer-Block, der für eine Präfix-Feinabstimmung modifiziert wurde*

Den Code in Listing 18–1 zerlegen wir in drei Hauptteile: Implementierung des Soft Prompts, Verkettung des Soft Prompts (Präfix) mit der Eingabe und Implementierung des restlichen Transformer-Blocks.

❶ Erstens wird der Tensor `soft_prompt` durch eine Reihe von vollständig verbundenen Schichten verarbeitet. ❷ Zweitens wird der transformierte Soft Prompt mit der Haupteingabe `x` verkettet. Die Dimension, entlang der die Verkettung stattfindet, wird mit `seq_len` bezeichnet, was sich auf die Sequenzlänge der

Dimension bezieht. ❸ Drittens beschreiben die nachfolgenden Codezeilen die Standardoperationen in einem Transformer-Block, einschließlich Selbstaufmerksamkeit, Schichtnormalisierung und Feed-Forward-Schichten des neuronalen Netzes, die in die übrigen Verbindungen eingehüllt sind.

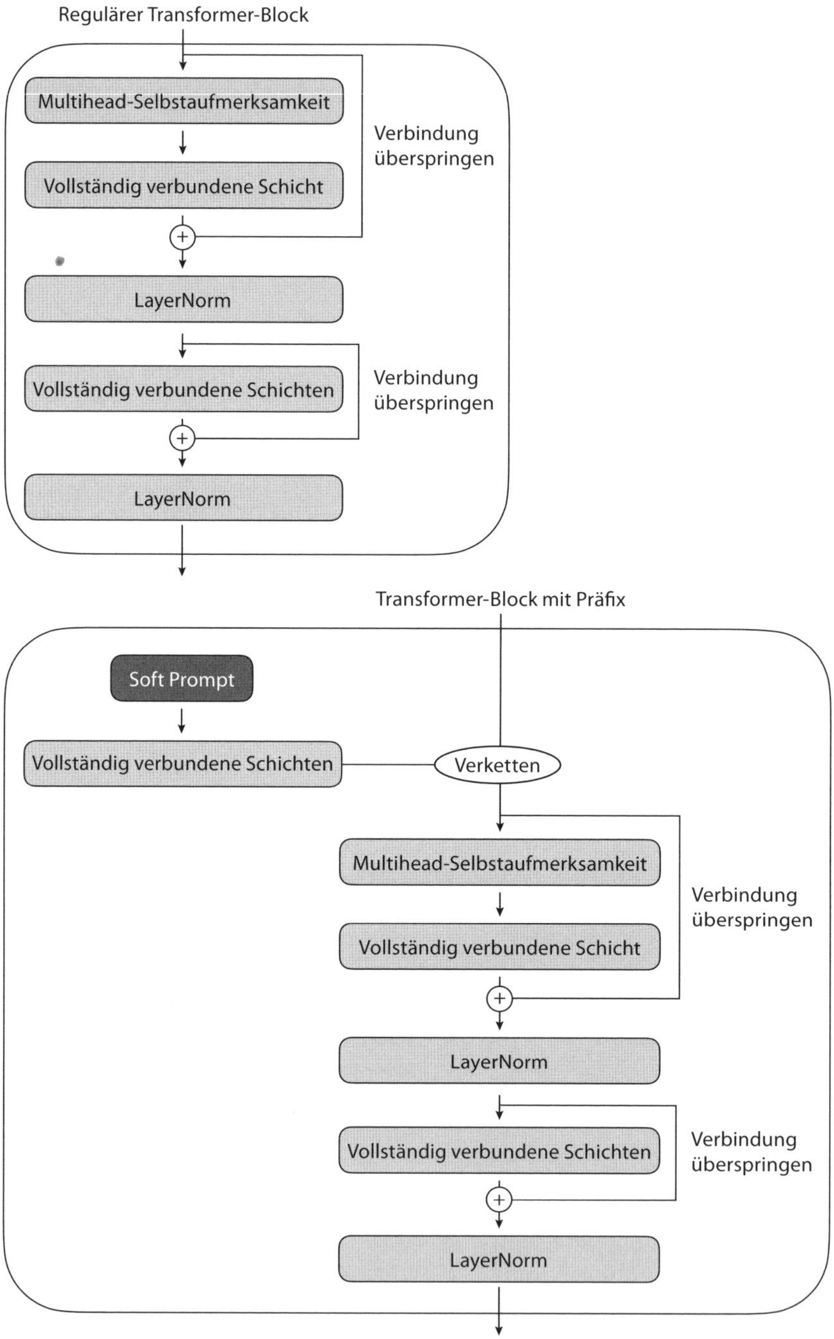

Abb. 18–6 *Ein regulärer Transformer im Vergleich mit einer Präfix-Feinabstimmung*

Wie Listing 18–1 zeigt, modifiziert Präfix-Feinabstimmung einen Transformer-Block, indem ein trainierbarer Soft Prompt hinzugefügt wird. Abbildung 18–6 veranschaulicht den Unterschied zwischen einem regulären Transformer-Block und einem Transformer-Block mit Präfix-Feinabstimmung.

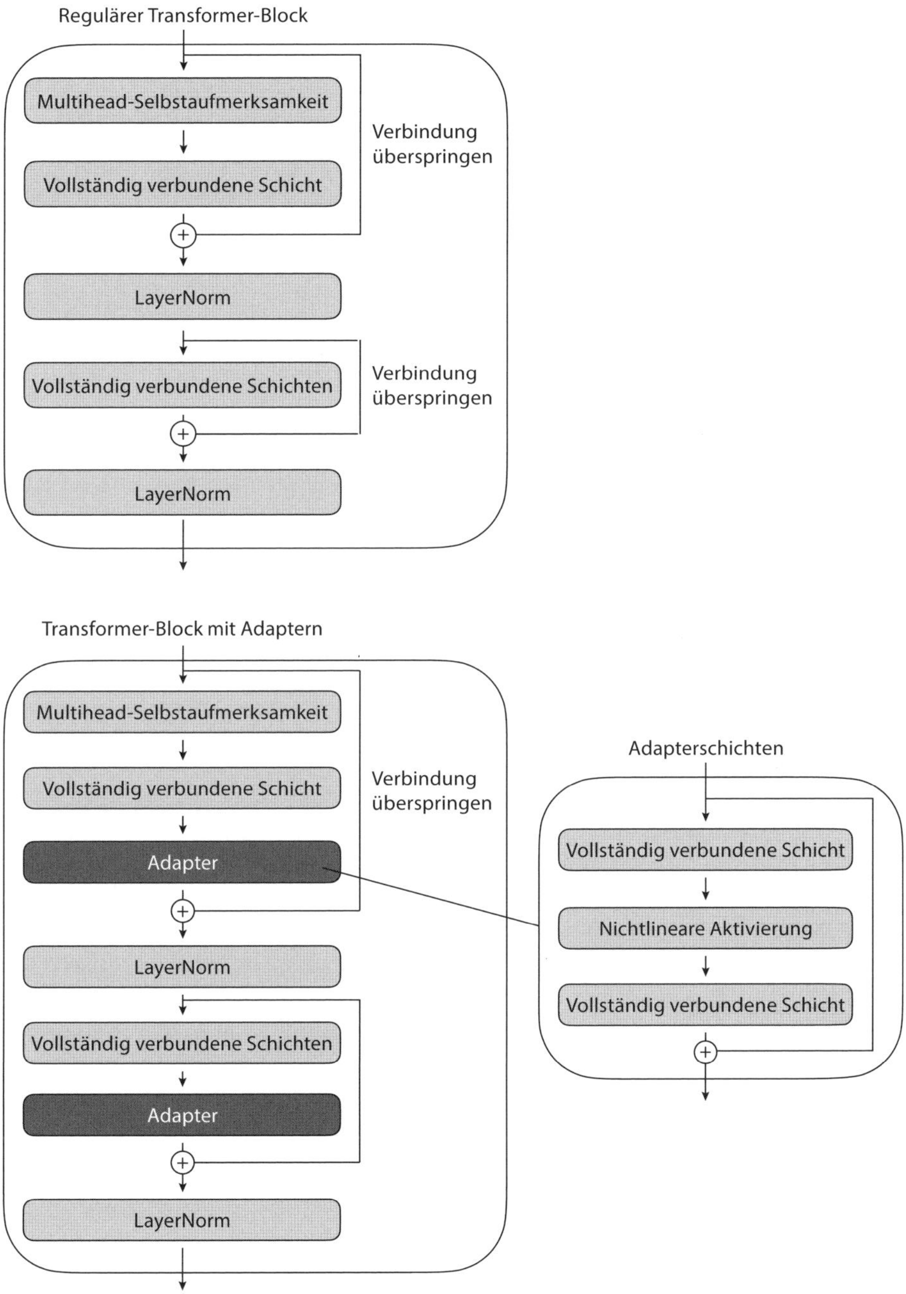

Abb. 18–7 *Vergleich eines regulären Transformer-Blocks (links) und eines Transformer-Blocks mit Adapterschichten*

Sowohl Soft-Prompt-Feinabstimmung als auch Präfix-Feinabstimmung gelten als parametereffizient, da lediglich die vorangestellten Parameter-Tensoren und nicht die eigentlichen LLM-Parameter trainiert werden müssen.

Adaptermethoden sind insofern mit der Präfix-Feinabstimmung verwandt, als dass sie zusätzliche Parameter zu den Transformer-Schichten hinzufügen. In der ursprünglichen Adaptermethode wurden vollständig verbundene Schichten nach der Multihead-Selbstaufmerksamkeit und den bestehenden vollständig verbundenen Schichten in jedem Transformer-Block hinzugefügt, wie Sie in Abbildung 18–7 sehen können.

Wird das LLM mit der ursprünglichen Adaptermethode aktualisiert, werden nur die neuen Adapterschichten aktualisiert, während die übrigen Transformer-Schichten eingefroren bleiben. Da die Adapterschichten in der Regel klein sind – die erste vollständig verbundene Schicht in einem Adapterblock projiziert ihre Eingabe in eine niedrigdimensionale Darstellung, während die zweite Schicht sie zurück in die ursprüngliche Eingabedimension projiziert –, wird diese Adaptermethode in der Regel als parametereffizient angesehen.

In Pseudocode lässt sich die ursprüngliche Adaptermethode so schreiben:

```
def transformer_block_with_adapter(x):
    residual = x
    x = SelfAttention(x)
    x = FullyConnectedLayers(x)  # Adapter
    x = LayerNorm(x + residual)
    residual = x
    x = FullyConnectedLayers(x)
    x = FullyConnectedLayers(x)  # Adapter
    x = LayerNorm(x + residual)
return x
```

Low-Rank Adaptation (LoRA) ist eine weitere beliebte Methode zur parametereffizienten Feinabstimmung, die es sich lohnt, anzusehen. Sie bezieht sich auf die Neuparametrisierung vortrainierter LLM-Gewichte mithilfe von Low-Rank-Transformationen. LoRA ist mit dem Konzept der *Low-Rank-Transformationen* verwandt, einer Technik, die eine hochdimensionale Matrix oder einen Datensatz mithilfe einer niedrigdimensionalen Darstellung approximiert. Um die niedrigdimensionale Darstellung (oder *Low-Rank-Approximation*) zu erreichen, wird eine Kombination mit weniger Dimensionen gesucht, die die meisten Informationen der Originaldaten effektiv erfassen kann. Beliebte Low-Rank-Transformationstechniken sind die Hauptkomponentenanalyse und die Singulärvektorzerlegung.

Nehmen wir zum Beispiel an, ΔW stellt die Parameteraktualisierung für eine Gewichtsmatrix des LLM mit der Dimension $\mathbb{R}^{A \times B}$ dar. Die Matrix für die Gewichtsaktualisierung können wir in zwei kleinere Matrizen zerlegen: $\Delta W = W_A W_B$, wobei $W_A \in \mathbb{R}^{A \times h}$ und $W_B \in \mathbb{R}^{h \times B}$. Hier frieren wir die ursprünglichen Gewichte ein und trainieren nur die neuen Matrizen W_A und W_B.

Wie parametereffizient ist diese Methode, wenn wir neue Gewichtsmatrizen einführen? Diese neuen Matrizen können sehr klein sein. Wenn zum Beispiel A = 25 und B = 50, dann hat ΔW die Größe 25 × 50 = 1250. Ist h = 5, dann hat W_A

125 Parameter, W_B 250 Parameter und beide Matrizen enthalten zusammen über 125 + 250 = 375 Parameter.

Nach dem Erlernen der Gewichtsaktualisierungsmatrix können wir die Matrixmultiplikation einer vollständig verbundenen Schicht schreiben, wie der Pseudocode in Listing 18–2 zeigt:

```
def lora_forward_matmul(x):
    h = x . W  # Reguläre Matrixmultiplikation
    h += x . (W_A . W_B) * scalar
    return h
```

Listing 18–2 *Matrixmultiplikation mit LoRA*

Die Variable `scalar` in Listing 18–2 ist ein Skalierungsfaktor, der die Größenordnung des kombinierten Ergebnisses (ursprüngliches Modell plus Low-Rank-Adaptation) anpasst. Dadurch werden das Wissen des vortrainierten Modells und die neue aufgabenspezifische Anpassung ausgeglichen.

Laut dem Original-Paper, in dem die LoRA-Methode vorgestellt wurde, schneiden Modelle, die LoRA verwenden, bei mehreren aufgabenspezifischen Benchmarks besser ab als Modelle, die die Adaptermethode verwenden. Oft zeigt LoRA eine bessere Performance als Modelle, die mit der weiter vorn beschriebenen Methode per Feinabstimmung II optimiert wurden.

18.4 Reinforcement Learning mit menschlicher Rückmeldung

Der vorherige Abschnitt hat sich auf die Möglichkeiten konzentriert, Feinabstimmung effizienter zu gestalten. Wie können wir nun die Modellierungsperformance von LLMs durch Feinabstimmung verbessern?

Die herkömmliche Methode, ein LLM für eine neue Zieldomäne oder -aufgabe anzupassen oder fein abzustimmen, verwendet einen überwachten Ansatz mit gelabelten Zieldaten. So erlaubt es der Ansatz mit Feinabstimmung II, ein vortrainiertes LLM anzupassen und es für eine Zielaufgabe wie Klassifizierung von Stimmungen fein abzustimmen, indem wir einen Datensatz mit Texten verwenden, die Labels für Stimmungen wie *positiv*, *neutral* und *negativ* enthalten.

Überwachte Feinabstimmung ist ein grundlegender Schritt beim Training eines LLM. Ein zusätzlicher, erweiterter Schritt ist das *Reinforcement Learning with Human Feedback* (RLHF, verstärkendes Lernen mit menschlicher Rückmeldung), das es ermöglicht, die Ausrichtung des Modells an menschliche Präferenzen weiter zu verbessern. Zum Beispiel sind ChatGPT und sein Vorgänger Instruct-GPT zwei populäre Beispiele für vortrainierte LLMs (GPT-3), die mittels RLHF fein abgestimmt wurden.

Bei RLHF wird ein vortrainiertes Modell mit einer Kombination aus überwachtem Lernen und verstärkendem Lernen fein abgestimmt. Dieser Ansatz wurde durch das ursprüngliche ChatGPT-Modell popularisiert, das wiederum auf Instruct-GPT basierte. Um menschliches Feedback zu sammeln, lässt man Menschen verschiedene Modellausgaben bewerten und bildet daraus ein Belohnungssignal. Die gesammelten Belohnungslabels können dann verwendet werden, um ein Belohnungsmodell zu trainieren, das dann die Anpassung der LLMs an menschliche Präferenzen steuert. Das Belohnungsmodell wird durch überwachtes Lernen erlernt, was in der Regel mit einem vortrainierten LLM als Basismodell geschieht, und dient dann dazu, das vortrainierte LLM über eine zusätzliche Feinabstimmung an menschliche Präferenzen anzupassen. Das Training in dieser zusätzlichen Feinabstimmungsphase nutzt eine Variante des verstärkenden Lernens, die als *Proximal Policy Optimization* (PPO) bezeichnet wird.

RLHF verwendet ein Belohnungsmodell, anstatt das vortrainierte Modell direkt auf das menschliche Feedback zu trainieren, denn die Einbeziehung von Menschen in den Lernprozess würde einen Engpass darstellen, da wir kein Feedback in Echtzeit erhalten können.

18.5 Vortrainierte Sprachmodelle anpassen

Während die Feinabstimmung aller Schichten eines vortrainierten LLM der Goldstandard für die Anpassung an neue Zielaufgaben bleibt, gibt es mehrere effiziente Alternativen, mit denen sich vortrainierte Transformer nutzen lassen. Zum Beispiel können wir LLMs effektiv auf neue Aufgaben anwenden und dabei die Rechenkosten und Ressourcen minimieren, indem wir Feature-basierte Methoden, kontextuelles Lernen oder parametereffiziente Feinabstimmungstechniken verwenden.

Die drei konventionellen Methoden – Feature-basierter Ansatz, Feinabstimmung I und Feinabstimmung II – bieten unterschiedliche Kompromisse in Bezug auf Recheneffizienz und Performance. Methoden der parametereffizienten Feinabstimmung wie Soft-Prompt-Feinabstimmung, Präfix-Feinabstimmung und Adaptermethoden optimieren den Anpassungsprozess weiter und reduzieren die Anzahl der zu aktualisierenden Parameter. Gleichzeitig stellt RLHF einen alternativen Ansatz zur überwachten Feinabstimmung dar, der die Modellperformance verbessern kann.

Zusammenfassend lässt sich sagen, dass die Vielseitigkeit und Effizienz von trainierten LLMs weiter zunimmt und neue Möglichkeiten und Strategien zur effektiven Anpassung dieser Modelle an ein breites Spektrum von Aufgaben und Domänen bietet. Mit den Fortschritten der Forschung auf diesem Gebiet sind weitere Verbesserungen und Innovationen bei Verwendung von vortrainierten Sprachmodellen zu erwarten.

18.6 Übungen

1. Wann ist es sinnvoller, kontextuelles Lernen anstelle von Feinabstimmung einzusetzen und umgekehrt?
2. Wie kann man bei Präfix-Feinabstimmung, Adaptern und LoRA sicherstellen, dass das Modell das ursprüngliche Wissen bewahrt (und nicht vergisst)?

18.7 Referenzen

- Das Paper, das das GPT-2-Modell eingeführt hat: Alec Radford et al., »Language Models Are Unsupervised Multitask Learners« (2019), *https://www.semanticscholar.org/paper/Language-Models-are-Unsupervised-Multitask-Learners-Radford-Wu/9405cc0d6169988371b2755e573cc28650d14dfe.*
- Das Paper, das das GPT-3-Modell eingeführt hat: Tom B. Brown et al., »Language Models Are Few-Shot Learners« (2020), *https://arxiv.org/abs/2005.14165.*
- Die automatische Prompt-Engineering-Methode, die die Verwendung eines anderen LLM für die automatische Prompt-Generierung und -Bewertung vorschlägt: Yongchao Zhou et al., »Large Language Models Are Human-Level Prompt Engineers« (2023), *https://arxiv.org/abs/2211.01910.*
- LlamaIndex ist ein Beispiel für einen Indizierungsansatz, der kontextuelles Lernen nutzt: *https://github.com/jerryjliu/llama_index.*
- DSPy ist eine beliebte Open-Source-Bibliothek für die Erweiterung von Abfragesystemen und der Indizierung: *https://github.com/stanfordnlp/dsp.*
- Ein erstes Beispiel für Soft Prompting: Brian Lester, Rami Al-Rfou und Noah Constant, »The Power of Scale for Parameter-Efficient Prompt Tuning« (2021), *https://arxiv.org/abs/2104.08691.*
- Das Paper, das Präfix-Feinabstimmung zuerst beschrieben hat: Xiang Lisa Li und Percy Liang, »Prefix-Tuning: Optimizing Continuous Prompts for Generation« (2021), *https://arxiv.org/abs/2101.00190.*
- Das Paper, das die ursprüngliche Adaptermethode erstmals beschrieben hat: Neil Houlsby et al., »Parameter-Efficient Transfer Learning for NLP« (2019) *https://arxiv.org/abs/1902.00751.*
- Das Paper, das die LoRA-Methode eingeführt hat: Edward J. Hu et al., »LoRA: Low-Rank Adaptation of Large Language Models« (2021), *https://arxiv.org/abs/2106.09685.*
- Eine Übersicht über mehr als 40 Forschungsarbeiten zu parametereffizienten Methoden der Feinabstimmung: Vladislav Lialin, Vijeta Deshpande und Anna Rumshisky, »Scaling Down to Scale Up: A Guide to Parameter-Efficient Fine-Tuning« (2023), *https://arxiv.org/abs/2303.15647.*
- Das Paper zu InstructGPT: Long Ouyang et al., »Training Language Models to Follow Instructions with Human Feedback« (2022), *https://arxiv.org/abs/2203.02155.*
- Der Algorithmus Proximal Policy Optimization, der für Reinforcement Learning mit Human Feedback verwendet wird: John Schulman et al., »Proximal Policy Optimization Algorithms« (2017), *https://arxiv.org/abs/1707.06347.*

19 Generative LLMs evaluieren

Welche Standardmetriken gibt es für die Bewertung der Qualität von Text, der von LLMs generiert wurde, und warum sind diese Metriken nützlich?

Perplexity, BLEU, ROUGE und BERTScore sind einige der gebräuchlichsten Evaluierungsmetriken für die Verarbeitung natürlicher Sprache, um die Performance von LLMs bei verschiedenen Arbeiten zu bewerten. Obwohl letztlich kein Weg an menschlichen Qualitätsurteilen vorbeiführt, sind menschliche Bewertungen mühsam, teuer, schwer zu automatisieren und subjektiv. Daher entwickeln wir Metriken, die objektive, zusammenfassende Bewertungen liefern, um Fortschritte zu messen und verschiedene Ansätze zu vergleichen.

Dieses Kapitel erörtert den Unterschied zwischen intrinsischen und extrinsischen Performancemetriken für die Bewertung von LLMs. Anschließend geht es näher auf gängige Metriken wie BLEU, ROUGE und BERTScore ein und gibt einfache praktische Beispiele zur Veranschaulichung an.

19.1 Bewertungsmetriken für LLMs

Die *Perplexity-Metrik* steht in direktem Zusammenhang mit der Verlustfunktion, die beim Vortraining von LLMs verwendet wird, und dient üblicherweise dazu, Modelle der Generierung und Vervollständigung von Text zu evaluieren. Im Wesentlichen quantifiziert sie die durchschnittliche Unsicherheit des Modells bei der Vorhersage des nächsten Wortes in einem bestimmten Kontext – je niedriger die Perplexity, desto besser.

Die Bewertung *Bilingual Evaluation Understudy (BLEU)* ist eine weitverbreitete Metrik für die Bewertung der Qualität von maschinell erstellten Übersetzungen. Gemessen wird die Überdeckung von *n*-Grammen zwischen der maschinell erstellten Übersetzung und einer Reihe von Übersetzungen, die von Menschen angefertigt wurden. Die Skala der BLEU-Werte reicht von 0 (schlechteste Leistung) bis 1 (beste Leistung).

Die Bewertung *Recall-Oriented Understudy for Gisting Evaluation (ROUGE)* ist eine Metrik, die hauptsächlich für die Bewertung von Modellen zur automatischen Zusammenfassung (und manchmal zur maschinellen Übersetzung) verwendet wird. Gemessen wird die Überlappung zwischen der generierten Zusammenfassung und den Referenzzusammenfassungen.

Man kann Perplexity als *intrinsische Metrik* und BLEU und ROUGE als *extrinsische Metriken* betrachten. Um den Unterschied zwischen beiden Medientypen zu veranschaulichen, denken Sie an die Optimierung der herkömmlichen Kreuzentropie, um einen Bildklassifizierer zu trainieren. Die Kreuzentropie ist eine Verlustfunktion, die wir während des Trainings optimieren, aber unser Ziel besteht letztlich darin, die Klassifizierungsgenauigkeit zu maximieren. Da sich die Klassifizierungsgenauigkeit nicht direkt während des Trainings optimieren lässt, weil sie nicht differenzierbar ist, minimieren wir eine Ersatzverlustfunktion wie die Kreuzentropie. Die Minimierung des Kreuzentropieverlusts entspricht mehr oder weniger der Maximierung der Klassifizierungsgenauigkeit.

Die Perplexity dient häufig als Bewertungsmaßstab, um die Performance verschiedener Sprachmodelle zu vergleichen, doch ist sie nicht das Optimierungsziel während des Trainings. BLEU und ROUGE beziehen sich eher auf die Klassifizierungsgenauigkeit bzw. auf Präzision und Trefferquote. In der Tat ist BLEU ein präzisionsähnlicher Wert, um die Qualität eines übersetzten Textes zu bewerten, während ROUGE ein trefferquotenähnlicher Wert ist, um Zusammenfassungstexte zu bewerten.

Die folgenden Abschnitte erörtern die Funktionsweise dieser Metriken ausführlicher.

19.1.1 Perplexity

Die Perplexity steht in engem Zusammenhang mit Kreuzentropie, die beim Training direkt minimiert wird. Daher sprechen wir bei Perplexity von einer *intrinsischen Metrik*.

Definiert ist die Perplexity als $2^{H(p,\,q)/n}$, wobei $H(p, q)$ die Kreuzentropie zwischen der wahren Verteilung der Wörter p und der vorhergesagten Verteilung der Wörter q ist und n die Satzlänge (die Anzahl der Wörter oder Tokens) angibt, um das Ergebnis zu normalisieren. Wenn die Kreuzentropie abnimmt, geht auch die Perplexity zurück – je niedriger die Perplexity, desto besser. Während wir bei der Kreuzentropie normalerweise mit dem natürlichen Logarithmus arbeiten, berechnen wir die Kreuzentropie und die Perplexity mit einem Logarithmus zur Basis 2, um die intuitive Beziehung zu erhalten. (Ob wir jedoch einen Logarithmus zur Basis 2 oder einen natürlichen Logarithmus verwenden, ist nur ein kleines Implementierungsdetail.)

Da in der Praxis die Wahrscheinlichkeit für jedes Wort im Zielsatz immer 1 ist, berechnen wir die Kreuzentropie als Logarithmus der Wahrscheinlichkeitswerte, die das zu bewertende Modell zurückgibt. Mit anderen Worten: Wenn wir den vorhergesagten Wahrscheinlichkeitswert für jedes Wort in einem Satz s haben, können wir die Perplexity direkt wie folgt berechnen:

$$Perplexity(s) = 2^{-\frac{1}{n}\log_2(p(s))}$$

Hier ist s der Satz oder der Text, der zu bewerten ist, wie zum Beispiel »The quick brown fox jumps over the lazy dog«, $p(s)$ steht für die Wahrscheinlichkeitswerte, die das Modell zurückgibt, und n ist die Anzahl der Wörter oder Tokens. Wenn das Modell zum Beispiel die Wahrscheinlichkeitswerte [0,99; 0,85; 0,89; 0,99; 0,99; 0,99; 0,99; 0,99] zurückgibt, berechnet sich die Perplexity wie folgt:

$$2^{-\frac{1}{8}\cdot\sum_i \log_2 p(w_i)}$$
$$= 2^{-\frac{1}{8}\cdot\sum \log_2(0{,}99 \times 0{,}85 \times 0{,}89 \times 0{,}99 \times 0{,}99 \times 0{,}99 \times 0{,}99 \times 0{,}99)}$$
$$= 1{,}043$$

Würde der Satz »The fast black cat jumps over the lazy dog« mit den Wahrscheinlichkeiten [0,99; 0,65; 0,13; 0,05; 0,21; 0,99; 0,99; 0,99] lauten, wäre die entsprechende Perplexity 2,419.

Für diese Berechnung finden Sie eine Codeimplementierung und ein Beispiel unter *https://github.com/rasbt/MachineLearning-QandAI-book* im Unterordner *supplementary/q19-evaluation-llms.*

19.1.2 BLEU-Wert

BLEU ist die beliebteste und am häufigsten verwendete Metrik, um übersetzte Texte zu bewerten. Sie wird in fast allen LLMs verwendet, die für Übersetzungen geeignet sind, einschließlich beliebter Tools wie den Modellen Whisper und GPT von OpenAI.

BLEU ist eine referenzbasierte Metrik, die die Modellausgabe mit von Menschen erstellten Referenzen vergleicht. Ursprünglich wurde sie entwickelt, um das Wesen der menschlichen Bewertung zu erfassen oder zu automatisieren. Kurz, BLEU misst die lexikalische Überlappung zwischen der Modellausgabe und den von Menschen generierten Referenzen basierend auf einem Präzisionswert.

Genauer zählt BLEU als präzisionsbasierte Metrik, wie viele Wörter des generierten Textes (Kandidatentext) im Referenztext auftreten, geteilt durch die Kandidatentextlänge (die Anzahl der Wörter), wobei der Referenztext zum Beispiel eine vom Menschen bereitgestellte Übersetzung ist. Dies geschieht üblicherweise für n-Gramme, und nicht für einzelne Wörter, wobei wir aber der Einfachheit halber bei Wörtern oder 1-Grammen bleiben. (In der Praxis wird BLEU oftmals für 4-Gramme berechnet.)

Die Darstellung in Abbildung 19–1 demonstriert die Berechnung des BLEU-Werts anhand der Berechnung des 1-Gramm-BLEU-Werts. Die einzelnen Schritte in Abbildung 19–1 veranschaulichen, wie wir den 1-Gramm-BLEU-Wert basierend auf seinen einzelnen Komponenten – der gewichteten Präzision multipliziert mit einem Abzug für die Kürze – berechnen. Eine Codeimplementierung dieser Berechnung finden Sie unter *https://github.com/rasbt/MachineLearning-QandAI-book* im Unterordner *supplementary/q15-text-augment.*

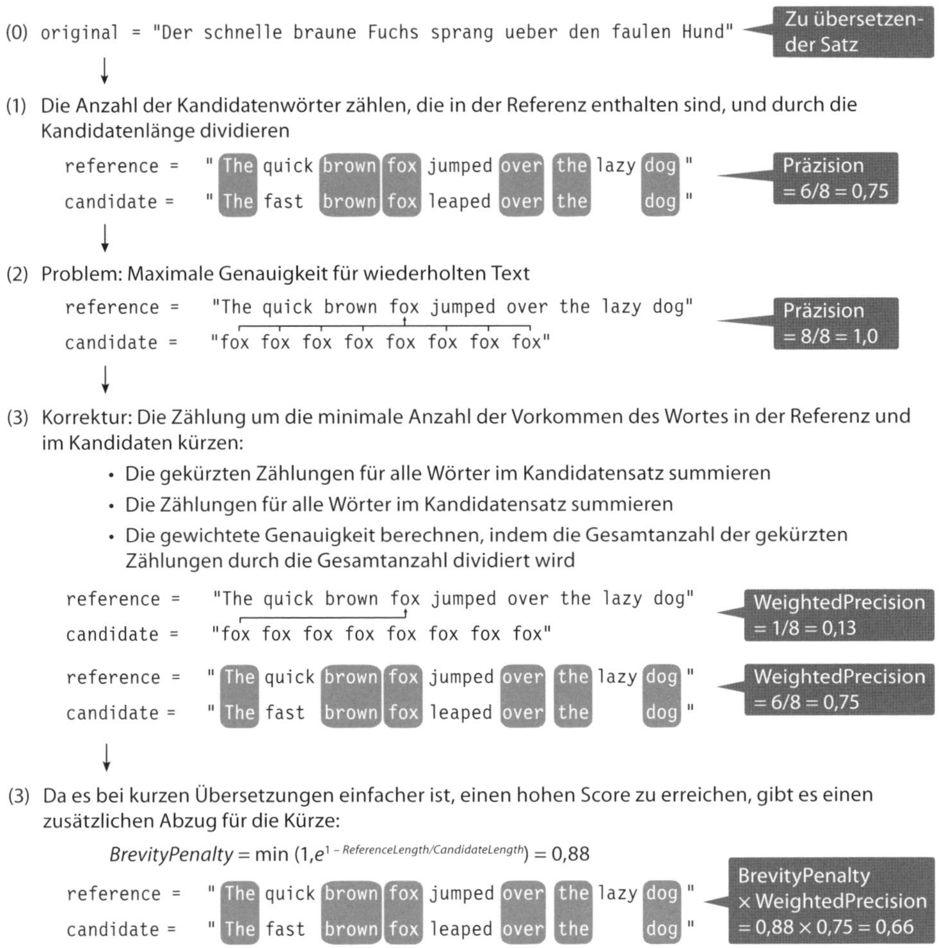

Abb. 19–1 *Einen 1-Gramm-BLEU-Wert berechnen*

BLEU hat mehrere Mängel, die vor allem der Tatsache geschuldet sind, dass die Ähnlichkeit von Zeichenfolgen gemessen wird und Ähnlichkeit allein nicht genügt, um die Qualität zu erfassen. So können beispielsweise Sätze mit ähnlichen Wörtern, aber unterschiedlicher Wortreihenfolge immer noch eine hohe Bewertung erreichen, obwohl eine Änderung der Wortreihenfolge die Bedeutung eines Satzes erheblich verändern und zu einer schlechten grammatikalischen Struktur führen kann. Da sich BLEU auf exakte Zeichenfolgenübereinstimmungen stützt, reagiert diese Metrik empfindlich auf lexikalische Variationen und ist nicht in der Lage, semantisch ähnliche Übersetzungen zu identifizieren, die Synonyme oder Umschreibungen verwenden. Mit anderen Worten: BLEU vergibt unter Umständen niedrigere Bewertungen für Übersetzungen, die in Wirklichkeit korrekt und aussagekräftig sind.

Im ursprünglichen BLEU-Paper wurde eine hohe Korrelation mit menschlichen Bewertungen festgestellt, was später jedoch widerlegt wurde.

Ist BLEU mangelhaft? Ja. Ist es immer noch nützlich? Ebenfalls ja. BLEU ist ein hilfreiches Tool, um zu messen oder zu bewerten, ob sich ein Modell während des Trainings verbessert, als eine Art Maß für Sprachgewandtheit. Allerdings liefert BLEU nicht unbedingt eine verlässliche Bewertung der Qualität der erzeugten Übersetzungen und eignet sich nicht, um Probleme zu erkennen. Mit anderen Worten, es ist am besten als Werkzeug für die Modellauswahl geeignet und nicht als Werkzeug zur Modellbewertung.

Zur Entstehungszeit dieses Buches sind METEOR und COMET die beliebtesten Alternativen zu BLEU (siehe Abschnitt 19.3, »Referenzen«, am Ende dieses Kapitels für weitere Informationen).

19.1.3 ROUGE-Wert

Während BLEU in der Regel für Übersetzungsaufgaben verwendet wird, ist ROUGE eine beliebte Metrik, um Textzusammenfassungen zu bewerten.

Zwischen BLEU und ROUGE gibt es viele Ähnlichkeiten. Beim genauigkeitsbasierten BLEU-Wert wird geprüft, wie viele Wörter der Kandidatenübersetzung in der Referenzübersetzung vorkommen. Die ROUGE-Bewertung verfolgt ebenso einen umgekehrten Ansatz, indem sie prüft, wie viele Wörter des Referenztextes im generierten Text (hier typischerweise eine Zusammenfassung statt einer Übersetzung) vorkommen. Dies kann als trefferquotenbasierte Bewertung interpretiert werden.

Moderne Implementierungen berechnen ROUGE als F1-Maß, das das harmonische Mittel aus Trefferquote (wie viele Wörter des Referenztextes im Kandidatentext vorkommen) und Genauigkeit (wie viele Wörter des Kandidatentextes im Referenztext vorkommen) ist. Zum Beispiel zeigt Abbildung 19–2 die Berechnung eines ROUGE-Werts für 1-Gramme (wobei ROUGE in der Praxis oftmals für Bigramme, das heißt 2-Gramme, berechnet wird).

Neben ROUGE-1 (dem ROUGE-Wert für 1-Gramme, der auf dem F1-Maß basiert) gibt es weitere ROUGE-Varianten:

- **ROUGE-N** misst die Überlappung von *n*-Grammen zwischen den Kandidaten- und Referenzzusammenfassungen. Zum Beispiel würde ROUGE-1 die Überlappung einzelner Wörter (1-Gramme) betrachten, während ROUGE-2 die Überlappung von 2-Grammen (Bigrammen) berücksichtigen würde.
- **ROUGE-L** misst die längste gemeinsame Teilsequenz (LCS – Longest Common Subsequence) zwischen den Kandidaten- und Referenzzusammenfassungen. Diese Metrik erfasst die längste gemeinsame Teilsequenz von Wörtern, zwischen denen Lücken vorhanden sein können, unter Berücksichtigung der Wortreihenfolge.
- **ROUGE-S** misst die Überschneidung von *Skip-Bigrammen* oder Wortpaaren mit einer flexiblen Anzahl von dazwischen liegenden Wörtern. Diese Metrik kann nützlich sein, um die Ähnlichkeit zwischen Sätzen mit unterschiedlicher Wortreihenfolge zu erfassen.

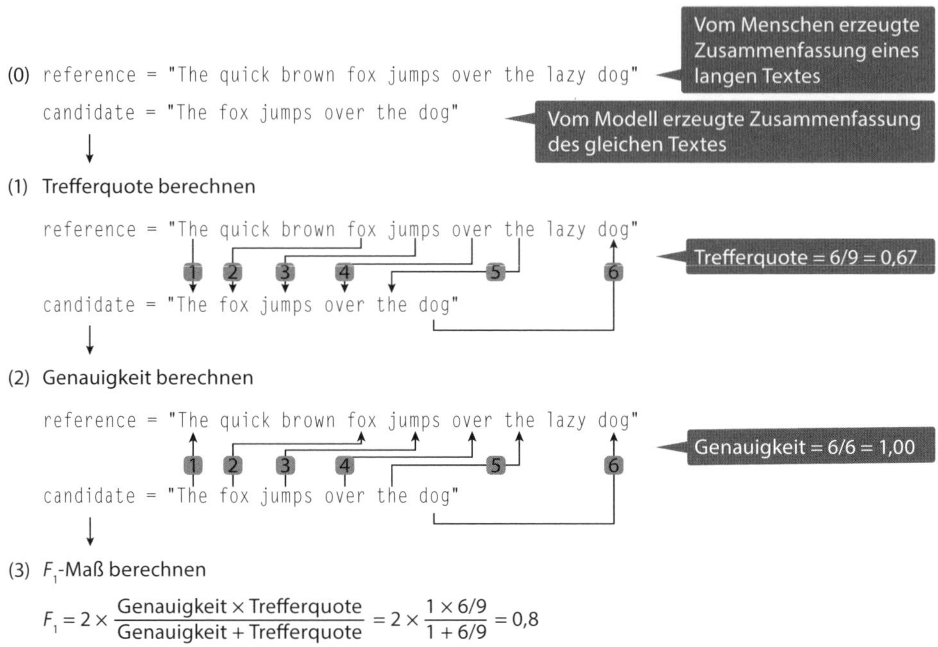

Abb. 19–2 *ROUGE für 1-Gramme berechnen*

ROUGE weist ähnliche Schwächen auf wie BLEU. Wie BLEU berücksichtigt ROUGE keine Synonyme oder Umschreibungen. Gemessen wird die *n*-Gramm-Überlappung zwischen den Kandidaten- und Referenzzusammenfassungen, was bei semantisch ähnlichen, aber lexikalisch unterschiedlichen Sätzen zu niedrigeren Punktzahlen führen kann. Dennoch lohnt es sich, über ROUGE Bescheid zu wissen, denn einer Studie zufolge haben alle Beiträge, die neue Zusammenfassungsmodelle auf Computerlinguistik-Konferenzen im Jahr 2021 vorgestellt haben, damit gearbeitet, und 69 Prozent davon haben ausschließlich ROUGE verwendet.

19.1.4 BERTScore

Eine weitere, erst kürzlich entwickelte extrinsische Metrik ist BERTScore.

Lesern, die mit dem Inception Score für generative Visionsmodelle vertraut sind, sei gesagt, dass BERTScore einen ähnlichen Ansatz verfolgt, bei dem Einbettungen von einem vortrainierten Modell verwendet werden (mehr zu Einbettungen siehe Kapitel 1). Hier misst BERTScore die Ähnlichkeit zwischen einem Kandidatentext und einem Referenztext, indem die kontextuellen Einbettungen genutzt werden, die das BERT-Modell erzeugt hat (der in Kapitel 17 beschriebene Encoder-basierte Transformer).

Ein BERTScore wird in folgenden Schritten berechnet:

1. Über das LLM, das Sie bewerten möchten (PaLM, LLaMA, GPT, BLOOM usw.), den Kandidatentext beschaffen.

2. Die Kandidaten- und Referenztexte in Teilwörter tokenisieren, vorzugsweise mit demselben Tokenisierer, mit dem BERT trainiert wurde.
3. Mit einem vortrainierten BERT-Modell die Einbettungen für alle Tokens in den Kandidaten- und Referenztexten erzeugen.
4. Jede Token-Einbettung im Kandidatentext mit allen Token-Einbettungen im Referenztext vergleichen und ihre Kosinusähnlichkeit berechnen.
5. Jedes Token im Kandidatentext mit dem Token im Referenztext, das die höchste Kosinusähnlichkeit hat, ausrichten.
6. Den endgültigen BERTScore aus den durchschnittlichen Ähnlichkeitswerten aller Tokens im Kandidatentext berechnen.

Abbildung 19–3 veranschaulicht diese sechs Schritte. Ein Berechnungsbeispiel finden Sie unter *https://github.com/rasbt/MachineLearning-QandAI-book* im Unterordner *subfolder/q15-text-augment.*

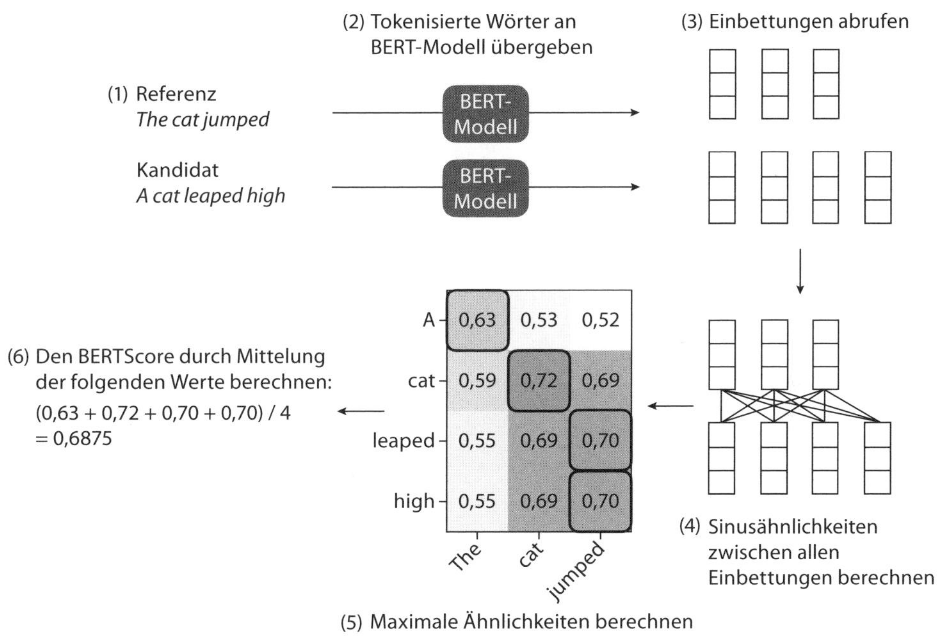

Abb. 19–3 *Den BERTScore Schritt für Schritt berechnen*

BERTScore eignet sich für Übersetzungen und Zusammenfassungen und erfasst die semantische Ähnlichkeit besser als herkömmliche Metriken wie BLEU und ROUGE. Allerdings ist BERTScore bei Umschreibungen robuster als BLEU und ROUGE und erfasst die semantische Ähnlichkeit aufgrund seiner kontextuellen Einbettungen besser. Außerdem kann es rechenintensiver sein als BLEU und ROUGE, da es ein vortrainiertes BERT-Modell für die Bewertung benötigt. Obwohl BERTScore eine nützliche automatische Bewertungsmetrik bereitstellt, ist die Metrik nicht perfekt und sollte neben anderen Bewertungstechniken, einschließlich der menschlichen Beurteilung, verwendet werden.

19.1.5 Surrogatmetriken

Bei allen in diesem Kapitel behandelten Metriken handelt es sich um Surrogate oder Ersatzwerte, mit denen sich bewerten lässt, wie nützlich das Modell im Vergleich zur menschlichen Leistung beim Erreichen eines Ziels ist. Wie bereits erwähnt, lassen sich LLMs am besten bewerten, wenn menschliche Bewerter die Ergebnisse beurteilen. Da dies jedoch oft teuer und nicht einfach zu skalieren ist, verwenden wir die oben erwähnten Metriken, um die Modellperformance abzuschätzen. Um aus dem InstructGPTpaper »Training Language Models to Follow Instructions with Human Feedback« zu zitieren: »Öffentliche NLP-Datensätze spiegeln nicht wider, wie unsere Sprachmodelle verwendet werden ... [Sie] sind so konzipiert, dass sie Aufgaben erfassen, die mit automatischen Metriken leicht zu bewerten sind.«

Neben Perplexity, ROUGE, BLEU und BERTScore werden mehrere andere beliebte Bewertungsmetriken verwendet, um die Vorhersageleistung von LLMs zu beurteilen.

19.2 Übungen

1. In Schritt 5 von Abbildung 19–3 ist die Kosinusähnlichkeit zwischen den Einbettungen von »cat« nicht 1,0, wobei 1,0 eine maximale Kosinusähnlichkeit anzeigt. Woran liegt das?
2. In der Praxis ist festzustellen, dass der BERTScore nicht symmetrisch ist. Das heißt, dass das Tauschen der Kandidaten- und Referenzsätze zu verschiedenen BERTScores bei bestimmten Texten führen kann. Wie könnte man dieses Problem angehen?

19.3 Referenzen

- Das Paper, das die ursprüngliche BLEU-Methode vorschlägt: Kishore Papineni et al., »BLEU: A Method for Automatic Evaluation of Machine Translation« (2002), *https://aclanthology.org/P02-1040*.
- Eine Folgestudie, die die hohe Korrelation von BLEU mit menschlichen Bewertungen widerlegt: Chris Callison-Burch, Miles Osborne und Philipp Koehn, »Re-Evaluating the Role of BLEU in Machine Translation Research« (2006), *https://aclanthology.org/E06-1032*.
- Die Unzulänglichkeiten von BLEU, basierend auf 37 Studien, die über 20 Jahre hinweg veröffentlicht wurden: Benjamin Marie, »12 Critical Flaws of BLEU« (2022), *https://medium.com/@bnjmn_marie/12-critical-flaws-of-bleu-1d790ccbe1b1*.
- Das Paper, das die ursprüngliche ROUGE-Methode vorschlägt: Chin-Yew Lin, »ROUGE: A Package for Automatic Evaluation of Summaries« (2004), *https://aclanthology.org/W04-1013*.

- Eine Übersicht über die Verwendung von ROUGE in Konferenzbeiträgen: Sebastian Gehrmann, Elizabeth Clark und Thibault Sellam, »Repairing the Cracked Foundation: A Survey of Obstacles in Evaluation Practices for Generated Text« (2022), *https://arxiv.org/abs/2202.06935*.
- BERTScore, eine Bewertungsmetrik, die auf einem großen Sprachmodell beruht: Tianyi Zhang et al., »BERTScore: Evaluating Text Generation with BERT« (2019), *https://arxiv.org/abs/1904.09675*.
- Eine umfassende Übersicht über Bewertungsmetriken für große Sprachmodelle: Asli Celikyilmaz, Elizabeth Clark und Jianfeng Gao, »Evaluation of Text Generation: A Survey« (2021), *https://arxiv.org/abs/2006.14799*.
- METEOR ist eine Metrik für maschinelle Übersetzungen, die BLEU verbessert, indem modernere Techniken verwendet werden und eine bessere Korrelation mit der menschlichen Beurteilung auf der Satzebene angestrebt wird: Satanjeev Banerjee und Alon Lavie, »METEOR: An Automatic Metric for MT Evaluation with Improved Correlation with Human Judgments« (2005), *https://aclanthology.org/W05-0909*.
- COMET ist ein neuronales Framework, das neue Maßstäbe für die Korrelation von maschineller Übersetzungsqualität mit menschlichen Bewertungen setzt, indem sprachübergreifende vortrainierte Modelle und mehrere Arten der Bewertung verwendet werden: Ricardo Rei et al., »COMET: A Neural Framework for MT Evaluation« (2020), *https://arxiv.org/abs/2009.09025*.
- Das InstructGPT-Paper: Long Ouyang et al., »Training Language Models to Follow Instructions with Human Feedback« (2022), *https:// arxiv.org/ abs/2203.02155*.

IV Produktion und Deployment

20 Zustandsloses und zustandsbehaftetes Training

Wie unterscheiden sich die Abläufe von zustandslosem und zustandsbehaftetem Training im Kontext von Produktions- und Deployment-Systemen?

Zustandsloses Training und zustandsbehaftetes Training beziehen sich auf unterschiedliche Methoden, ein Produktionsmodell zu trainieren.

20.1 Zustandsloses (Re-)Training

Beim zustandslosen Training, dem konventionelleren Ansatz, trainieren wir zunächst ein Ausgangsmodell mit dem ursprünglichen Trainingssatz und trainieren es dann erneut, wenn neue Daten eintreffen. Daher bezeichnet man zustandsloses Training auch als zustandsloses *Retraining*.

Wie Abbildung 20–1 zeigt, kann man sich zustandsloses Retraining als gleitendes Fenster vorstellen, in dem wir das anfängliche Modell auf verschiedenen Teilen der Daten aus einem bestimmten Datenstrom erneut trainieren.

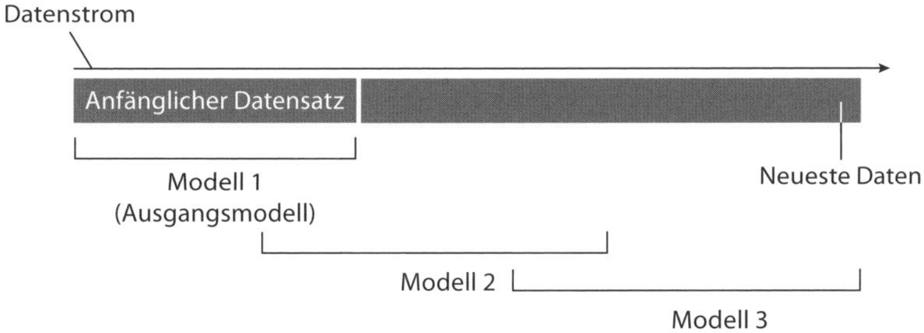

Abb. 20–1 *Zustandsloses Training ersetzt das Modell in regelmäßigen Abständen.*

Um zum Beispiel das Ausgangsmodell in Abbildung 20–1 (Modell 1) zu einem neueren Modell (Modell 2) zu aktualisieren, trainieren wir das Modell mit 30

Prozent der Ausgangsdaten und 70 Prozent der neuesten Daten zu einem bestimmten Zeitpunkt.

Zustandsloses Retraining ist ein unkomplizierter Ansatz, der es uns ermöglicht, das Modell an die jüngsten Änderungen in den Daten und die Beziehungen zwischen Merkmalen und Zielen anzupassen, indem das Modell von Grund auf neu in Prüfpunktintervallen, die der Benutzer definiert, trainiert wird. Dieser Ansatz ist vorherrschend bei konventionellen Systemen des maschinellen Lernens, die sich nicht im Rahmen eines Transfers oder selbstüberwachten Lernvorgangs (siehe Kapitel 2) fein abstimmen lassen. In diese Kategorie fallen zum Beispiel Standardimplementierungen baumbasierter Modelle, wie Random Forests und Gradient Boosting (XGBoost, CatBoost und LightGBM).

20.2 Zustandsbehaftetes Training

Beim zustandsbehafteten Training wird das Modell auf einem anfänglichen Datenstapel trainiert und dann regelmäßig aktualisiert (im Gegensatz zu einem Retraining), wenn neue Daten eintreffen.

Wie Abbildung 20–2 veranschaulicht, retrainieren wir das Ausgangsmodell (Modell 1.0) nicht von Grund auf neu, sondern aktualisieren es oder stimmen es fein ab, wenn neue Daten eintreffen. Dieser Ansatz ist besonders attraktiv für Modelle, die mit Transfer Learning oder selbstüberwachtem Lernen kompatibel sind:

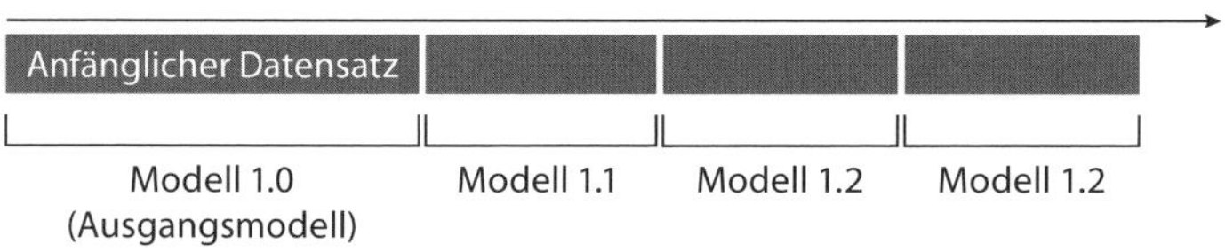

Abb. 20–2 *Zustandsbehaftetes Training aktualisiert Modelle regelmäßig.*

Der zustandsbehaftete Ansatz ahmt einen Transfer- oder selbstüberwachten Lernprozess nach, bei dem wir ein vorab trainiertes Modell zur Feinabstimmung übernehmen. Allerdings unterscheidet sich zustandsbehaftetes Training grundlegend vom Transfer- oder selbstüberwachten Lernen, weil es das Modell aktualisiert, um Konzept, Feature und Labelabweichungen zu berücksichtigen. Im Gegensatz dazu zielen Transfer- und selbstüberwachtes Lernen darauf ab, das Modell für eine andere Klassifizierungsaufgabe zu übernehmen. Zum Beispiel unterscheiden sich oftmals die Ziel-Labels beim Transferlernen. Beim selbstüberwachten Lernen gewinnen wir die Ziel-Labels aus den Datensatz-Features.

Ein wesentlicher Vorteil des zustandsbehafteten Trainings besteht darin, dass wir die Daten für ein erneutes Training nicht speichern müssen, sondern dass wir sie zur Aktualisierung des Modells verwenden können, sobald sie eintreffen. Dies ist besonders attraktiv, wenn die Datenspeicherung aufgrund von Datenschutz oder Ressourcenbeschränkungen ein Problem darstellt.

20.3 Übungen

1. Angenommen, wir trainieren einen Klassifizierer für Aktienhandelsempfehlungen mit einem Random-Forest-Modell, das den gleitenden Mittelwert der Aktienkurse als Feature enthält. Da die neuen Börsendaten täglich eintreffen, überlegen wir, wie wir den Klassifizierer täglich aktualisieren können, um ihn auf dem neuesten Stand zu halten. Sollten wir ein zustandsbehaftetes Training oder einen Ansatz mit zustandslosem Retraining verwenden, um den Klassifizierer zu aktualisieren?
2. Angenommen, wir deployen ein großes Sprachmodell (Transformer) wie ChatGPT, das unsere Anfragen beantworten kann. Die dialogorientierte Benutzeroberfläche enthält Schaltflächen für Daumen-hoch und Daumen-runter, sodass die Benutzer direktes Feedback zu den generierten Anfragen geben können. Während wir das Benutzerfeedback sammeln, aktualisieren wir das Modell nicht sofort, wenn neues Feedback eintrifft. Allerdings planen wir, mindestens einmal pro Monat ein neues oder aktualisiertes Modell zu veröffentlichen. Sollten wir für dieses Modell zustandsloses oder zustandsbehaftetes Retraining verwenden?

21 Datenzentrierte KI

Was ist datenzentrierte KI, wie unterscheidet sie sich vom herkömmlichen Modellierungsparadigma und wie entscheiden wir, ob sie für ein Projekt geeignet ist?

Datenzentrierte KI ist ein Paradigma oder ein Arbeitsablauf, bei dem wir den Ablauf des Modelltrainings beibehalten und über dem Datensatz iterieren, um die Vorhersageleistung eines Modells zu verbessern. Die folgenden Abschnitte erläutern ausführlicher, was datenzentrierte KI bedeutet, und vergleichen sie mit herkömmlichen modellzentrierten Ansätzen.

21.1 Datenzentrierte vs. modellzentrierte KI

Im Zusammenhang mit datenzentrierter KI können wir uns den herkömmlichen Ablauf, der oftmals Teil des akademischen Publikationswesens ist, als modellzentrierte KI vorstellen. Allerdings sind wir im Rahmen der akademischen Forschung typischerweise daran interessiert, neue Methoden zu entwickeln (zum Beispiel Architekturen oder Verlustfunktionen von neuronalen Netzen). Hier betrachten wir bestehende Benchmark-Datensätze, um die neue Methode mit früheren Ansätzen zu vergleichen und festzustellen, ob sie eine Verbesserung gegenüber dem Status quo darstellt.

Abbildung 21–1 veranschaulicht den Unterschied zwischen datenzentrierten und modellzentrierten Workflows.

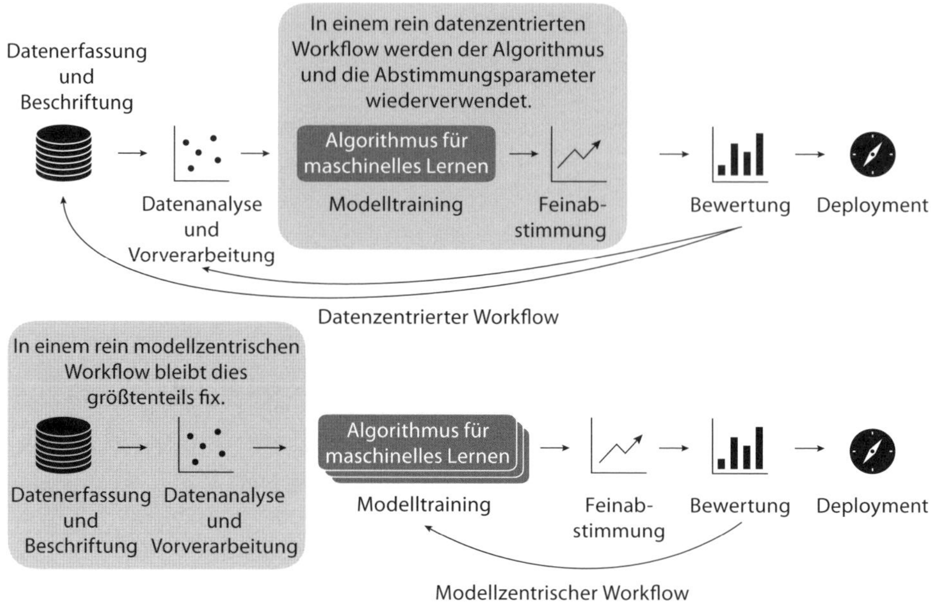

Abb. 21–1 *Vergleich zwischen datenzentrierten und modellzentrierten Workflows beim maschinellen Lernen*

Zwar ist *datenzentrierte KI* ein relativ neuer Begriff, die Idee dahinter ist es aber nicht. Viele Leute, mit denen ich gesprochen habe, sagen, dass sie einen datenzentrierten Ansatz in ihren Projekten verwendet haben, bevor der Begriff überhaupt geprägt wurde. Meiner Meinung nach wurde datenzentrierte KI geschaffen, um die »Sorge um die Datenqualität« wieder attraktiv zu machen, da die Erfassung und Aufbereitung der Daten oft als mühsam oder undankbar angesehen wird. Dies ist vergleichbar mit dem Begriff *Deep Learning*, der Anfang der 2010er-Jahre neuronale Netze wieder interessant gemacht hat.

Müssen wir uns nun zwischen datenzentrierter und modellzentrierter KI entscheiden oder können wir uns auf beides stützen? Kurz, die datenzentrierte KI konzentriert sich darauf, die Daten zu verändern, um die Performance zu verbessern, während es bei den modellzentrierten Ansätzen in erster Linie darum geht, das Modell zu modifizieren, um eine bessere Performance zu erreichen. Im Idealfall sollten wir in einem praktischen Umfeld, in dem wir die bestmögliche Vorhersageleistung erzielen wollen, beide Ansätze verwenden. In einem Forschungsszenario oder in der Sondierungsphase eines angewandten Projekts ist es jedoch unübersichtlich, mit zu vielen Variablen gleichzeitig zu arbeiten. Wenn wir sowohl das Modell als auch die Daten auf einmal ändern, lässt sich kaum feststellen, welche Änderung für eine Verbesserung verantwortlich ist.

Es sei ausdrücklich darauf hingewiesen, dass datenzentrierte KI ein Paradigma und ein Arbeitsablauf ist, nicht eine bestimmte Technik. Daher umfasst datenzentrierte KI implizit Folgendes:

- Analysen und Modifikationen von Trainingsdaten, angefangen beim Entfernen von Ausreißern bis hin zur Imputation fehlender Daten
- Techniken zur Datensynthese und Datenvermehrung
- Methoden zum Beschriften von Daten und zur Bereinigung von Labels
- Das klassische Szenario für aktives Lernen, in dem ein Modell vorschlägt, welche Datenpunkte zu beschriften sind

Einen Ansatz betrachten wir als *datenzentriert*, wenn wir nur die Daten (mit den hier aufgeführten Methoden) ändern und nicht die anderen Aspekte der Modellierungspipeline.

Im maschinellen Lernen und in der künstlichen Intelligenz spricht man oft von »Garbage in, garbage out« (wörtlich »Müll rein, Müll raus«, ein Konzept aus der Informatik, *https://de.wikipedia.org/wiki/Garbage_In,_Garbage_Out*) und meint damit, dass qualitativ schlechte Daten zu einem schlechten Vorhersagemodell führen. Mit anderen Worten: Von einem minderwertigen Datensatz können wir kein gut funktionierendes Modell erwarten.

Ich habe ein häufiges Muster in umgesetzten akademischen Projekten beobachtet, bei denen versucht wird, mithilfe des maschinellen Lernens eine bestehende Methodik zu ersetzen. Oftmals haben die Forscher nur einen kleinen Datensatz mit Beispielen (sagen wir, hundert Trainingsbeispiele). Das Beschriften von Daten ist oftmals teuer oder gilt als langweilig, sodass man es gern vermeidet. In diesen Fällen investieren die Forscher unverhältnismäßig viel Zeit damit, verschiedene Algorithmen des maschinellen Lernens auszuprobieren und die Modelle feinabzustimmen. Um dieses Problem zu lösen, würde es sich lohnen, zusätzliche Zeit oder Ressourcen in die Beschriftung weiterer Daten zu investieren.

Der Hauptvorteil der datenzentrierten KI besteht darin, dass sie die Daten in den Mittelpunkt stellt. Wenn wir also Ressourcen investieren, um qualitativ bessere Datensätze zu erzeugen, werden alle nachgelagerten Modellierungsansätze davon profitieren.

21.2 Empfehlungen

Ein datenzentrierter Ansatz ist oftmals eine gute Idee in einem praktischen Projekt, bei dem wir die Vorhersageleistung verbessern wollen, um ein bestimmtes Problem zu lösen. In diesem Zusammenhang ist es sinnvoll, mit einer Modellierungs-Baseline zu beginnen und den Datensatz zu verbessern, da dies oftmals lohnender ist, als größere und teurere Modelle auszuprobieren.

Besteht unsere Aufgabe darin, eine neue oder bessere Methodik zu entwickeln, beispielsweise eine neue Architektur oder eine Verlustfunktion für neuronale Netze, ist ein modellzentrierter Ansatz möglicherweise die bessere Wahl. Verwendet man einen etablierten Benchmark-Datensatz, ohne diesen zu verändern, lässt sich der neue Modellierungsansatz leichter mit früheren Arbeiten vergleichen. Zwar verbessert ein größeres Modell im Allgemeinen die Performance, doch lässt sich das Gleiche auch mit zusätzlichen Trainingsbeispielen erreichen.

Ausgehend von kleineren Trainingssätzen (< 2k) für die Klassifizierung, extraktiver Beantwortung von Fragen und Multiple-Choice-Aufgaben kann das Hinzufügen von hundert Beispielen den gleichen Leistungsgewinn bringen wie das Hinzufügen von Milliarden von Parametern.

In einem praktischen Projekt ist es zweckmäßig, zwischen datenzentrierten und modellzentrierten Modi zu wechseln. Wenn man rechtzeitig in Datenqualität investiert, profitieren alle Modelle davon. Sobald ein guter Datensatz verfügbar ist, können wir uns auf die Modelloptimierung konzentrieren, um die Performance zu verbessern.

21.3 Übungen

1. Ein aktueller Trend ist der verstärkte Einsatz von prädiktiven Analysen im Gesundheitsweisen. Nehmen wir zum Beispiel an, der Anbieter eines Gesundheitsdienstes entwickelt ein KI-System, das die elektronischen Gesundheitsakten der Patienten analysiert und Empfehlungen für Änderungen des Lebensstils oder Präventivmaßnahmen ausspricht. Zu diesem Zweck verlangt der Anbieter von den Patienten, dass sie ihre Gesundheitsdaten (wie Puls und Blutdruck) täglich überwachen und weitergeben. Ist dies ein Beispiel für datenzentrierte KI?
2. Angenommen, wir trainieren ein ResNet-34 CNN (Convolutional Neural Network), um Bilder in den Datensätzen CIFAR-10 und ImageNet zu klassifizieren. Da wir Überanpassung verringern und die Klassifizierungsgenauigkeit verbessern wollen, experimentieren wir mit Datenvermehrungstechniken wie zum Beispiel Drehen und Beschneiden von Bildern. Ist dieser Ansatz datenzentriert?

21.4 Referenzen

- Ein Beispiel dafür, wie das Hinzufügen weiterer Trainingsdaten die Modellleistung stärker verbessern kann als eine Vergrößerung des Modells: »A Few More Examples May Be Worth Billions of Parameters« (2021), *https://arxiv.org/abs/2110.04374*.
- Cleanlab ist eine Open-Source-Bibliothek, die Methoden zur Verbesserung von Beschriftungsfehlern und der Datenqualität im Zusammenhang mit Computer Vision und der Verarbeitung natürlicher Sprache beinhaltet: *https://github.com/cleanlab/cleanlab*.

22 Inferenz beschleunigen

Mit welchen Techniken lässt sich die Modellinferenz über Optimierung beschleunigen, ohne die Modellarchitektur zu verändern oder Genauigkeit zu opfern?

Beim maschinellen Lernen und in der KI bezieht sich *Modellinferenz* auf das Erstellen von Vorhersagen oder das Erzeugen von Ausgaben mithilfe eines trainierten Modells. Zu den wichtigsten allgemeinen Techniken zur Verbesserung der Modellperformance während der Inferenz gehören Parallelisierung, Vektorisierung, Schleifenkachelung, Operatorfusion und Quantisierung, worauf die folgenden Abschnitte ausführlich eingehen.

22.1 Parallelisierung

Um eine bessere Parallelisierung während der Inferenz zu erreichen, ist es zum Beispiel üblich, das Modell auf einem Stapel von Beispielen auszuführen statt jeweils nur auf einer einzigen Stichprobe. Man spricht hierbei auch von *stapelorientierter Inferenz* (englisch Batched Inference) und geht davon aus, dass mehrere Eingabestichproben oder Benutzereingaben gleichzeitig oder innerhalb eines kleinen Zeitfensters empfangen werden, wie Abbildung 22–1 veranschaulicht.

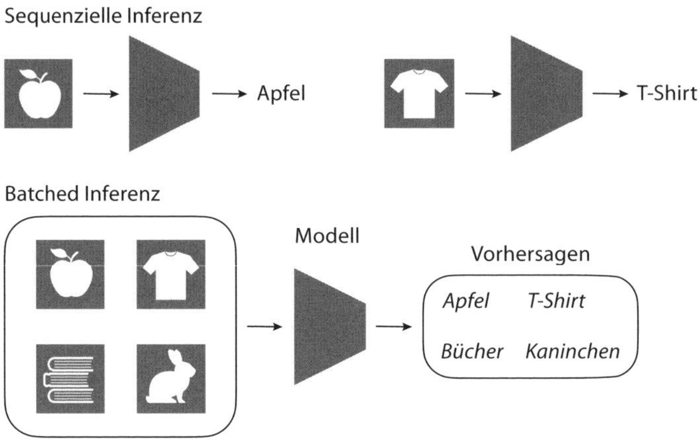

Abb. 22–1 *Sequenzielle Inferenz und stapelorientierte Inferenz*

Abbildung 22–1 zeigt, wie sequenzielle Inferenz, bei der ein Element nach dem anderen verarbeitet wird, zu einem Engpass führt, wenn mehrere Stichproben auf ihre Klassifizierung warten. Bei stapelorientierter Inferenz verarbeitet das Modell alle vier Stichproben auf einmal.

22.2 Vektorisierung

Mit *Vektorisierung* bezeichnet man Operationen, die auf ganzen Datenstrukturen, wie zum Beispiel Arrays (Tensoren) oder Matrizen, in einem einzigen Schritt durchgeführt werden, anstatt iterative Konstrukte wie `for`-Schleifen zu verwenden. Vektorisierung verarbeitet mehrere Operationen aus der Schleife nach dem SIMD-Prinzip (Single Instruction, Multiple Data) gleichzeitig mithilfe einer einzelnen Anweisung, die auf den meisten modernen CPUs verfügbar ist.

Dieser Ansatz profitiert von den Low-Level-Optimierungen vieler Computersysteme und ergibt oft erhebliche Geschwindigkeitssteigerungen. Zum Beispiel kann er sich auf BLAS stützen.

BLAS (Basic Linear Algebra Subprograms) ist eine Spezifikation, die eine Menge von Low-Level-Routinen vorschreibt, um allgemeine Operationen der linearen Algebra durchzuführen, beispielsweise Vektoraddition, Skalarmultiplikation, Punktprodukte, Matrixmultiplikation und andere. Viele Bibliotheken für Arrays und Deep Learning wie NumPy und PyTorch verwenden BLAS hinter den Kulissen.

Um Vektorisierung anhand eines Beispiels zu veranschaulichen, nehmen wir an, wir wollen das Punktprodukt zwischen zwei Vektoren berechnen. Die nichtvektorisierte Methode hierfür wäre eine `for`-Schleife, die jedes Element des Arrays einzeln nacheinander durchläuft. Allerdings kann dies insbesondere bei großen Arrays sehr langsam sein. Mit Vektorisierung lässt sich die Punktprodukt-Operation für das gesamte Array auf einmal bewerkstelligen, wie Abbildung 22–2 zeigt.

Herkömmliche for-Schleife

```
x = [1.2, 2.2, 3.3, 4.4]
w = [5.5, 6.6, 7.7, 8.8]

output = 0.

for x_j, w_j in zip(x, w):
    output += x_j × w_j

print(output)
```

```
85.25
```

Vektorisierte Implementierung

```
import torch

x = torch.tensor([1.2, 2.2, 3.3, 4.4])
w = torch.tensor([5.5, 6.6, 7.7, 8.8])

x.dot(w)
```

```
tensor(85.2500)
```

Abb. 22–2 *Eine herkömmliche* `for`*-Schleife im Vergleich zu einer vektorisierten Punktproduktberechnung in Python*

Im Zusammenhang mit Frameworks für lineare Algebra oder Deep Learning wie TensorFlow und PyTorch erfolgt die Vektorisierung normalerweise automatisch. Das liegt daran, dass diese Frameworks für mehrdimensionale Arrays (auch als *Tensoren* bekannt) konzipiert und ihre Operationen von Natur aus vektorisiert sind. Wenn Sie also Funktionen mit diesen Frameworks ausführen, profitieren Sie automatisch von der Vektorisierung, was zu schnelleren und effizienteren Berechnungen führt.

22.3 Schleifenkachelung

Schleifenkachelung (englisch Loop Tiling, oftmals als *Loop-Nest-Optimierung* bezeichnet) ist eine fortschrittliche Optimierungstechnik, um die Datenlokalität zu erweitern, indem der Iterationsraum einer Schleife in kleinere Blöcke oder »Kacheln« zerlegt wird. Dadurch wird sichergestellt, dass nach dem Laden der Daten in den Cache alle möglichen Berechnungen durchgeführt werden, bevor der Cache geleert wird.

Abbildung 22–3 veranschaulicht das Konzept der Schleifenkachelung für den Zugriff auf Elemente in einem zweidimensionalen Array. Eine reguläre `for`-Schleife iteriert über Spalten und Zeilen, wobei jeweils ein Element verarbeitet wird, während bei der Schleifenkachelung das Array in kleinere Kacheln unterteilt wird.

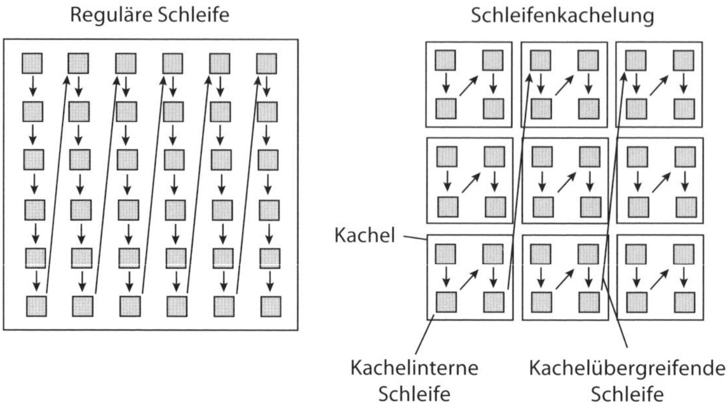

Abb. 22–3 *Schleifenkachelung in einem zweidimensionalen Array*

In Sprachen wie Python führen wir in der Regel keine Schleifenkachelung durch, da Python und viele andere Hochsprachen keine Kontrolle über den Cache haben, wie dies bei Low-Level-Sprachen à la C und C++ der Fall ist. Häufig übernehmen die zugrunde liegenden Bibliotheken wie NumPy und PyTorch derartige Optimierungen, wenn Operationen auf großen Arrays durchzuführen sind.

22.4 Operatorfusion

Die manchmal auch als *Schleifenfusion* bezeichnete *Operatorfusion* ist eine Optimierungstechnik, die mehrere Schleifen in einer einzigen Schleife kombiniert. Abbildung 22–4 veranschaulicht dies anhand zweier separater Schleifen, die die Summe und das Produkt eines Arrays von Zahlen berechnen und zu einer einzelnen Schleife verschmolzen werden.

```
numbers = [1, 2, 3, 4, 5]

# Erste Schleife, um die Summe zu
# berechnen
total_sum = 0
for num in numbers:
    total_sum += num

# Zweite Schleife, um das Produkt zu
# berechnen
product = 1
for num in numbers:
    product *= num

print("Sum:", total_sum)
print("Product:", product)
```

```
Sum: 15
Product: 120
```

```
numbers = [1, 2, 3, 4, 5]

# Einzelne Schleife, um SOWOHL die Summe
# ALS AUCH das Produkt zu berechnen
total_sum = 0
product = 1
for num in numbers:
    total_sum += num
    product *= num

print("Sum:", total_sum)
print("Product:", product)
```

```
Sum: 15
Product: 120
```

Abb. 22–4 *Zwei* `for`*-Schleifen (links) zu einer einzigen Schleife (rechts) zusammenführen*

Operatorfusion kann die Leistung eines Modells verbessern, da sie den Overhead der Schleifensteuerung reduziert, die Speicherzugriffszeiten durch eine bessere Cache-Performance verringert und gegebenenfalls weitere Optimierungen durch Vektorisierung ermöglicht.

Man könnte meinen, dass dieses Verhalten der Vektorisierung unvereinbar wäre mit der Schleifenkachelung, bei der wir eine `for`-Schleife in mehrere Schleifen aufteilen. Tatsächlich ergänzen sich diese Techniken jedoch, werden für unterschiedliche Optimierungen eingesetzt und sind in verschiedenen Situationen anwendbar. Bei der Operatorfusion geht es darum, die Gesamtanzahl der Schleifeniterationen zu verringern und die Datenlokalität zu verbessern, wenn die gesamten Daten in den Cache passen. Schleifenkachelung hat das Ziel, die Cache-Nutzung zu verbessern, wenn größere mehrdimensionale Arrays zu verarbeiten sind, die nicht in den Cache passen.

Mit der Operatorfusion verwandt ist das Konzept der *Reparametrisierung*, das oftmals auch herangezogen werden kann, um mehrere Operationen zu einer Operation zu vereinfachen. Beliebte Beispiele sind das Training eines Netzes mit Multibranch-Architekturen, die während der Inferenz zu Einzelstream-Architekturen reparametrisiert werden. Dieser Ansatz der Reparametrisierung unterscheidet sich von der herkömmlichen Operatorfusion dadurch, dass er nicht mehrere Operationen zu einer einzigen Operation zusammenfasst. Stattdessen werden die Operationen im Netz neu angeordnet, um für die Inferenz eine effizientere Architektur zu schaffen. Zum Beispiel besteht in der sogenannten RepVGG-Architektur jeder Zweig aus einer Reihe von Faltungen. Ist das Training abgeschlossen, wird das Modell zu einer einzigen Sequenz von Faltungen neu parametrisiert.

22.5 Quantisierung

Mit *Quantisierung* lassen sich die rechen- und speichertechnischen Anforderungen von ML-Modellen reduzieren, insbesondere von tiefen neuronalen Netzen. Diese Technik konvertiert die Gleitkommazahlen (die technisch gesehen diskret sind, aber kontinuierliche Werte innerhalb eines bestimmten Bereichs darstellen) für die Gewichte und Schwellenwerte in einem trainierten neuronalen Netz in diskretere Darstellungen mit geringerer Genauigkeit, wie zum Beispiel Ganzzahlen. Dadurch wird das Modell kleiner und lässt sich schneller ausführen, was zu erheblichen Verbesserungen in Bezug auf Geschwindigkeit und Hardwareeffizienz während der Inferenz führen kann.

Im Bereich des Deep Learning ist es zunehmend üblich geworden, trainierte Modelle auf 8- und 4-Bit-Ganzzahlen zu quantisieren. Diese Techniken sind vor allem beim Deployment großer Sprachmodelle verbreitet.

Es gibt zwei Hauptkategorien der Quantisierung. Bei der *Quantisierung nach dem Training* wird das Modell zunächst normal mit Gewichten in voller Genauigkeit trainiert, die dann nach dem Training quantisiert werden. Hingegen wird beim *quantisierungsorientierten Training* der Quantisierungsschritt während des Trainingsvorgangs realisiert. Dadurch kann das Modell lernen, die Auswirkungen der Quantisierung zu kompensieren, und es ist möglich, die Genauigkeit des Modells aufrechtzuerhalten.

Allerdings ist zu beachten, dass die Quantisierung gelegentlich zu einer geringeren Modellgenauigkeit führt. Da sich dieses Kapitel auf Techniken konzentriert, mit denen sich die Modellinferenz beschleunigen lässt, *ohne* Einbußen an Genauigkeit hinzunehmen, passt die Quantisierung nicht so gut in dieses Kapitel wie die vorherigen Kategorien.

Hinweis Weitere Techniken zur Verbesserung der Inferenzgeschwindigkeiten sind die Wissensdestillation und das Pruning, worauf Kapitel 6 eingegangen ist. Allerdings wirken sich diese Techniken auf die Modellarchitektur aus, was in kleineren Modellen resultiert, sodass sie für das Thema dieses Kapitels nicht infrage kommen.

22.6 Übungen

1. Kapitel 7 hat mehrere Multi-GPU-Trainingsparadigmen beschrieben, mit denen sich das Modelltraining beschleunigen lässt. Theoretisch kann der Einsatz mehrerer GPUs auch die Modellinferenz beschleunigen. In der Realität ist dieser Ansatz jedoch nicht die effizienteste oder praktischste Option. Warum ist das so?
2. Vektorisierung und Schleifenkachelung sind zwei Strategien, um Operationen zu optimieren, die auf Array-Elemente zugreifen. Wie sähe das ideale Szenario aus, in dem beide Strategien eingesetzt werden sollten?

22.7 Referenzen

- Die offizielle BLAS-Website: *https://www.netlib.org/blas*.
- Das Paper, das Schleifenkachelung vorgeschlagen hat: Michael Wolfe, »More Iteration Space Tiling« (1989), *https://dl.acm.org/doi/abs/10.1145/76263.76337*.
- Die RepVGG-CNN-Architektur, die Operationen im Inferenzmodus zusammenführt: Xiaohan Ding et al., »RepVGG: Making VGG-style ConvNets Great Again« (2021), *https://arxiv.org/abs/2101.03697*.
- Eine neue Methode, die die Gewichte in großen Sprachmodellen bis hinab zu 8-Bit-Ganzzahldarstellungen quantisiert: Tim Dettmers et al., »LLM.int8(): 8-bit Matrix Multiplication for Transformers at Scale« (2022), *https://arxiv.org/abs/2208.07339*.
- Eine neue Methode, die die Gewichte in LLMs weiter hinab bis zu 4-Bit-Ganzzahlen quantisiert: Elias Frantar et al., »GPTQ: Accurate Post-Training Quantization for Generative Pre-trained Transformers« (2022), *https://arxiv.org/abs/2210.17323*.

23 Datenverteilungsverschiebungen

Welches sind die wichtigsten Arten von Datenverteilungsverschiebungen, die nach der Modellbereitstellung auftreten können?

Verschiebungen in der Datenverteilung gehören zu den häufigsten Problemen, wenn Modelle für maschinelles Lernen und KI in die Produktion überführt werden. Kurz, es handelt sich dabei um die Unterschiede zwischen der Verteilung der Daten, mit denen das Modell trainiert wurde, und der Datenverteilung, die es in der realen Welt vorfindet. Oftmals können diese Änderungen zu erheblichen Leistungseinbußen des Modells führen, da seine Vorhersagen nicht mehr zutreffend sind.

Es gibt mehrere Arten von Verteilungsverschiebungen, von denen einige problematischer sind als andere. Die häufigsten sind Kovariatenverschiebung, Konzeptverschiebung, Labelverschiebung und Domänenverschiebung, mit denen sich die folgenden Abschnitte ausführlich beschäftigen.

23.1 Kovariatenverschiebung

Angenommen, p(x) beschreibt die Verteilung der Eingabedaten (zum Beispiel die Features), p(y) bezieht sich auf die Verteilung der Zielvariablen (oder Klassenlabelverteilung) und p(y|x) ist die Verteilung der Ziele y bei bestimmten Eingaben x.

Eine *Kovariatenverschiebung* tritt auf, wenn sich die Verteilung der Eingabedaten, p(x), ändert, aber die bedingte Verteilung der Ausgabe bei einer bestimmten Eingabe, p(y|x), gleich bleibt.

Abbildung 23–1 veranschaulicht die Kovariatenverschiebung, wenn sowohl die Featurewerte der Trainingsdaten als auch die neuen Daten, die im Produktionsbetrieb entstehen, einer Normalverteilung folgen. Allerdings hat sich der Mittelwert der neuen Daten gegenüber den Trainingsdaten verändert.

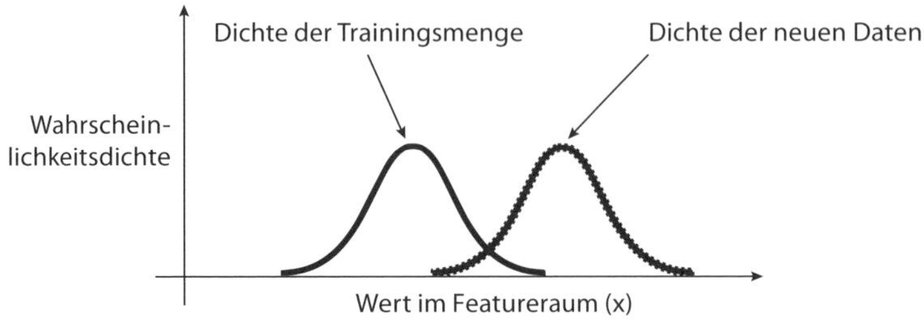

Abb. 23–1 *Die Verteilungen der Trainingsdaten und der neuen Daten unterscheiden sich bei Kovariatenverschiebung.*

Angenommen, wir haben ein Modell trainiert, um anhand bestimmter Merkmale vorherzusagen, ob eine E-Mail als Spam zu betrachten ist. Nachdem wir nun den E-Mail-Spamfilter in einen E-Mail-Client eingebettet haben, empfangen Kunden E-Mail-Nachrichten, die drastisch andere Merkmale aufweisen. Zum Beispiel sind die E-Mail-Nachrichten wesentlich länger und werden von jemandem in einer anderen Zeitzone verschickt. Wenn sich jedoch die Art und Weise, wie diese Merkmale mit der Einstufung einer E-Mail als Spam zusammenhängen, ändert, liegt eine Kovariatenverschiebung vor.

Beim Bereitstellen von Modellen für maschinelles Lernen ist die Kovariatenverschiebung eine sehr häufige Herausforderung. Mit anderen Worten unterscheiden sich die Daten, die das Modell in einer Live- oder Produktionsumgebung zu sehen bekommt, von den Daten, mit denen es trainiert wurde. Da aber die Beziehung zwischen Eingaben und Ausgaben, $p(y|x)$, unter Kovariatenverschiebung gleich bleibt, gibt es Techniken, um sie zu korrigieren.

Ein gängiges Verfahren, um Kovariatenverschiebung zu erkennen, ist adversariale Validierung, auf die Kapitel 29 ausführlicher eingeht. Nachdem eine Kovariatenverschiebung erkannt wurde, wendet man üblicherweise eine *Bedeutungsgewichtung* an, bei der den Trainingsbeispielen unterschiedliche Gewichte zugewiesen werden, um bestimmte Instanzen während des Trainings hervorzuheben oder herunterzuspielen. Im Wesentlichen werden Instanzen, die mit größerer Wahrscheinlichkeit in der Testverteilung vorkommen, stärker gewichtet, während Instanzen, die weniger wahrscheinlich auftreten, geringere Gewichtungen erhalten. Dieser Ansatz erlaubt es dem Modell, sich während des Trainings stärker auf die Instanzen zu konzentrieren, die für die Testdaten repräsentativ sind, und macht es robuster gegenüber Kovariatenverschiebungen.

23.2 Labelverschiebung

Ein *Label-Shift*, manchmal auch als *Prior-Wahrscheinlichkeitsverschiebung* bezeichnet, tritt auf, wenn sich die Verteilung der Klassenlabels $p(y)$ ändert, aber die bedingte Klassenverteilung $p(y|x)$ unverändert bleibt. Mit anderen Worten gibt es eine signifikante Änderung der Labelverteilung oder der Zielvariablen.

Als Beispiel für ein derartiges Szenario nehmen wir an, wir haben einen E-Mail-Spam-Klassifizierer auf einem ausgewogenen Trainingsdatensatz mit

50 Prozent Spam- und 50 Prozent Nicht-Spam-E-Mails trainiert. Im Gegensatz dazu sind in der Realität nur 10 Prozent der E-Mail-Nachrichten als Spam zu werten.

Um Labelverschiebungen zu korrigieren, ist es üblich, das Modell mit der gewichteten Verlustfunktion zu aktualisieren, insbesondere wenn wir eine Vorstellung davon haben, wie die neue Labelverteilung aussieht. Dies ist im Wesentlichen eine Form der Bedeutungsgewichtung. Indem die Gewichte in der Verlustfunktion an die neue Labelverteilung angepasst werden, wird das Modell dazu veranlasst, mehr Aufmerksamkeit auf bestimmte Klassen zu richten, die in den neuen Daten häufiger (oder seltener) vorkommen.

23.3 Konzeptverschiebung

Unter *Konzeptverschiebung* (englisch Concept Drift) versteht man die Veränderung bei der Zuordnung zwischen den Eingabefeatures und der Zielvariablen. Mit anderen Worten ist Konzeptverschiebung in der Regel mit Änderungen in der bedingten Verteilung $p(y|x)$ verbunden, wie zum Beispiel die Beziehung zwischen den Eingaben x und der Ausgabe y.

Im Beispiel des Spam-E-Mail-Klassifizierers aus dem vorherigen Abschnitt könnten die Features der E-Mail-Nachrichten gleich bleiben, aber es könnte sich die Beziehung zwischen diesen Features und der Frage, ob es sich bei einer E-Mail um Spam handelt, ändern. Das könnte auf eine neue Spamming-Strategie zurückzuführen sein, die in den Trainingsdaten nicht vorhanden war. Eine Konzeptverschiebung kann viel schwieriger zu handhaben sein als die anderen bisher erläuterten Verteilungsverschiebungen, da sie eine kontinuierliche Überwachung und möglicherweise ein erneutes Training des Modells erfordert.

23.4 Domänenverschiebung

Die Begriffe *Domänenverschiebung* (englisch Domain Shift) und *Konzeptverschiebung* (Concept Drift) werden in der Literatur etwas uneinheitlich verwendet und manchmal für austauschbar gehalten. In Wirklichkeit handelt es sich um zwei verwandte, aber leicht unterschiedliche Phänomene. *Konzeptverschiebung* bezieht sich auf eine Änderung der Funktion, die die Eingaben auf die Ausgaben abbildet, insbesondere auf Situationen, in denen sich die Beziehung zwischen Features und Zielvariablen ändert, wenn im Laufe der Zeit mehr Daten gesammelt werden.

In der *Domänenverschiebung* ändert sich sowohl die Verteilung der Eingaben, $p(x)$ als auch die bedingte Verteilung von Ausgaben $p(y|x)$ bei gegebenen Eingaben. Dies wird manchmal auch als gemeinsame Verteilungsverschiebung bezeichnet, da die gemeinsame Verteilung $p(x \text{ und } y) = p(y|x) \cdot p(x)$ ist. Man kann sich also die Domänenverschiebung als Kombination von Kovariatenverschiebung und Konzeptdrift vorstellen.

Da wir außerdem die Randverteilung $p(y)$ erhalten können, indem wir über die gemeinsame Verteilung $p(x, y)$ bezüglich der Variablen x integrieren (mathematisch als $p(y) = \int p(x, y)\, dx$) ausgedrückt, implizieren Kovariatenverschiebung und Konzeptverschiebung auch eine Labelverschiebung. (Allerdings kann es Ausnahmen geben, in denen die Änderung in $p(x)$ die Änderung in $p(y|x)$ kompensiert, sodass sich $p(y)$ nicht ändert.) Umgekehrt implizieren Labelverschiebung und Konzeptverschiebung in der Regel auch eine Kovariatenverschiebung.

So würde im Beispiel mit der Spam-Klassifizierung von E-Mails eine Domänenverschiebung bedeuten, dass sich *sowohl* die Features (Inhalt und Struktur der E-Mail) *als auch* die Beziehung zwischen den Features und dem Ziel mit der Zeit ändern. Zum Beispiel könnten Spam-E-Mails im Jahr 2023 andere Merkmale aufweisen (neue Arten von Phishing-Methoden, neue Sprache usw.) und die Definition dessen, was Spam ist, könnte sich ebenso geändert haben. Eine derartige Verschiebung wäre das schwierigste Szenario für einen Spam-Filter, der mit Daten aus dem Jahr 2020 trainiert wurde, da er sich sowohl an die Änderungen der Eingabedaten als auch des Zielkonzepts anpassen müsste.

Die Domänenverschiebung ist vielleicht die am schwierigsten zu handhabende Art der Verschiebung, aber die Überwachung der Modellleistung und der Datenstatistiken im Laufe der Zeit kann helfen, Domänenverschiebungen frühzeitig zu erkennen. Und nachdem sie erkannt wurden, lassen sich Abhilfemaßnahmen ergreifen, indem mehr beschriftete Daten aus der Zieldomäne gesammelt werden und das Modell neu trainiert oder angepasst wird.

23.5 Arten von Datenverteilungsverschiebungen

Abbildung 23–2 bietet eine visuelle Zusammenfassung der verschiedenen Arten von Datenverschiebungen im Kontext eines binären (2-klassigen) Klassifizierungsproblems, wobei sich die schwarzen Kreise auf Beispiele der einen Klasse und die Rhomben auf Beispiele einer anderen Klasse beziehen.

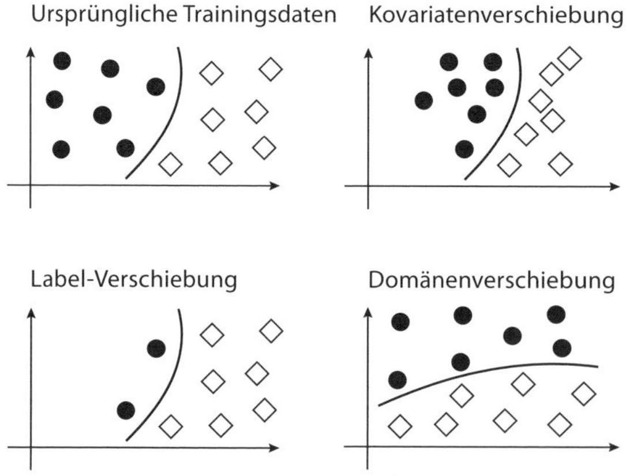

Abb. 23–2 *Verschiedene Arten von Datenverschiebungen im Rahmen einer binären Klassifizierung*

Wie in den vorangegangenen Abschnitten erwähnt, sind einige Arten von Verteilungsverschiebungen problematischer als andere. Am unproblematischsten ist in der Regel die Kovariatenverschiebung. Hier ändert sich die Verteilung der Eingabemerkmale $p(x)$ zwischen den Trainings- und den Testdaten, aber die bedingte Verteilung der Ausgabe je nach den Eingaben $p(y|x)$ bleibt konstant. Da die zugrunde liegende Beziehung zwischen den Eingaben und Ausgaben gleich bleibt, lässt sich das Modell, das mit den Trainingsdaten trainiert wurde, im Prinzip auch auf die Testdaten und die neuen Daten anwenden.

Die problematischste Art der Verteilungsverschiebung ist in der Regel die gemeinsame Verteilungsverschiebung, bei der sich sowohl die Eingangsverteilung $p(x)$ als auch die bedingte Ausgangsverteilung $p(y|x)$ ändert. Dadurch ist es für ein Modell besonders schwierig, sich anzupassen, da die gelernte Beziehung aus den Trainingsdaten nicht mehr gültig ist. Das Modell muss sowohl mit neuen Eingabemustern als auch mit neuen Vorhersageregeln, die auf diesen Mustern basieren, zurechtkommen.

Allerdings kann der »Schweregrad« einer Verschiebung je nach dem realen Kontext sehr unterschiedlich sein. So kann selbst eine Kovariatenverschiebung äußerst problematisch sein, wenn die Verschiebung schwerwiegend ist oder wenn sich das Modell nicht an die neue Eingabeverteilung anpassen kann. Andererseits lässt sich eine gemeinsame Verteilung möglicherweise in den Griff bekommen, wenn die Verschiebung relativ gering ausfällt oder wenn wir Zugang zu einer ausreichenden Menge an beschrifteten Daten aus der neuen Verteilung haben, um unser Modell erneut zu trainieren.

Im Allgemeinen ist es wichtig, die Performance der Modelle zu überwachen und sich potenzieller Verschiebungen in der Datenverteilung bewusst zu sein, damit bei Bedarf entsprechende Maßnahmen ergriffen werden können.

23.6 Übungen

1. Was ist das größte Problem bei der Bedeutungsgewichtung als Technik, um Kovariatenverschiebung abzuschwächen?
2. Wie können wir derartige Verschiebungen in realen Szenarios erkennen, insbesondere wenn wir keinen Zugang auf Labels für die neuen Daten haben?

23.7 Referenzen

- Empfehlungen und Hinweise auf fortschrittliche Abschwächungstechniken, um Domänenverschiebungen zu vermeiden: Abolfazl Farahani et al., »A Brief Review of Domain Adaptation« (2020), *https://arxiv.org/abs/2010.03978*.

V Vorhersageperformance und Modellevaluierung

24 Poisson- und ordinale Regression

Wann ist die Poisson-Regression der ordinalen Regression vorzuziehen und umgekehrt?

Die Poisson-Regression verwendet man in der Regel dann, wenn die Zielvariable Zähldaten (positive Ganzzahlen) darstellt. Ein Beispiel für Zähldaten ist die Anzahl der Erkältungen, die sich die Passagiere in einem Flugzeug zugezogen haben, oder die Anzahl der Gäste, die an einem bestimmten Tag ein Restaurant besuchen. Abgesehen davon, dass die Zielvariable Zählungen darstellt, sollten die Daten auch Poisson-verteilt sein, was bedeutet, dass Mittelwert und Varianz ungefähr gleich sind. (Bei großen Mittelwerten lässt sich eine Poisson-Verteilung durch eine Normalverteilung annähern.)

Ordinale Daten bilden eine Unterkategorie der kategorialen Daten, bei denen die Kategorien eine natürliche Reihenfolge haben, beispielsweise $1 < 2 < 3$, wie Abbildung 24–1 veranschaulicht. Oftmals werden ordinale Daten als positive Ganzzahlen dargestellt und können Zähldaten ähnlich sehen. Nehmen wir als Beispiel die Sterne-Bewertung auf Amazon (1 Stern, 2 Sterne, 3 Sterne usw.). Allerdings trifft ordinale Regression keine Annahmen über den Abstand zwischen den geordneten Kategorien. Sehen Sie sich das folgende Maß für die Schwere einer Erkrankung an: *schwer > mittelschwer > leicht > keine*. Normalerweise würden wir diese Variable für den Schweregrad mit einer ganzzahligen Darstellung $(4 > 3 > 2 > 1)$ abbilden, doch gibt es keine Annahme, dass der Abstand zwischen 4 und 3 (schwer und mittelschwer) der gleiche ist wie der Abstand zwischen 2 und 1 (leicht und keine).

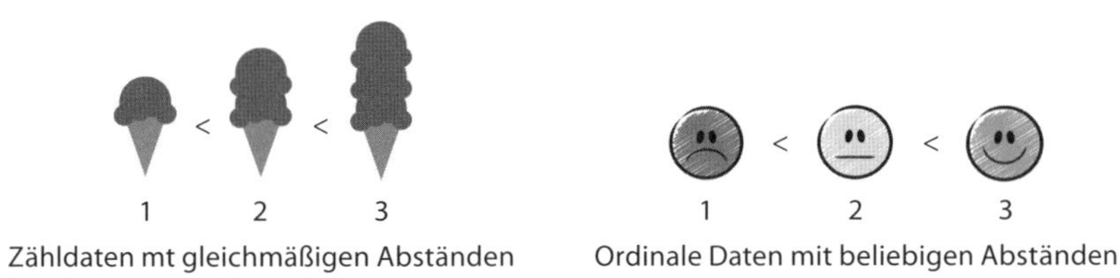

Abb. 24–1 *Der Abstand zwischen ordinalen Kategorien ist willkürlich.*

Kurz, wir verwenden die Poisson-Regression für Zähldaten. Die ordinale Regression bietet sich an, wenn wir wissen, dass bestimmte Ergebnisse »höher« oder »niedriger« als andere sind, wir aber nicht mit Sicherheit sagen können, wie groß der Unterschied ist oder ob er überhaupt eine Rolle spielt.

24.1 Übungen

1. Angenommen, wir möchten die Anzahl der Tore vorhersagen, die ein Fußballspieler in einer bestimmten Saison erzielen wird. Sollten wir dieses Problem mithilfe einer ordinalen Regression oder mit Poisson-Regression lösen?
2. Angenommen, wir bitten jemanden, die letzten drei Filme, die er gesehen hat, nach der Reihenfolge seiner Vorlieben zu sortieren. Lässt man die Tatsache außer Acht, dass der Datensatz für maschinelles Lernen ein wenig zu klein ist, welcher Ansatz ist dann für diese Art von Daten am besten geeignet?

25 Konfidenzintervalle

Wie lassen sich Konfidenzintervalle für Klassifizierer des maschinellen Lernens konstruieren?

Es gibt verschiedene Möglichkeiten, Konfidenzintervalle für Klassifizierer des maschinellen Lernens zu konstruieren, je nach Modelltyp und Art Ihrer Daten. Einige Methoden sind beispielsweise bei der Arbeit mit tiefen neuronalen Netzen rechenintensiv und eignen sich daher eher für weniger ressourcenintensive Modelle des maschinellen Lernens. Andere setzen größere Datensätze voraus, um zuverlässig zu sein.

Diese Methoden sind die gängigsten, um Konfidenzintervalle zu konstruieren:

- Konstruieren normaler Näherungsintervalle basierend auf einer Testdatenmenge
- Bootstrapping von Trainingsdatensätzen
- Bootstrapping der Testdatensatzvorhersagen
- Konfidenzintervalle aus dem erneuten Training von Modellen mit verschiedenen zufälligen Startwerten

Bevor ich diese Methoden genauer vorstelle, möchte ich kurz die Definition und Interpretation von Konfidenzintervallen erläutern.

25.1 Konfidenzintervalle definieren

Ein *Konfidenzintervall* ist eine Art Methode, um einen unbekannten Populationsparameter zu schätzen. Ein *Populationsparameter* ist ein spezifisches Maß einer statistischen Grundgesamtheit (auch als Population bezeichnet), zum Beispiel ein Mittelwert (Durchschnittswert) oder ein Anteil. Mit »spezifisch« ist hier gemeint, dass es einen einzelnen, exakten Wert für diesen Parameter für die gesamte Population gibt. Selbst wenn dieser Wert nicht immer bekannt ist und oft anhand einer Stichprobe geschätzt werden muss, ist er eine feste und eindeutige Eigenschaft der

Grundgesamtheit. Eine *statistische Grundgesamtheit* wiederum ist die vollständige Menge der untersuchten Objekte oder Individuen.

Im Rahmen des maschinellen Lernens könnte man die Grundgesamtheit als die gesamte mögliche Menge von Instanzen oder Datenpunkten betrachten, mit denen das Modell konfrontiert wird. Der Parameter, an dem wir oftmals am meisten interessiert sind, ist die wahre Verallgemeinerungsgenauigkeit unseres Modells auf dieser Grundgesamtheit.

Die Genauigkeit, die wir auf der Testmenge messen, schätzt die wahre Generalisierungsgenauigkeit. Allerdings unterliegt sie zufälligen Fehlern, die auf die spezifische Stichprobe von Testinstanzen zurückzuführen sind, die wir zufällig verwendet haben. An dieser Stelle kommt das Konzept eines Konfidenzintervalls ins Spiel. Ein 95-Prozent-Konfidenzintervall für die Generalisierungsgenauigkeit gibt uns einen Bereich an, in dem die wahre Generalisierungsgenauigkeit einigermaßen gesichert liegt.

Wenn wir zum Beispiel 100 verschiedene Datenproben entnehmen und ein 95-Prozent-Konfidenzintervall für jede Stichprobe berechnen, enthalten etwa 95 der 100 Konfidenzintervalle den wahren Populationswert (wie die Generalisierungsgenauigkeit), wie Abbildung 25–1 veranschaulicht.

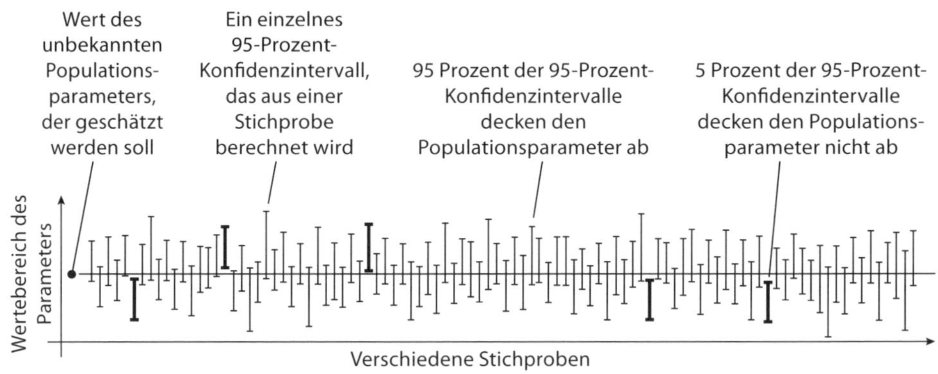

Abb. 25–1 *Das Konzept der 95-Prozent-Konfidenzintervalle*

Konkreter ausgedrückt: Wenn wir 100 verschiedene repräsentative Testmengen aus der Grundgesamtheit ziehen (zum Beispiel die gesamte mögliche Menge von Instanzen, auf die das Modell treffen kann) und das 95-Prozent-Konfidenzintervall für die Generalisierungsgenauigkeit von jeder Testmenge berechnen, würden wir erwarten, dass etwa 95 dieser Intervalle die wahre Generalisierungsgenauigkeit enthalten.

Konfidenzintervalle können wir auf verschiedene Weise darstellen. Üblich sind Balkendiagramme, bei denen der obere Teil des Balkens den Parameterwert (zum Beispiel die Modellgenauigkeit) darstellt und die Whisker die oberen und unteren Grenzen des Konfidenzintervalls bezeichnen (linkes Diagramm in Abbildung 25–2). Alternativ können die Konfidenzintervalle auch ohne Balken dargestellt werden, wie im rechten Diagramm von Abbildung 25–2.

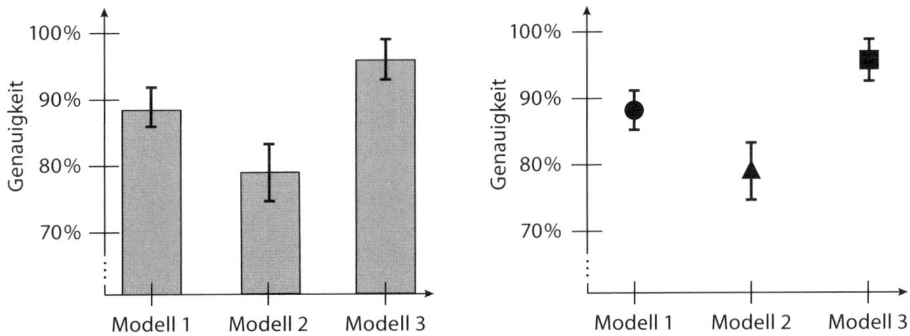

Abb. 25–2 *Zwei gängige Darstellungsvarianten, um Konfidenzintervalle zu veranschaulichen*

Diese Visualisierung ist in mehrfacher Hinsicht nützlich. Wenn sich beispielsweise Konfidenzintervalle für zwei Modellleistungen nicht überschneiden, ist dies ein deutlicher visueller Hinweis darauf, dass die Leistungen signifikant unterschiedlich sind. Nehmen Sie das Beispiel von statistischen Signifikanztests, etwa von t-Tests: Wenn sich zwei 95-Prozent-Konfidenzintervalle nicht überschneiden, ist dies ein deutlicher Hinweis darauf, dass der Unterschied zwischen den beiden Messungen auf dem 0,05-Niveau signifikant ist.

Überschneiden sich dagegen zwei 95-Prozent-Konfidenzintervalle, kann man nicht automatisch schließen, dass es keinen signifikanten Unterschied zwischen den beiden Messungen gibt. Selbst wenn sich Konfidenzintervalle überschneiden, kann immer noch ein statistisch signifikanter Unterschied vorhanden sein.

Um ausführlichere Informationen über die genauen Größen bereitzustellen, können wir die Konfidenzintervalle auch in einer Tabellenansicht darstellen. Tabelle 25–1 fasst die beiden gängigen Notationen zusammen.

Modell	Datensatz A	Datensatz B	Datensatz C
1	89,1 % ± 1,7 %	...	...
2	79,5 % ± 2,2 %	...	...
3	95,2 % ± 1,6 %	...	...
Modell	**Datensatz A**	**Datensatz B**	**Datensatz C**
1	89,1 % (87,4 %, 90,8 %)	...	...
2	79,5 % (77,3 %, 81,7 %)	...	...
3	95,2 % (93,6 %, 96,8 %)	...	...

Tab. 25–1 *Konfidenzintervalle*

Die Notation ± wird oftmals bevorzugt, wenn das Konfidenzintervall *symmetrisch* ist, das heißt, die oberen und unteren Endpunkte gleich weit vom geschätzten Parameter entfernt sind. Alternativ lassen sich die oberen und unteren Konfidenzintervalle explizit formulieren.

25.2 Die Methoden

Die folgenden Abschnitte beschreiben die vier gängigsten Methoden, um Konfidenzintervalle zu konstruieren.

25.2.1 Methode 1: Intervalle der Normal-Approximation

Beim Intervall einer Normal-Approximation wird das Konfidenzintervall aus einer einzelnen Trainings-Test-Teilung erzeugt. Diese Methode gilt oft als einfachste und traditionellste Methode zur Berechnung von Konfidenzintervallen. Besonders interessant ist dieser Ansatz beim Deep Learning, wo das Trainieren von Modellen rechentechnisch sehr teuer ist. Es ist auch wünschenswert, wenn wir an der Bewertung eines bestimmten Modells interessiert sind, statt an Modellen, die auf vielen Datenpartitionen trainiert werden wie bei der *k*-fachen Kreuzvalidierung.

Wie funktioniert nun diese Methode? Kurz, die Formel zur Berechnung des Konfidenzintervalls wird für einen vorhergesagten Parameter (zum Beispiel den Mittelwert der Stichprobe, ausgedrückt als $\bar{x}$) unter der Annahme einer Normalverteilung als $\bar{x} \pm z \times SE$ ausgedrückt.

In dieser Formel steht z für den z-Wert, der die Anzahl der Standardabweichungen eines bestimmten Wertes vom Mittelwert in einer Standardnormalverteilung angibt. *SE* steht für den Standardfehler des vorhergesagten Parameters (in diesem Fall des Stichprobenmittelwerts).

Hinweis Die meisten Leser dürften mit *z*-Wert-Tabellen vertraut sein, die sich in der Regel im hinteren Teil von einführenden Statistiklehrbüchern befinden. Allerdings lassen sich *z*-Werte bequemer mit Funktionen wie `stats.zscore` von SciPi erhalten, die die z-Werte für gegebene Konfidenzniveaus berechnet.

In unserem Szenario entspricht der Stichprobenmittelwert $\bar{x}$ der Genauigkeit des Testdatensatzes ACCTest, einem Maß für erfolgreiche Vorhersagen im Kontext eines Konfidenzintervalls für die Erfolgswahrscheinlichkeit der Binomialverteilung.

Der Standardfehler kann unter einer Normal-Approximation wie folgt berechnet werden:

$$\mathrm{SE} = \sqrt{\frac{1}{n}\mathrm{ACC}_{\mathrm{test}}\left(1 - \mathrm{ACC}_{\mathrm{test}}\right)}$$

In dieser Gleichung steht n für die Größe der Testmenge. Setzt man den Standardfehler wieder in die vorherige Formel ein, erhält man folgenden Ausdruck:

$$\mathrm{ACC}_{\mathrm{test}} \pm z\sqrt{\frac{1}{n}\mathrm{ACC}_{\mathrm{test}}\left(1 - \mathrm{ACC}_{\mathrm{test}}\right)}$$

Weitere Codebeispiele zur Implementierung dieser Methode finden Sie auch im Unterordner *supplementary/q25_confidence-intervals* des ergänzenden Code-Repositorys unter *https://github.com/rasbt/MachineLearning-QandAI-book*.

Die Methode für das Intervall der Normal-Approximation ist zwar aufgrund ihrer Einfachheit sehr beliebt, hat aber auch einige Nachteile. Erstens ist die Normal-Approximation nicht immer genau, insbesondere bei kleinen Stichproben oder bei Daten, die nicht normal verteilt sind. In derartigen Fällen können andere Methoden zur Berechnung von Konfidenzintervallen genauer sein. Zweitens liefert eine einzige Trainings-Test-Teilung keine Informationen über die Variabilität der Modellleistung über verschiedene Teilungen der Daten. Dies kann problematisch sein, wenn die Performance stark von der verwendeten Aufteilung abhängt, beispielsweise bei kleinen Datensätzen oder bei Daten, die ein hohes Maß an Variabilität aufweisen.

25.2.2 Methode 2: Bootstrapping von Trainingsdatensätzen

Konfidenzintervalle dienen als Hilfsmittel, um unbekannte Parameter anzunähern. Wenn wir jedoch auf nur eine Schätzung beschränkt sind, wie zum Beispiel bei der aus einer einzigen Testdatenmenge abgeleiteten Genauigkeit, müssen wir bestimmte Annahmen treffen, damit dies funktioniert. Als wir beispielsweise das im vorherigen Abschnitt beschriebene Intervall für die Normal-Approximation verwendet haben, sind wir von normalverteilten Daten ausgegangen, was nicht unbedingt der Fall sein muss.

In einem idealen Szenario hätten wir mehr Einblick in die Stichprobenverteilung unserer Testmenge. Allerdings würde dies den Zugriff auf viele unabhängige Testdatensätze voraussetzen, was in der Regel nicht machbar ist. Einen Ausweg bietet die Bootstrap-Methode, die aus vorhandenen Daten erneut Stichproben zieht, um die Stichprobenverteilung abzuschätzen.

Hinweis Wenn die Testdatenmenge in der Praxis genügend groß ist, gilt dank des zentralen Grenzwertsatzes die Approximation an die Normalverteilung. Dieses Theorem besagt, dass die Summe (oder der Mittelwert) einer großen Anzahl unabhängiger, identisch verteilter Zufallsvariablen näherungsweise normalverteilt ist, und zwar unabhängig von der zugrunde liegenden Verteilung der einzelnen Variablen. Es ist schwierig zu spezifizieren, was eine ausreichend große Testmenge ausmacht. Unter strengeren Annahmen als denen des zentralen Grenzwertsatzes können wir jedoch zumindest mithilfe des Satzes von Berry-Esseen eine numerische Abschätzung für die Annäherung an die Normalverteilung angeben.

Im Rahmen des maschinellen Lernens können wir den Originaldatensatz nehmen und eine Zufallsstichprobe *mit Ersetzung* ziehen. Wenn der Datensatz die Größe n hat und wir eine Zufallsstichprobe mit Ersetzung der Größe n ziehen, ist es wahrscheinlich, dass einige Datenpunkte in diese neue Stichprobe dupliziert werden, während andere Datenpunkte überhaupt nicht in einer Stichprobe auftauchen. Dann können wir diese Prozedur für mehrere Runden wiederholen, um mehrere Trainings- und Testdatensätze zu erhalten. Abbildung 25–3 veranschaulicht dieses Verfahren, das als *Out-of-Bag-Bootstrapping* bezeichnet wird.

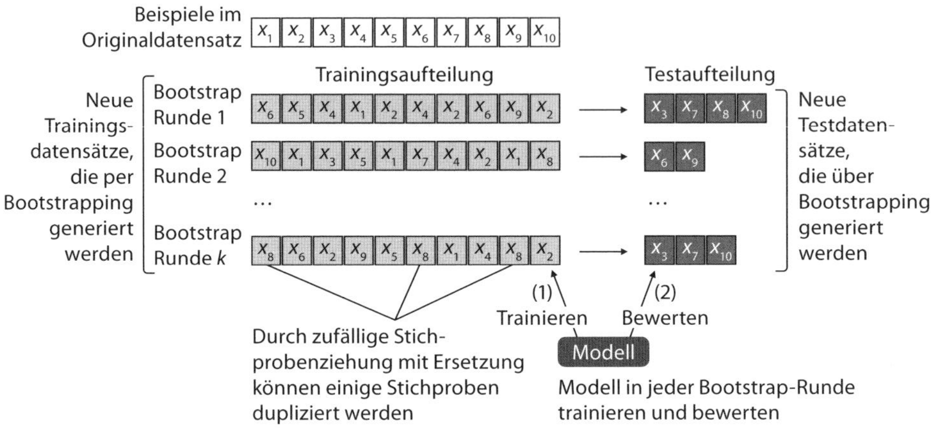

Abb. 25–3 *Out-of-Bag-Bootstrapping bewertet Modelle anhand von Trainingsdatensätzen, die durch wiederholte Stichprobenziehungen erzeugt wurden.*

Angenommen, wir haben *k* Trainings- und Testdatensätze konstruiert. Nun können wir mit jeder dieser Teilungen das Modell trainieren und bewerten, um *k* Genauigkeitsschätzungen für Testdatensätze zu erhalten. Betrachtet man diese Verteilung der Testdatensatzgenauigkeitsschätzungen, können wir den Bereich zwischen dem 2,5ten und dem 97,5ten Perzentil nehmen, um das 95-Prozent-Konfidenzintervall zu erhalten, wie es Abbildung 25–4 veranschaulicht.

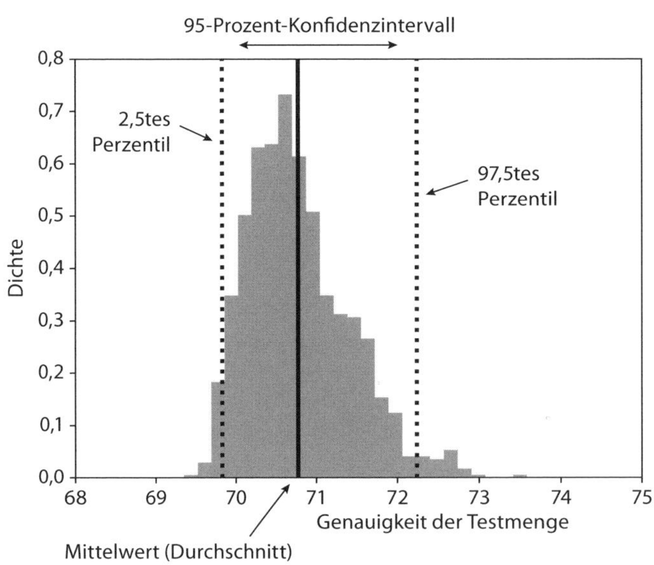

Abb. 25–4 *Die Verteilung der Testgenauigkeiten bei 1000 Bootstrap-Stichproben, einschließlich eines 95-Prozent-Konfidenzintervalls*

Im Gegensatz zur Intervallmethode der Normal-Approximation können wir diesen Out-of-Bag-Bootstrap-Ansatz als unabhängig von der spezifischen Verteilung betrachten. Wenn im Idealfall die Annahmen für die Normal-Approximation erfüllt sind, würden beide Methoden zu identischen Ergebnissen führen.

Da Bootstrapping auf wiederholten Stichprobenziehungen aus vorhandenen Testdaten beruht, hat diese Methode den Nachteil, dass sie keine neuen Informationen einbringt, die in einer breiteren Population oder in ungesehenen Daten vorhanden sein könnten. Daher ist es nicht immer möglich, die Performance des Modells auf neue, ungesehene Daten zu verallgemeinern.

Beachten Sie, dass wir in diesem Kapitel den Ansatz mit Bootstrap-Stichproben verwenden, anstatt die Trainings-Test-Aufteilungen über k-fache Kreuzvalidierung zu erhalten, da der Bootstrap eine theoretische Grundlage in Form des zentralen Grenzwertsatzes hat, der weiter oben beschrieben wurde. Es gibt auch weiterentwickelte Out-of-Bag-Bootstrap-Methoden, wie die 0,632- und 0,632+-Schätzungen, die die Genauigkeitsschätzungen neu gewichten.

25.2.3 Methode 3: Bootstrapping von Vorhersagen für Testmengen

Ein alternativer Ansatz zum Bootstrapping von Trainingsmengen ist das Bootstrapping von Testmengen. Die Idee besteht darin, das Modell wie üblich auf der vorhandenen Trainingsmenge zu trainieren und es dann auf Testmengen zu bewerten, die per Bootstrapping erzeugt wurden, wie Abbildung 25–5 veranschaulicht. Nachdem wir die Performanceschätzungen der Testmengen erhalten haben, können wir die im vorherigen Abschnitt beschriebene Perzentilmethode anwenden.

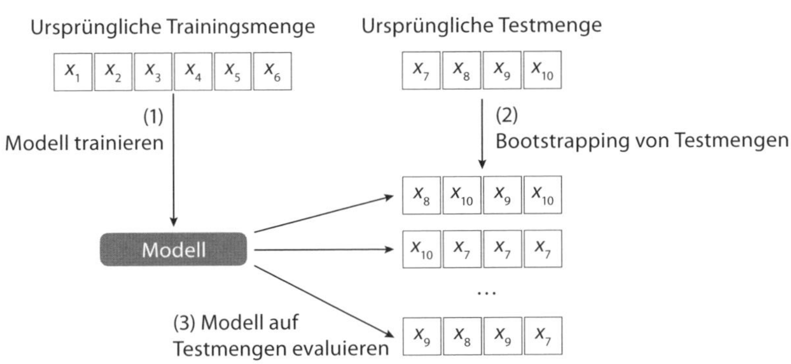

Abb. 25–5 *Bootstrapping der Testmenge*

Im Gegensatz zur vorherigen Bootstrap-Technik verwendet diese Methode ein trainiertes Modell und zieht einfach neue Stichproben aus der Testmenge (anstelle der Trainingsmengen). Dieser Ansatz ist besonders interessant, um tiefe neuronale Netze zu bewerten, da es nicht erforderlich ist, das Modell auf den neuen Datenteilungen erneut zu trainieren. Nachteilig bei diesem Ansatz ist allerdings, dass die Variabilität des Modells gegenüber kleinen Änderungen in den Trainingsdaten nicht bewertet wird.

25.2.4 Methode 4: Modelle mit verschiedenen Zufallsstartwerten erneut trainieren

Beim Deep Learning werden Modelle üblicherweise mit verschiedenen Zufallsstartwerten neu trainiert, da manche zufällige Gewichtsinitialisierungen zu wesentlich besseren Modellen führen können als andere. Wie können wir Konfidenzintervalle aus diesen Experimenten erstellen? Wenn wir davon ausgehen, dass die Stichprobenmittelwerte einer Normalverteilung folgen, können wir auf eine zuvor beschriebene Methode zurückgreifen, bei der wir das Konfidenzintervall wie folgt um einen Stichprobenmittelwert berechnen, der als $\bar{x}$ bezeichnet wird:

$$\bar{x} \times z \times \mathrm{SE}$$

Da wir in diesem Zusammenhang oftmals mit einer relativ geringen Anzahl von Stichproben arbeiten (zum Beispiel bei Modellen mit 5 bis 10 Zufallsstartwerten), erscheint die Annahme einer t-Verteilung passender als eine Normalverteilung. Daher ersetzen wir in der obigen Formel den z-Wert durch einen t-Wert. (Mit zunehmendem Stichprobenumfang ähnelt die t-Verteilung immer mehr der Standardnormalverteilung und die entscheidenden Werte [z und t] nähern sich immer mehr an.)

Wenn wir darüber hinaus an der mittleren Genauigkeit $\overline{ACC}_{\text{test}}$ interessiert sind, betrachten wir $ACC_{\text{test},\,j}$, die einer Stichprobe mit einem eindeutigen Zufallsstartwert j entspricht. Die Anzahl der von uns bewerteten Zufallsstartwerte würde dann den Stichprobenumfang n ergeben. Wir rechnen also:

$$\overline{\mathrm{ACC}}_{\text{test}} \pm t \times \mathrm{SE}$$

Hier bezeichnet SE den Standardfehler (Standard Error), der als $\mathrm{SE} = \mathrm{SD}/\sqrt{n}$ berechnet wird, während

$$\overline{\mathrm{ACC}}_{\text{test}} = \frac{1}{r} \sum_{j=1}^{r} \mathrm{ACC}_{\text{test},j}$$

die mittlere Genauigkeit ist, die wir über die r Zufallsstartwerte berechnen. Die Standardabweichung SD (Standard Deviation) wird folgendermaßen berechnet:

$$\mathrm{SD} = \sqrt{\frac{\sum_j \left(ACC_{\text{test},j} - \overline{ACC}_{\text{test}}\right)^2}{r-1}}$$

Alles in allem stellt die Berechnung der Konfidenzintervalle mit verschiedenen Zufallsstartwerten eine weitere effektive Alternative dar. In erster Linie ist sie jedoch für Deep-Learning-Modelle vorteilhaft. Sie erweist sich als kostspieliger als der Ansatz mit Annäherung an die Normalverteilung (Methode 1) und das Bootstrapping der Testmenge (Methode 3), da sie ein erneutes Training des Modells erfordert. Positiv zu vermerken ist, dass die Ergebnisse, die von verschiedenen Zufallsstartwerten abgeleitet werden, ein solides Verständnis für die Stabilität des Modells vermitteln.

25.3 Empfehlungen

Jede mögliche Methode, um Konfidenzintervalle zu konstruieren, hat ihre eigenen Vor- und Nachteile. Das Intervall der Normal-Approximation ist rechentechnisch unaufwendig, stützt sich aber auf die Normalitätsannahme über die Verteilung. Das Out-of-Bag-Bootstrapping ist unabhängig von diesen Annahmen, verlangt aber erheblich mehr Rechenaufwand. Eine billigere Alternative ist das Bootstrapping nur der Testmenge, beinhaltet aber das Bootstrapping eines kleineren Datensatzes und kann bei kleinen oder nichtrepräsentativen Testmengen irreführend sein. Schließlich ist die Konstruktion von Konfidenzintervallen aus verschiedenen Zufallsstartwerten zwar kostspielig, liefert möglicherweise aber zusätzliche Erkenntnisse über die Stabilität des Modells.

25.4 Übungen

1. Wie weiter vorn erwähnt, wählt man am häufigsten als Konfidenzniveau die 95-Prozent-Konfidenzintervalle. Allerdings sind auch die 90-Prozent- und 99-Prozentintervalle üblich. Sind die 90-Prozent-Konfidenzintervalle schmaler oder breiter als 95-Prozent-Konfidenzintervalle? Begründen Sie Ihre Antwort.
2. Im Abschnitt 25.2.3 haben wir Testmengen durch Bootstrapping erzeugt und dann das bereits trainierte Modell angewendet, um die Testmengengenauigkeit für jeden dieser Datensätze zu berechnen. Können Sie sich eine Methode oder Modifikation vorstellen, um diese Testgenauigkeiten effizienter zu erhalten?

25.5 Referenzen

- Eine ausführliche Erörterung der Fallstricke bei der Ableitung statistischer Signifikanz aus nicht überlappenden Konfidenzintervallen: Martin Krzywinski und Naomi Altman, »Error Bars« (2013), *https://www.nature.com/articles/nmeth.2659*.
- Eine ausführlichere Erläuterung des Konfidenzintervalls für die Erfolgswahrscheinlichkeit der Binomialverteilung: *https://de.wikipedia.org/wiki/Konfidenzintervall_f%C3%BCr_die_Erfolgswahrscheinlichkeit_der_Binomialverteilung*.
- Eine ausführlichere Erläuterung der Intervalle für die Normal-Approximation finden Sie in Abschnitt 1.7 meines Artikels: »Model Evaluation, Model Selection, and Algorithm Selection in Machine Learning« (2018), *https://arxiv.org/abs/1811.12808*.
- Weitere Informationen über den zentralen Grenzwertsatz für unabhängige und identisch verteilte Zufallsvariablen: *https://de.wikipedia.org/wiki/Zentraler_Grenzwertsatz*.

- Weitere Informationen über den Satz von Berry-Esseen: *https://de.wikipedia.org/wiki/Satz_von_Berry-Esseen*.
- Die .632-Bootstrapping-Regel behebt eine pessimistische Verzerrung des regulären Out-of-Bag-Bootstrapping-Ansatzes: »Estimating the Error Rate of a Prediction Rule: Improvement on Cross-Validation« (1983), *https://www.jstor.org/stable/2288636*.
- Die .632+-Bootstrapping-Regel korrigiert eine optimistische Verzerrung, die mit dem .632 Bootstrap eingeführt wurde: Bradley Efron und Robert Tibshirani, »Improvements on Cross-Validation: The .632+ Bootstrap Method« (1997), *https://www.jstor.org/stable/2965703*.
- Ein Forschungs-Paper zum Deep Learning, das die Bootstrapping-Methode für die Vorhersagen von Testmengen erörtert: Benjamin Sanchez-Lengeling et al., »Machine Learning for Scent: Learning Generalizable Perceptual Representations of Small Molecules« (2019), *https://arxiv.org/abs/1910.10685*.

26 Konfidenzintervalle vs. konforme Vorhersagen

Wie unterscheiden sich Konfidenzintervalle von konformen Vorhersagen und wann ziehen wir das eine dem anderen vor?

Sowohl Konfidenzintervalle als auch konforme Vorhersagen sind statistische Methoden, um den Bereich plausibler Werte für einen unbekannten Populationsparameter zu schätzen. Wie Kapitel 25 erläutert hat, quantifiziert ein Konfidenzintervall den Grad des Vertrauens, dass ein Populationsparameter innerhalb eines Intervalls liegt. Zum Beispiel bedeutet ein 95-Prozent-Konfidenzintervall für den Mittelwert einer Population, dass der wahre Populationsmittelwert (Durchschnitt) in 95 Prozent der Fälle innerhalb dieses Intervalls zu erwarten ist, wenn wir viele Stichproben aus der Grundgesamtheit ziehen und das 95-Prozent-Konfidenzintervall für jede Stichprobe berechnen. Kapitel 25 hat mehrere Techniken beschrieben, wie man diese Methode anwendet, um die Vorhersageperformance von Modellen des maschinellen Lernens abzuschätzen. Hingegen verwendet man üblicherweise konforme Vorhersagen, um Vorhersageintervalle zu erstellen, die ein wahres Ergebnis mit einer gewissen Wahrscheinlichkeit abdecken sollen.

Dieses Kapitel erklärt kurz, was ein Vorhersageintervall ist und wie es sich von Konfidenzintervallen unterscheidet. Anschließend erfahren Sie, wie konforme Vorhersagen – grob ausgedrückt – eine Methode für die Konstruktion von Vorhersageintervallen sind.

26.1 Konfidenzintervalle und Vorhersageintervalle

Während es beim Konfidenzintervall hauptsächlich um Parameter geht, die eine Population als Ganzes charakterisieren, bietet ein *Vorhersageintervall* einen Bereich von Werten für einen einzelnen vorhergesagten Zielwert. Nehmen wir als Beispiel die Aufgabe, die Größe von Personen vorherzusagen. Bei einer Stichprobe von 10.000 Personen aus der Grundgesamtheit könnte man schließen, dass die mittlere (durchschnittliche) Körpergröße 1,70 m beträgt. Wir könnten auch ein

95-Prozent-Konfidenzintervall für diesen Mittelwert berechnen, das von 1,68 m bis 1,73 m reicht.

Bei einem *Vorhersageintervall* geht es aber nicht darum, die Größe der Population zu schätzen, sondern die Größe einer einzelnen Person. Beispielsweise kann bei einem Gewicht von 84 kg das Vorhersageintervall einer bestimmten Person zwischen 1,73 m und 1,83 m liegen.

Im Kontext eines Modells für maschinelles Lernen können wir mithilfe von Konfidenzintervallen einen Populationsparameter schätzen, beispielsweise die Genauigkeit eines Modells (die sich auf die Performance bei allen möglichen Vorhersageszenarios bezieht). Im Gegensatz dazu schätzt ein Vorhersageintervall den Bereich der Ausgabewerte für ein einzelnes gegebenes Eingabebeispiel.

26.2 Vorhersageintervalle und konforme Vorhersagen

Sowohl konforme Vorhersagen als auch Vorhersageintervalle sind statistische Techniken, die die Unsicherheit einzelner Modellvorhersagen schätzen, allerdings auf unterschiedliche Weise und unter verschiedenen Annahmen.

Während Vorhersageintervalle oft von einer bestimmten Datenverteilung ausgehen und an einen bestimmten Modelltyp gebunden sind, sind konforme Vorhersagemethoden verteilungsfrei und lassen sich auf jeden Algorithmus des maschinellen Lernens anwenden.

Kurz, wir können konforme Vorhersagen als eine flexiblere und verallgemeinerbare Form von Vorhersageintervallen betrachten. Allerdings beanspruchen konforme Vorhersagen oftmals mehr Rechenressourcen als herkömmliche Methoden, um Vorhersageintervalle zu konstruieren, die Resampling- oder Permutationstechniken beinhalten.

26.3 Vorhersagebereiche, -intervalle und -mengen

Im Zusammenhang mit der konformen Vorhersage bezeichnen die Begriffe *Vorhersageintervall*, *Vorhersagemenge* und *Vorhersagebereich* die plausiblen Ausgaben für eine bestimmte Instanz. Der verwendete Begriff hängt von der Art der Aufgabe ab.

Bei Regressionsaufgaben, bei denen die Ausgabe eine kontinuierliche Variable liefert, gibt ein Vorhersageintervall einen Bereich an, in den der wahre Wert mit einem bestimmten Vertrauensniveau fallen dürfte. Zum Beispiel könnte ein Modell vorhersagen, dass der Preis eines Hauses zwischen 200.000 € und 250.000 € liegt.

Bei Klassifizierungsaufgaben, die eine diskrete Variable (die Klassenlabels) ausgeben, umfasst eine Vorhersagemenge alle Klassenlabels, die als plausible Vorhersagen für eine bestimmte Instanz gelten. So könnte ein Modell vorhersagen, dass ein Bild entweder eine Katze, einen Hund oder einen Vogel darstellt.

Vorhersagebereich ist ein Oberbegriff, der sich entweder auf ein Vorhersageintervall oder eine Vorhersagemenge beziehen kann. Er beschreibt die Menge der vom Modell als plausibel erachteten Ausgaben.

26.4 Konforme Vorhersagen berechnen

Nachdem Sie nun den Unterschied zwischen Konfidenzintervallen und Vorhersagebereichen kennengelernt haben und erfahren haben, wie sich konforme Vorhersagemethoden zu Vorhersageintervallen verhalten, stellt sich die Frage, wie genau konforme Vorhersagen funktionieren.

Kurz, konforme Vorhersagemethoden bieten ein Framework, um Vorhersagebereiche zu erstellen, das heißt Mengen möglicher Ausgaben für eine Vorhersageaufgabe. Mit den für ihre Konstruktion verwendeten Annahmen und Methoden sind diese Bereiche so konzipiert, dass sie das richtige Ergebnis mit einer bestimmten Wahrscheinlichkeit enthalten.

Bei Klassifikatoren ist ein Vorhersagebereich für eine bestimmte Eingabe eine Menge von Bezeichnungen, die mit einer gewissen Wahrscheinlichkeit (in der Regel 95 Prozent) das richtige Label enthalten, wie Abbildung 26–1 zeigt.

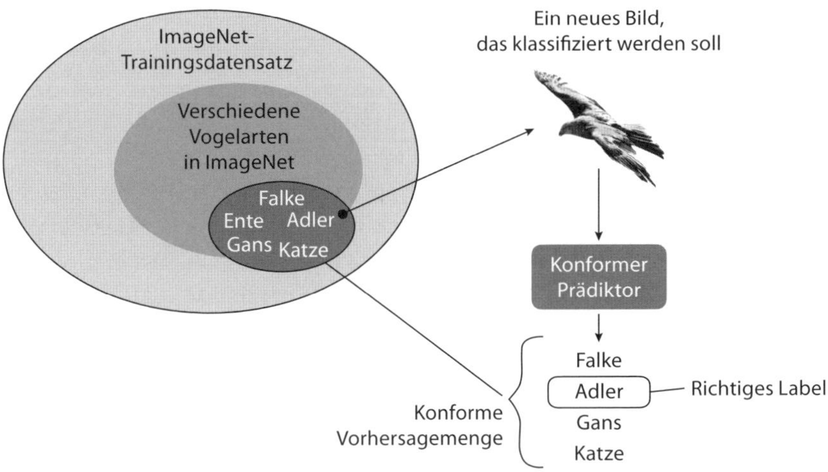

Abb. 26–1 *Vorhersagebereiche für eine Klassifizierungsaufgabe*

Wie Abbildung 26–1 zeigt, besteht der ImageNet-Datensatz aus einer Teilmenge von Vogelarten. Einige Vogelarten in ImageNet gehören zu einer der folgenden Klassen: *Falke*, *Ente*, *Adler* oder *Gans*. ImageNet enthält auch andere Tiere, zum Beispiel Katzen. Um ein neues Bild (hier einen Adler) zu klassifizieren, besteht die konforme Vorhersagemenge aus Klassen, in denen das wahre Label – *Adler* – mit einer Wahrscheinlichkeit von 95 Prozent enthalten ist. Dazu gehören oftmals eng verwandte Klassen, wie in diesem Fall *Falke* und *Gans*. Allerdings kann die Vorhersagemenge auch weniger eng verwandte Klassen, wie zum Beispiel *Katzen*, enthalten.

Um Schritt für Schritt zu skizzieren, wie Vorhersagebereiche berechnet werden, nehmen wir an, wir trainieren einen ML-Klassifizierer für Bilder. Bevor das Modell trainiert wird, teilt man den Datensatz typischerweise in drei Teile auf: eine Trainingsmenge, eine Kalibrierungsmenge und eine Testmenge. Mit dem Trainingsdatensatz trainieren wir das Modell und der Kalibrierungsdatensatz dient dazu, die Parameter für die konformen Vorhersagebereiche zu erhalten. Dann können wir anhand des Testdatensatzes die Performance des konformen Prädiktors beurteilen. Eine typische Teilung umfasst 60 Prozent Trainingsdaten, 20 Prozent Kalibrierungsdaten und 20 Prozent Testdaten.

Im ersten Schritt nach dem Training des Modells mit dem Trainingsdatensatz wird ein *Nichtkonformitätsmaß* definiert. Das erledigt eine Funktion, die jeder Instanz im Kalibrierungsdatensatz einen numerischen Wert zuweist, je nachdem, wie »ungewöhnlich« sie ist. Dieser Wert kann auf dem Abstand zur Entscheidungsgrenze des Klassifizierers basieren oder, was häufiger der Fall ist, auf 1 minus der für ein Klassenlabel vorhergesagten Wahrscheinlichkeit. Je höher die Bewertung, desto ungewöhnlicher ist die Instanz.

Bevor wir konforme Vorhersagen für neue Datenpunkte verwenden, nehmen wir die Nichtkonformitätswerte aus dem Kalibrierungssatz, um einen Quantil-Schwellenwert zu berechnen. Dieser Schwellenwert ist ein Wahrscheinlichkeitsniveau, bei dem beispielsweise 95 Prozent der Instanzen in der Kalibrierungsmenge (wenn wir ein 95-Prozent-Kalibrierungsniveau wählen) Nichtkonformitätswerte unterhalb dieses Schwellenwerts haben. Diese Schwellenwerte bestimmen dann die Vorhersagebereiche für neue Instanzen und stellen sicher, dass die Vorhersagen auf das gewünschte Konfidenzniveau kalibriert werden.

Sobald der Schwellenwert ermittelt ist, können wir die Vorhersagebereiche für neue Daten berechnen. Hier überprüfen wir für jedes mögliche Klassenlabel (jede mögliche Ausgabe Ihres Klassifizierers) für eine bestimmte Instanz, ob der Nichtkonformitätswert unter dem Schwellenwert liegt. Ist dies der Fall, fügen wir sie in die Vorhersagemenge für diese Instanz ein.

26.5 Beispiel für eine konforme Vorhersage

Anhand eines Beispiels zeige ich, wie man konforme Vorhersagen mit einer als *Score-Methode* bekannten einfachen konformen Vorhersagemethode erstellt. Angenommen, wir trainieren einen Klassifizierer mit einer Trainingsmenge, um zwischen den drei Vogelarten Spatzen, Rotkehlchen und Falken zu unterscheiden. Die vorhergesagten Wahrscheinlichkeiten für einen Kalibrierungsdatensatz sollen folgendermaßen aussehen:

Spatz	[0,95; 0,9; 0,85; 0,8; 0,75]
Rotkehlchen	[0,7; 0,65; 0,6; 0,55; 0,5]
Falke	[0,4; 0,35; 0,3; 0,25; 0,2]

Wie hier dargestellt, haben wir eine Kalibrierungsmenge, die aus 15 Beispielen besteht, fünf für jede der drei Klassen. Beachten Sie, dass ein Klassifizierer drei

Wahrscheinlichkeitswerte für jedes Trainingsbeispiel liefert: eine Wahrscheinlichkeit für jede der drei Klassen (*Spatz*, *Rotkehlchen* und *Falke*). Allerdings haben wir nur die Wahrscheinlichkeit für das wahre Klassenlabel ausgewählt. So erhalten wir beispielsweise die Werte [0,95; 0,02; 0,03] für das erste Kalibrierungsbeispiel mit dem wahren Klassenlabel *Spatz*. In diesem Fall behalten wir nur 0,95.

Nachdem wir die obigen Wahrscheinlichkeitsbewertungen erhalten haben, können wir den Nichtkonformitätswert als 1 minus die Wahrscheinlichkeit wie folgt berechnen:

Spatz	[0,05; 0,1; 0,15; 0,2; 0,25]
Rotkehlchen	[0,3; 0,35; 0,4; 0,45; 0,5]
Falke	[0,6; 0,65; 0,7; 0,75; 0,8]

Wir betrachten ein Konfidenzniveau von 0,95 und wählen einen Schwellenwert aus, sodass 95 Prozent dieser Nichtkonformitätswerte unter diesen Schwellenwert fallen. Ausgehend von den Nichtkonformitätswerten in diesem Beispiel beträgt der Schwellenwert 0,8. Mit diesem Schwellenwert können wir dann die Vorhersagemengen für neue Instanzen konstruieren, die wir klassifizieren wollen.

Nehmen wir nun an, wir haben eine neue Instanz (ein neues Bild eines Vogels), die wir klassifizieren wollen. Wir berechnen den Nichtkonformitätswert dieses neuen Vogelbilds unter der Annahme, dass es zu jeder Vogelart (Klassenlabel) in der Trainingsmenge gehört:

Spatz	0,26
Rotkehlchen	0,45
Falke	0,9

In diesem Fall liegen die Nichtkonformitätswerte von *Spatz* und *Rotkehlchen* unter dem Schwellenwert von 0,8. Somit lautet die Vorhersagemenge für diese Ausgabe [*Spatz*, *Rotkehlchen*]. Mit anderen Worten bedeutet dies, dass das wahre Klassenlabel in 95 Prozent der Fälle in der Vorhersagemenge enthalten ist.

Ein praktisches Codebeispiel, das die Score-Methode implementiert, finden Sie im Unterordner *supplementary/q26_conformal-prediction* unter *https://github.com/rasbt/MachineLearning-QandAI-book*.

26.6 Die Vorteile der konformen Vorhersagen

Im Gegensatz zur Verwendung von Wahrscheinlichkeiten für die Klassenzugehörigkeit, die von Klassifizierern zurückgegeben werden, zeichnen sich konforme Vorhersagen vor allem durch ihre theoretischen Garantien und ihre Verallgemeinerung aus. Konforme Vorhersagemethoden treffen keine strengen Annahmen über die Verteilung der Daten oder das verwendete Modell und sie lassen sich in Verbindung mit jedem Algorithmus für maschinelles Lernen anwenden, um Konfidenzmaße für Vorhersagen zu liefern.

Charakteristisch für Konfidenzintervalle sind asymptotische Überdeckungsgarantien, das heißt, die Abdeckungsgarantie gilt im Grenzfall, wenn der Stichprobenumfang (die Größe der Testmenge) ins Unendliche geht. Das bedeutet nicht unbedingt, dass Konfidenzintervalle nur für sehr große Stichproben funktionieren, sondern vielmehr, dass ihre Eigenschaften mit zunehmendem Stichprobenumfang robuster werden.

Im Gegensatz dazu bieten konforme Vorhersagen Garantien für endliche Stichproben, die sicherstellen, dass die Überdeckungswahrscheinlichkeit für jeden Stichprobenumfang realisierbar ist. Wenn wir zum Beispiel ein 95-Konfidenzniveau für eine konforme Vorhersagemethode festlegen und 100 Kalibrierungsmengen mit entsprechenden Vorhersagemengen generieren, wird die Methode das wahre Klassenlabel für 95 der 100 Testpunkte enthalten. Dies gilt unabhängig von der Größe der Kalibrierungsmengen.

Die konforme Vorhersage hat zwar viele Vorteile, doch sie bietet nicht immer die Vorhersageintervalle, die möglichst schmal sind. Treffen die zugrunde liegenden Annahmen für einen bestimmten Klassifizierer zu, können die eigenen Wahrscheinlichkeitsschätzungen dieses Klassifizierers manchmal engere und informativere Intervalle liefern.

26.7 Empfehlungen

Ein Konfidenzintervall gibt Aufschluss über den Grad der Unsicherheit in Bezug auf die Modelleigenschaften, wie zum Beispiel die Vorhersagegenauigkeit eines Klassifizierers. Ein Vorhersageintervall oder die Ausgabe einer konformen Vorhersage liefert Informationen über den Grad der Unsicherheit bei einer bestimmten Vorhersage des Modells. Beide sind sehr wichtig, um die Zuverlässigkeit und die Performance unseres Modells zu verstehen, aber sie liefern unterschiedliche Arten von Informationen.

So kann zum Beispiel ein Konfidenzintervall zur Vorhersagegenauigkeit eines Modells hilfreich sein, um Modelle zu vergleichen und zu bewerten sowie zu entscheiden, welches Modell bereitgestellt werden soll. Andererseits kann ein Vorhersageintervall hilfreich sein, um ein Modell in der Praxis einzusetzen und dessen Vorhersagen zu verstehen. Zum Beispiel kann es dabei helfen, die Fälle zu identifizieren, in denen das Modell unsicher ist und möglicherweise zusätzliche Daten, menschliche Eingriffe oder einen anderen Ansatz benötigt.

26.8 Übungen

1. Die Größe von Vorhersagemengen kann zwischen den Instanzen variieren. Zum Beispiel kann die Größe der Vorhersagemenge für eine bestimmte Instanz 1 betragen und für eine andere könnte es die Größe 3 sein. Was sagt uns die Größe der Vorhersagemenge?
2. Thema der Kapitel 25 und 26 sind Klassifizierungsmethoden. Können wir konforme Vorhersagen und Konfidenzintervalle auch für Regression verwenden?

26.9 Referenzen

- MAPIE ist eine beliebte Bibliothek für konforme Vorhersagen in Python: *https://mapie.readthedocs.io*.
- Weitere Informationen über die in diesem Kapitel verwendete Score-Methode: Christoph Molnar, »Introduction to Conformal Prediction with Python« (2023), *https://christophmolnar.com/books/conformal-prediction*.
- Neben der Score-Methode gibt es noch mehrere andere Varianten von konformen Vorhersagemethoden. Eine umfassende Sammlung von Literatur und Ressourcen zur konformen Vorhersage finden Sie auf der Seite »Awesome Conformal Prediction«: *https://github.com/valeman/awesome-conformal-prediction*.

27 Geeignete Metriken

Welche drei Eigenschaften machen eine Abstandsfunktion zu einer *geeigneten* Metrik?

Metriken sind in der Mathematik, der Informatik und verschiedenen anderen wissenschaftlichen Bereichen von grundlegender Bedeutung. Es ist wichtig, die grundlegenden Eigenschaften zu verstehen, die eine gute Abstandsfunktion definieren, um Abstände oder Differenzen zwischen Punkten oder Datensätzen zu messen. Geht es zum Beispiel um Verlustfunktionen in neuronalen Netzen, kann das Verständnis dafür, ob sie sich wie geeignete Metriken verhalten, entscheidend dafür sein, wie Optimierungsalgorithmen zu einer Lösung konvergieren werden.

Dieses Kapitel analysiert anhand zweier häufig verwendeter Verlustfunktionen – dem mittleren quadratischen Fehler und dem Kreuzentropieverlust –, ob sie die Kriterien für geeignete Metriken erfüllen.

27.1 Die Kriterien

Um die Kriterien einer geeigneten Metrik zu veranschaulichen, betrachten wir zwei Vektoren oder Punkte **v** und **w** und ihren Abstand $d(\mathbf{v}, \mathbf{w})$, wie Abbildung 27–1 zeigt.

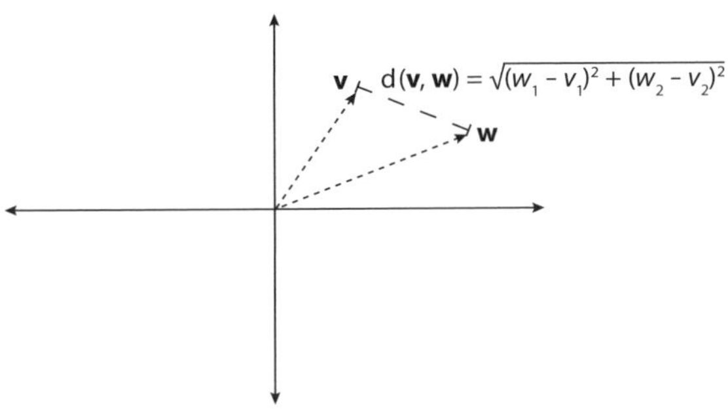

Abb. 27–1 *Der euklidische Abstand zwischen zwei 2D-Vektoren*

Für eine geeignete Metrik gelten folgende Kriterien:

- Der Abstand zwischen zwei Punkten ist immer nichtnegativ, $d(\mathbf{v}, \mathbf{w}) \geq 0$, und kann nur dann 0 sein, wenn die beiden Punkte identisch sind, d.h. $\mathbf{v} = \mathbf{w}$.
- Der Abstand ist symmetrisch, zum Beispiel $d(\mathbf{v}, \mathbf{w}) = d(\mathbf{w}, \mathbf{v})$.
- Die Abstandsfunktion erfüllt die *Dreiecksungleichung* für beliebige drei Punkte $\mathbf{v}, \mathbf{w}, \mathbf{x}$, d.h. $d(\mathbf{v}, \mathbf{w}) \leq d(\mathbf{v}, \mathbf{x}) + d(\mathbf{x}, \mathbf{w})$.

Um die Dreiecksungleichung besser zu verstehen, kann man sich die Punkte als Eckpunkte eines Dreiecks vorstellen. Betrachtet man ein beliebiges Dreieck, so ist die Summe zweier Seiten immer größer als die dritte Seite, wie Abbildung 27–2 veranschaulicht.

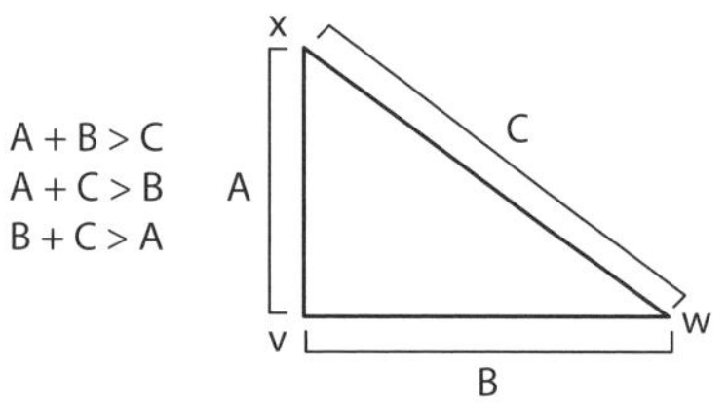

Abb. 27–2 *Dreiecksungleichung*

Was würde passieren, wenn die in Abbildung 27–2 dargestellte Dreiecksungleichung nicht wahr wäre? Wäre die Summe der Seitenlängen A und B kleiner als C, dann würde es mit den Seiten A und B nicht gelingen, ein Dreieck zu bilden, stattdessen würden sie nicht an die Eckpunkte der Seite C heranreichen. Die Tatsache, dass sich die Seiten treffen und ein Dreieck bilden, beweist also die Dreiecksungleichung.

27.2 Der mittlere quadratische Fehler

Der *mittlere quadratische Fehler* (Mean Squared Error, MSE) berechnet den Verlust aus dem quadrierten euklidischen Abstand zwischen einer Zielvariablen y und einem vorhergesagten Wert $\hat{y}$:

$$\mathrm{MSE} = \frac{1}{n} \sum_{i=1}^{n} \left(y^{(i)} - \hat{y}^{(i)}\right)^2$$

Der Index i bezeichnet den i-ten Datenpunkt im Datensatz oder in der Stichprobe. Ist diese Verlustfunktion eine geeignete Metrik?

Der Einfachheit halber betrachten wir den *quadratischen Fehler* (Squared Error, SE) als Verlust zwischen zwei Datenpunkten (obwohl die folgenden Erkenntnisse auch für den MSE gelten). Wie die folgende Gleichung zeigt, quantifiziert der SE-Verlust die quadrierte Differenz zwischen den vorhergesagten und den tatsächlichen Werten für einen einzelnen Datenpunkt, während der MSE-Verlust diese quadrierten Differenzen über allen Datenpunkten in einem Datensatz mittelt:

$$\mathrm{SE}(y, \hat{y}) = (y - \hat{y})^2$$

In diesem Fall erfüllt der quadratische Fehler den ersten Teil des ersten Kriteriums: Der Abstand zwischen zwei Punkten ist immer nichtnegativ. Da wir die Differenz quadrieren, kann der Abstand gar nicht negativ werden.

Wie sieht es mit dem zweiten Kriterium aus, dass der Abstand nur dann 0 sein kann, wenn zwei Punkte identisch sind? Aufgrund der Subtraktion im SE liegt es auf der Hand, dass er nur dann 0 werden kann, wenn die Vorhersage mit der Zielvariablen übereinstimmt, das heißt, $y = \hat{y}$. Wie beim ersten Kriterium können wir quadrieren, um zu bestätigen, dass der SE das zweite Kriterium erfüllt: Wir haben $(y - \hat{y})^2 = (\hat{y} - y)^2$.

Auf den ersten Blick sieht es so aus, als ob der quadratische Fehler auch das dritte Kriterium erfüllt, die Dreiecksungleichung. Intuitiv lässt sich dies überprüfen, indem man drei beliebige Zahlen wählt, hier 1, 2 und 3:

- $(1-2)^2 \leq (1-3)^2 + (2-3)^2$
- $(1-3)^2 \leq (1-2)^2 + (2-3)^2$
- $(2-3)^2 \leq (1-2)^2 + (1-3)^2$

Allerdings gibt es Werte, für die das nicht gilt. Nehmen Sie zum Beispiel die Werte $a = 0$, $b = 2$ und $c = 1$. Damit erhalten wir $d(a, b) = 4$, $d(a, c) = 1$ und $d(b, c) = 1$, sodass wir im folgenden Szenario landen, das die Dreiecksungleichung verletzt:

- $(0-2)^2 \not\leq (0-1)^2 + (2-1)^2$
- $(2-1)^2 \leq (0-1)^2 + (0-2)^2$
- $(0-1)^2 \leq (0-2)^2 + (1-2)^2$

Da das obige Beispiel die Dreiecksungleichung nicht erfüllt, schließen wir, dass der (mittlere) quadrierte Fehler keine geeignete Metrik ist.

Wenn wir aber den quadrierten Fehler in die Quadratwurzel des mittleren quadratischen Fehlers ändern:

$$\sqrt{(y - \hat{y})^2}$$

kann die Dreiecksungleichung erfüllt werden:

$$\sqrt{(0-2)^2} \leq \sqrt{(0-1)^2} + \sqrt{(2-1)^2}$$

Hinweis Vielleicht sind Sie mit dem L_2-Abstand oder euklidischen Abstand vertraut, der bekanntlich die Dreiecksungleichung erfüllt. Diese beiden Abstandsmaße sind äquivalent zum quadratischen Fehler, wenn man zwei skalare Werte betrachtet.

27.3 Der Kreuzentropieverlust

Die *Kreuzentropie* ist ein Maß für den Abstand zwischen zwei Wahrscheinlichkeitsverteilungen. Im Zusammenhang mit maschinellem Lernen verwenden wir den diskreten Kreuzentropieverlust (CE) zwischen Klassenlabel y und der vorhergesagten Wahrscheinlichkeit p, wenn wir logistische Regression oder Klassifizierer von neuronalen Netzen mit einem Datensatz trainieren, der aus n Trainingsbeispielen besteht:

$$\mathrm{CE}(\mathbf{y}, \mathbf{p}) = -\frac{1}{n} \sum_{i=1}^{n} y^{(i)} \times \log\left(p^{(i)}\right)$$

Ist diese Verlustfunktion eine geeignete Metrik? Auch hier betrachten wir der Einfachheit halber die Kreuzentropiefunktion (H) zwischen nur zwei Datenpunkten:

$$H(y, p) = -y \times \log(p)$$

Der Kreuzentropieverlust erfüllt einen Teil des ersten Kriteriums: Der Abstand ist immer nichtnegativ, weil der Wahrscheinlichkeitswert eine Zahl im Bereich [0, 1] ist. Folglich liegt $\log(p)$ im Bereich zwischen $-\infty$ und 0. Wichtig ist hier, dass in der H-Funktion ein negatives Vorzeichen erscheint. Die Kreuzentropie liegt also zwischen ∞ und 0 und erfüllt damit einen Aspekt des oben angegebenen ersten Kriteriums.

Allerdings ist der Kreuzentropieverlust für zwei identische Punkte nicht 0. Zum Beispiel $H(0{,}9; 0{,}9) = -0{,}9 \times \log(0{,}9) = 0{,}095$.

Das obige zweite Kriterium wird durch den Kreuzentropieverlust ebenfalls verletzt, da der Verlust nicht symmetrisch ist: $-y \times \log(p) = -p \times \log(y)$. Ein konkretes, numerisches Beispiel soll dies veranschaulichen:

- Wenn $y = 1$ und $p = 0{,}5$, dann $-1 \times \log(0{,}5) = 0{,}693$.
- Wenn $y = 0{,}5$ und $p = 1$, dann $-0{,}5 \times \log(1) = 0$.

Schließlich erfüllt der Kreuzentropieverlust nicht die Dreiecksungleichung $H(r, p) \geq H(r, q) + H(q, p)$. Auch diesen Umstand soll ein Beispiel veranschaulichen. Angenommen, wir wählen $r = 0{,}9$, $p = 0{,}5$ und $q = 0{,}4$. Dann haben wir:

- $H(0{,}9; 0{,}5) = 0{,}624$
- $H(0{,}9; 0{,}4) = 0{,}825$
- $H(0{,}4; 0{,}5) = 0{,}277$

Wie Sie sich selbst überzeugen können, gilt $0{,}624 \geq 0{,}825 + 0{,}277$ hier nicht.

Schließlich lässt sich feststellen, dass der Kreuzentropieverlust eine nützliche Verlustfunktion für das Training neuronaler Netze über (stochastischem) Gradientenabstieg ist, allerdings keine geeignete Metrik verkörpert, da er keines der drei Kriterien erfüllt.

27.4 Übungen

1. Angenommen, wir wollen den mittleren absoluten Fehler (Mean Absolute Error, MAE) als Alternative zum *Standardfehler der Regression* (Root Mean Square Error, RMSE) verwenden, um die Performance eines Modells für maschinelles Lernen zu messen, wobei $\mathrm{MAE} = \frac{1}{n}\sum_{i=1}^{n} | y^{(i)} - \hat{y}^{(i)} |$ und $\mathrm{RMSE} = \sqrt{\frac{1}{n}\sum_{i=1}^{n} \left(y^{(i)} - \hat{y}^{(i)}\right)^2}$ gelten. Ein Kollege argumentiert jedoch, dass der MAE keine geeignete Abstandsmetrik im metrischen Raum ist, da sie einen absoluten Wert beinhaltet, sodass wir stattdessen den RMSE verwenden sollten. Ist dieses Argument richtig?
2. Würden Sie aufgrund Ihrer Antwort auf die vorherige Frage sagen, dass der MAE besser oder schlechter als der RMSE ist?

28 Das *k* in der *k*-fachen Kreuzvalidierung

Die *k*-fache Kreuzvalidierung ist eine gängige Methode für die Bewertung von Klassifizierern beim maschinellen Lernen, da sie es uns ermöglicht, mit sämtlichen Trainingsdaten zu simulieren, wie gut ein Algorithmus für maschinelles Lernen bei neuen Daten abschneiden könnte. Was sind die Vor- und Nachteile bei der Wahl eines großen *k*?

Man kann sich die *k*-fache Kreuzvalidierung als Workaround für die Modellevaluierung vorstellen, wenn Daten nur begrenzt verfügbar sind. Bei der Bewertung von Modellen des maschinellen Lernens geht es um die Performance des Modells bei der Generalisierung, das heißt, wie gut das Modell bei neuen Daten funktioniert. Die *k*-fache Kreuzvalidierung verwendet die Trainingsdaten für die Modellauswahl und -bewertung, indem sie diese Daten in *k* Validierungsrunden und Folds (Faltungen) unterteilt. Bei *k* Folds gibt es *k* Iterationen, die zu *k* verschiedenen Modellen führen, wie Abbildung 28–1 veranschaulicht.

Mithilfe der *k*-fachen Kreuzvalidierung bewerten wir in der Regel die Performance einer bestimmten Hyperparameterkonfiguration, indem wir die durchschnittliche Performance über die *k* Modelle berechnen. Diese Performance reflektiert oder approximiert die Performance eines Modells, das mit dem vollständigen Trainingsdatensatz nach der Bewertung trainiert wurde.

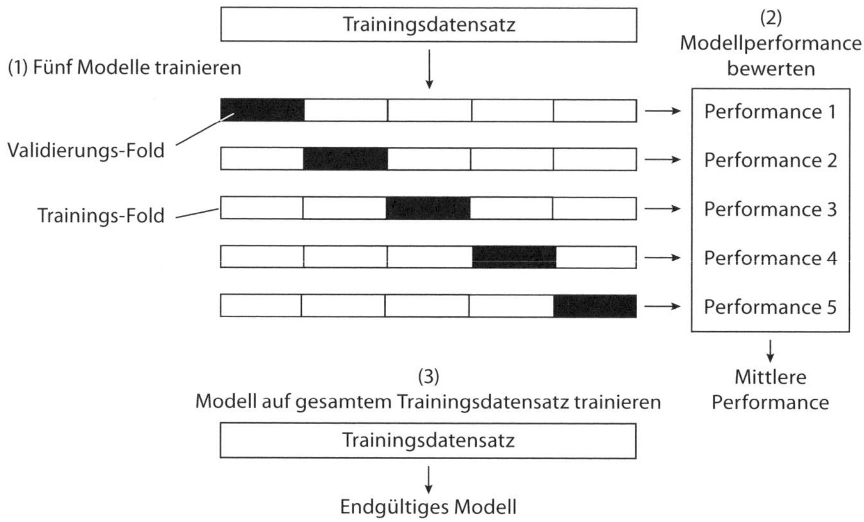

Abb. 28–1 *Ein Beispiel für die k-fache Kreuzvalidierung (mit k = 5) zur Modellbewertung*

Die folgenden Abschnitte befassen sich mit den Kompromissen bei der Auswahl des *k* in der *k*-fachen Kreuzvalidierung sowie mit den Herausforderungen großer *k*-Werte und deren rechtentechnischen Anforderungen insbesondere im Kontext des Deep Learning. Anschließend wird erörtert, welche Zwecke *k* im Kern erfüllt und wie ein geeigneter Wert auf der Grundlage spezifischer Modellierungsanforderungen ausgewählt werden kann.

28.1 Kompromisse bei der Auswahl von Werten für *k*

Wenn *k* zu groß ist, ähneln sich die Trainingsmengen zwischen den verschiedenen Runden der Kreuzvalidierung zu stark. Somit sind die *k* Modelle dem Modell sehr ähnlich, das wir durch Training mit der gesamten Trainingsmenge erhalten. In diesem Fall können wir trotzdem den Vorteil der *k*-fachen Kreuzvalidierung nutzen: die Bewertung der Leistung für die gesamte Trainingsmenge über die in jeder Runde herausgehaltene Faltung. (Hier erhalten wir die Trainingsmenge, indem wir alle $k - 1$ Trainings-Folds in einer bestimmten Iteration verketten.) Ein großes *k* hat allerdings den Nachteil, dass es schwieriger ist, das Verhalten des Algorithmus für maschinelles Lernen mit den gewählten Hyperparametern bei verschiedenen Trainingsdatensätzen zu analysieren.

Neben dem Problem zu ähnlicher Datensätze ist es rechentechnisch auch viel schwieriger, eine *k*-fache Kreuzvalidierung mit einem großen *k*-Wert durchzuführen. Ein großes *k* ist teurer, da sowohl die Anzahl der Iterationen als auch die Größe der Trainingsmenge bei jeder Iteration zunimmt. Dies ist vor allem dann problematisch, wenn wir mit relativ großen Modellen arbeiten, die aufwendig zu trainieren sind, beispielsweise moderne tiefe neuronale Netze.

Für *k* wählt man aus praktischen und historischen Gründen üblicherweise 5 oder 10. Laut einer Studie von Ron Kohavi (siehe Abschnitt 28.4, »Referenzen«, am Ende dieses Kapitels) bietet $k = 10$ einen guten Kompromiss zwischen Verzerrung und Varianz für klassische Algorithmen des maschinellen Lernens wie Entscheidungsbäume und Naive-Bayes-Klassifikatoren bei einer Handvoll kleiner Datensätze.

Zum Beispiel verwenden wir bei 10-facher Kreuzvalidierung 9/10 (90 Prozent) der Daten für das Training in jeder Runde, während wir bei 5-facher Kreuzvalidierung nur 4/5 (80 Prozent) der Daten verwenden, wie Abbildung 28–2 zeigt.

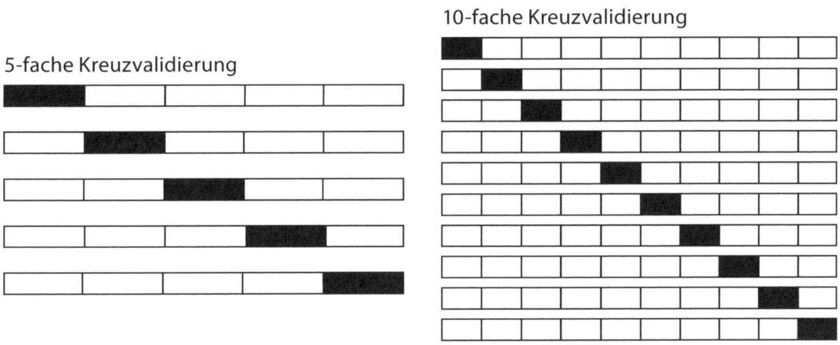

Abb. 28–2 *Ein Vergleich zwischen 5-facher und 10-facher Kreuzvalidierung*

Dies bedeutet jedoch nicht, dass große Trainingsmengen schlecht sind, da sie die pessimistische Verzerrung der Performanceschätzung verringern können (was meist eine gute Sache ist), wenn wir davon ausgehen, dass das Modelltraining von mehr Trainingsdaten profitieren kann. (Siehe Abbildung 5–1 für ein Beispiel einer Lernkurve.)

In der Praxis kann sowohl ein sehr kleines als auch ein sehr großes *k* die Varianz erhöhen. Zum Beispiel bewirkt ein größeres *k*, dass die Trainings-Folds einander ähnlicher werden, da ein kleinerer Anteil für die herausgehaltenen Validierungsmengen übrig bleibt. Da sich die Trainings-Folds ähnlicher sind, werden auch die Modelle in jeder Runde ähnlicher sein. In der Praxis ist zu beobachten, dass die Varianz der Scores für die herausgehaltenen Validierungs-Folds bei größeren Werten von *k* geringer ausfällt. Andererseits sind bei großen *k* die Validierungsmengen klein, sodass sie mehr zufälliges Rauschen enthalten oder anfälliger für Eigenheiten der Daten sind, was in einer größeren Variation in den Validierungs-Scores über die verschiedenen Folds resultiert. Auch wenn die Modelle selbst ähnlicher sind (aufgrund der ähnlicheren Trainingsmengen), können die Validierungs-Scores empfindlicher auf die Besonderheiten der kleinen Validierungssätze reagieren, was zu einer höheren Varianz im Gesamtergebnis der Kreuzvalidierung führt.

28.2 Geeignete Werte für *k* bestimmen

Um einen geeigneten Wert für *k* zu finden, lassen wir uns oft von der Rechenleistung und den Konventionen leiten. Allerdings lohnt es sich, zunächst einmal den Zweck und den Kontext zu definieren, warum und wie wir eine *k*-fache Kreuzvalidierung verwenden wollen. Wenn wir zum Beispiel hauptsächlich daran interessiert sind, die Vorhersageleistung des endgültigen Modells anzunähern, ist es sinnvoll, einen großen *k*-Wert zu verwenden. Auf diese Weise sind die Trainings-Folds dem kombinierten Trainingsdatensatz sehr ähnlich und dennoch können wir das Modell mithilfe der Validierungs-Folds an allen Datenpunkten bewerten.

Möchte man hingegen bewerten, wie empfindlich eine bestimmte Hyperparameterkonfiguration und Trainingspipeline auf verschiedene Trainingsdatensätze reagiert, ist es zweckmäßiger, ein kleineres *k* zu wählen.

Da die meisten praktischen Szenarios aus zwei Schritten bestehen – Hyperparameter abstimmen und die Performance eines Modells bewerten –, können wir ebenfalls ein zweistufiges Verfahren ins Auge fassen. Zum Beispiel ist es zweckmäßig, während der Hyperparameterabstimmung ein kleineres *k* zu wählen. Dies beschleunigt die Suche nach den Hyperparametern und überprüft die Hyperparameterkonfigurationen auf Robustheit (zusätzlich zur mittleren Performance können wir auch die Varianz als Auswahlkriterium betrachten). Nachdem die Hyperparameter abgestimmt und ausgewählt sind, erhöhen wir dann den Wert von *k*, um das Modell zu bewerten.

Allerdings kommt es zu Verzerrungen, wenn wir denselben Datensatz für die Modellauswahl und die Bewertung verwenden, sodass es im Allgemeinen besser ist, einen separaten Testdatensatz für die Modellbewertung vorzusehen. Auch die verschachtelte Kreuzvalidierung bietet sich gegebenenfalls als Alternative zur *k*-fachen Kreuzvalidierung an.

28.3 Übungen

1. Angenommen, wir wollen einem Modell möglichst viele Trainingsdaten anbieten. Wir erwägen, die *Leave-One-Out-Kreuzvalidierung (LOOCV)* zu verwenden, einen Spezialfall der *k*-fachen Kreuzvalidierung, wobei *k* gleich der Anzahl der Trainingsbeispiele ist, sodass die Validierungs-Folds nur einen einzigen Datenpunkt enthalten. Ein Kollege weist darauf hin, dass LOOCV bei nicht stetigen Verlustfunktionen und Leistungsmaßen wie der Klassifizierungsgenauigkeit fehlerhaft ist. Wenn etwa ein Validierungs-Fold nur aus einem Beispiel besteht, ist die Genauigkeit immer entweder 0 (0 Prozent) oder 1 (99 Prozent). Ist dies wirklich ein Problem?
2. In diesem Kapitel wurden die Modellauswahl und die Modellevaluation als zwei Anwendungsfälle der *k*-fachen Kreuzvalidierung diskutiert. Fallen Ihnen weitere Anwendungsfälle ein?

28.4 Referenzen

- Eine längere und ausführlichere Erläuterung, warum und wie man *k*-fache Kreuzvalidierung verwendet, finden Sie in meinem Artikel: »Model Evaluation, Model Selection, and Algorithm Selection in Machine Learning« (2018), *https://arxiv.org/abs/1811.12808*.
- Das Paper, das die Empfehlung populär gemacht hat, $k = 5$ und $k = 10$ zu wählen: Ron Kohavi, »A Study of Cross-Validation and Bootstrap for Accuracy Estimation and Model Selection« (1995), *https://dl.acm.org/doi/10.5555/1643031.1643047*.

29 Diskordanz zwischen Trainings- und Testdatensatz

Angenommen, wir trainieren ein Modell, das mit dem Testdatensatz viel besser abschneidet als mit dem Trainingsdatensatz. Da eine ähnliche Modellkonfiguration zuvor in einem ähnlichen Datensatz gut funktioniert hat, vermuten wir, dass etwas mit den Daten nicht stimmt. Welche Ansätze gibt es, um die Diskrepanzen zwischen Trainings- und Testdatensatz zu untersuchen, und welche Strategien können wir anwenden, um diese Probleme zu entschärfen?

Bevor wir uns näher mit den Datensätzen beschäftigen, sollten wir nach technischen Problemen im Code suchen, der für das Laden und die Bewertung der Daten zuständig ist. Eine einfache Überprüfung besteht beispielsweise darin, den Testdatensatz vorübergehend durch den Trainingsdatensatz zu ersetzen und das Modell erneut zu evaluieren. In diesem Fall sollte die Performance des Trainings- und Testdatensatzes identisch sein (da die Datensätze nun identisch sind). Wenn wir eine Diskrepanz feststellen, liegt wahrscheinlich ein Fehler im Code vor. Meiner Erfahrung nach stehen solche Fehler häufig im Zusammenhang mit falschem Mischen oder inkonsistenter (oftmals fehlender) Datennormalisierung.

Wenn die Performance des Testdatensatzes wesentlich besser ist als die Performance des Trainingsdatensatzes, können wir eine Überanpassung ausschließen. Wahrscheinlicher ist, dass es erhebliche Unterschiede in den Verteilungen der Trainings- und Testdaten gibt. Diese Verteilungsunterschiede können sowohl die Features als auch die Ziele beeinflussen. In diesem Fall ist es ratsam, die Ziel- oder Labelverteilung der Trainings- und Testdaten grafisch darzustellen. Ein häufiges Problem ist zum Beispiel, dass dem Testdatensatz bestimmte Klassenlabels fehlen, wenn der Datensatz vor der Aufteilung in Trainings- und Testdaten nicht richtig gemischt wurde. Bei kleinen tabellarischen Datensätzen ist es auch möglich, die Feature-Verteilungen in den Trainings- und Testdatensätzen mithilfe von Histogrammen zu vergleichen.

Die Betrachtung der Feature-Verteilungen ist zwar ein guter Ansatz für tabellarische Daten, gestaltet sich aber schwieriger bei Bild- oder Textdaten. Ein relativ einfacher und allgemeiner Ansatz, um auf Diskrepanzen zwischen Trainings- und Testdatensätzen zu prüfen, ist die adversariale Validierung.

Die in Abbildung 29–1 veranschaulichte *adversariale Validierung* ist eine Technik, um den Ähnlichkeitsgrad zwischen Trainings- und Testdaten zu ermitteln. Zunächst führt man die Trainings- und Testdatensätze zu einem einzigen Datensatz zusammen und erstellt dann eine Zielvariable, die zwischen Trainings- und Testdaten unterscheidet. Zum Beispiel können wir ein neues Label *Testdaten?* einrichten, dem wir das Label 0 für Trainingsdaten und das Label 1 für Testdaten zuweisen. Dann verwenden wir *k*-fache Kreuzvalidierung oder teilen den Datensatz erneut in einen Trainingsdatensatz und einen Testdatensatz auf und trainieren wie gewohnt ein Modell für maschinelles Lernen. Im Idealfall soll das Modell schlecht abschneiden, was darauf hindeutet, dass die Verteilungen der Trainings- und Testdaten ähnlich sind. Liefert das Modell hingegen eine gute Performance bei der Vorhersage des Labels *Testdaten?*, deutet dies auf eine Diskrepanz zwischen den Trainings- und Testdaten hin, die weiter untersucht werden muss.

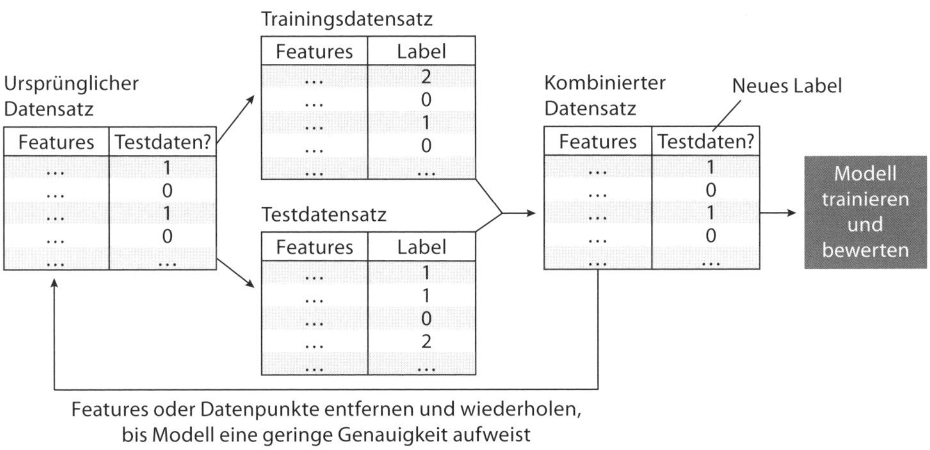

Abb. 29–1 *Der Ablauf der adversarialen Validierung, um Diskrepanzen zwischen Trainings- und Testdatensätzen zu erkennen*

Welche Abschwächungstechniken sollten wir verwenden, wenn wir mithilfe der adversarialen Validierung eine Diskrepanz zwischen Trainings- und Testdatensätzen feststellen? Bei einem tabellarischen Datensatz lassen sich Features nacheinander entfernen, um zu sehen, ob das Problem dadurch behoben werden kann, da zweifelhafte Features manchmal stark mit der Zielvariablen korreliert sein können. Um diese Strategie zu realisieren, können wir sequenzielle Feature-Auswahlalgorithmen mit einem aktualisierten Ziel verwenden. Anstatt beispielsweise die Klassifizierungsgenauigkeit zu maximieren, können wir sie minimieren. In Fällen, in denen das Entfernen von Features nicht so trivial ist (wie etwa bei Bild- und Textdaten), können wir auch untersuchen, ob sich das Diskrepanzproblem lösen lässt, wenn man einzelne Trainingsinstanzen aus dem Testdatensatz entfernt.

29.1 Übungen

1. Was ist eine gute Bezugslinie für die Performance bei adversarialen Vorhersageaufgaben?
2. Da die Trainingsdatensätze in der Regel größer als die Testdatensätze sind, führt die adversariale Validierung oftmals zu einem unausgewogenen Vorhersageproblem (wobei die Mehrheit der als *Testdaten?* gelabelten Beispiele falsch statt richtig ist). Sollte dies ein Problem darstellen, wie können Sie es entschärfen?

30 Begrenzte gelabelte Daten

Angenommen, wir zeichnen eine Lernkurve auf (wie die in Abbildung 5.1) und stellen fest, dass das Modell für maschinelles Lernen zur Überanpassung neigt und von mehr Trainingsdaten profitieren könnte. Welche Ansätze gibt es, um mit einem begrenzten Umfang an gelabelten Daten in Szenarios mit überwachtem maschinellem Lernen auszukommen?

Anstatt mehr Daten zu sammeln, gibt es mehrere Methoden für reguläres überwachtes Lernen, auf die wir zurückgreifen können, um die Modellperformance in Situationen mit begrenzten beschrifteten Daten zu verbessern.

30.1 Die Modellperformance mit begrenzten gelabelten Daten verbessern

Die folgenden Abschnitte untersuchen verschiedene Paradigmen des maschinellen Lernens, die auch in Szenarios mit beschränkten Trainingsdaten hilfreich sind.

30.1.1 Weitere Daten beschriften

Zusätzliche Trainingsbeispiele zu sammeln, ist oftmals der beste Weg, um die Leistung eines Modells zu verbessern (anhand einer Lernkurve lässt sich das gut zeigen). Allerdings ist dies in der Praxis oft nicht möglich, weil es kostspielig sein kann, qualitativ hochwertige Daten zu beschaffen, Rechenressourcen und Speicher möglicherweise nicht ausreichen oder die Daten schwer zugänglich sind.

30.1.2 Bootstrapping der Daten

Ähnlich wie bei den in Kapitel 5 erörterten Techniken, mit denen sich Überanpassung verhindern lässt, kann es hilfreich sein, Daten per Bootstrapping hervorzubringen, indem modifizierte (erweiterte) oder künstliche (synthetische) Trainingsbeispiele generiert werden, um die Performance des Vorhersagemodells zu steigern. Natürlich kann auch die Verbesserung der Datenqualität zu einer verbesserten Vorhersageleistung eines Modells führen, wie Kapitel 21 beschrieben hat.

30.1.3 Transferlernen

Transferlernen beschreibt das Trainieren eines Modells mit einem allgemeinen Datensatz (zum Beispiel ImageNet) und das anschließende Feinabstimmen des vortrainierten Zieldatensatzes (zum Beispiel ein Datensatz, der aus verschiedenen Vogelarten besteht), wie Abbildung 30–1 zeigt.

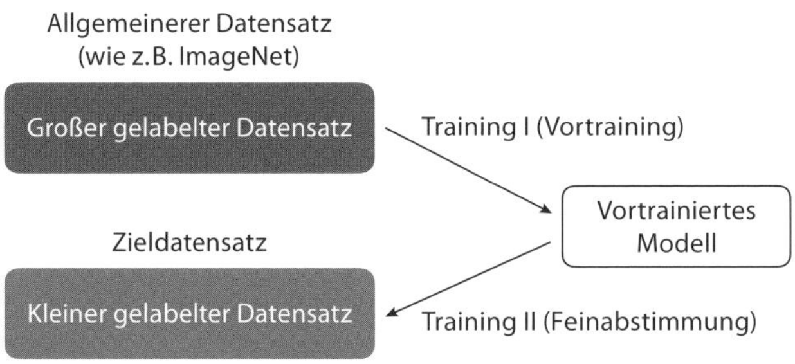

Abb. 30–1 *Der Ablauf beim Transferlernen*

Transferlernen geschieht in der Regel im Kontext von Deep Learning, wobei sich Modellgewichte aktualisieren lassen. Dies unterscheidet sich von baumbasierten Methoden, da die meisten Entscheidungsbaumalgorithmen parameterfreie Modelle sind, die weder iteratives Training noch Parameteraktualisierungen unterstützen.

30.1.4 Selbstüberwachtes Lernen

Ähnlich wie beim Transferlernen wird das Modell beim selbstüberwachten Lernen zunächst für eine andere Aufgabe trainiert, bevor es auf die Zielaufgabe abgestimmt wird, für die nur begrenzte Daten existieren. Allerdings stützt sich selbstüberwachtes Lernen in der Regel auf Label-Informationen, die direkt und automatisch aus ungelabelten Daten extrahiert werden können. Daher bezeichnet man selbstüberwachtes Lernen oft auch als *unüberwachtes Vortraining*.

Gängige Beispiele für selbstüberwachtes Lernen sind Vortrainingsaufgaben in der Sprachmodellierung wie *nächstes Wort* (zum Beispiel in GPT verwendet) oder *maskiertes Wort* (zum Beispiel in BERT verwendet), auf die Kapitel 17 näher eingegangen ist. Ein weiteres intuitives Beispiel aus der Computervision ist das *Inpainting* eines Bildes. Diese Methode der Bildbearbeitung versucht, fehlende Teile eines Bildes, die zufällig zerstört oder entfernt wurden, vorherzusagen, wie Abbildung 30–2 veranschaulicht.

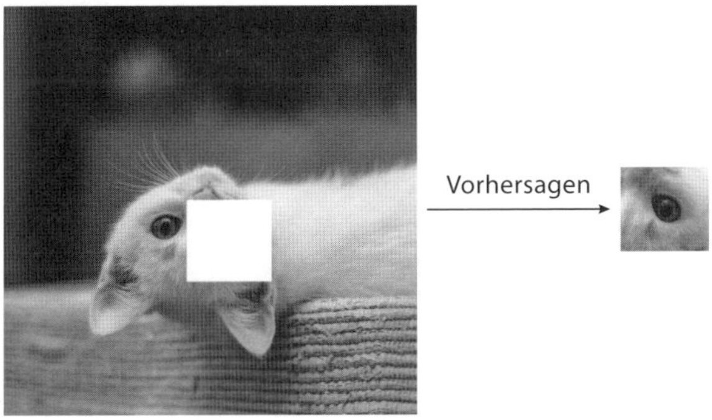

Abb. 30–2 *Inpainting für selbstüberwachtes Lernen*

Weitere Details zum selbstüberwachten Lernen finden Sie in Kapitel 2.

30.1.5 Aktives Lernen

Abbildung 30–3 veranschaulicht aktives Lernen, bei dem in der Regel menschliche Kommentatoren (Beschrifter) oder Benutzer während des Lernprozesses einbezogen werden, um Feedback zu liefern. Anstatt jedoch den gesamten Datensatz von vornherein zu labeln, verfolgt aktives Lernen ein Priorisierungsschema, das nicht gelabelte Datenpunkte zur Beschriftung vorschlägt, um die Performance des Modells für maschinelles Lernen zu maximieren.

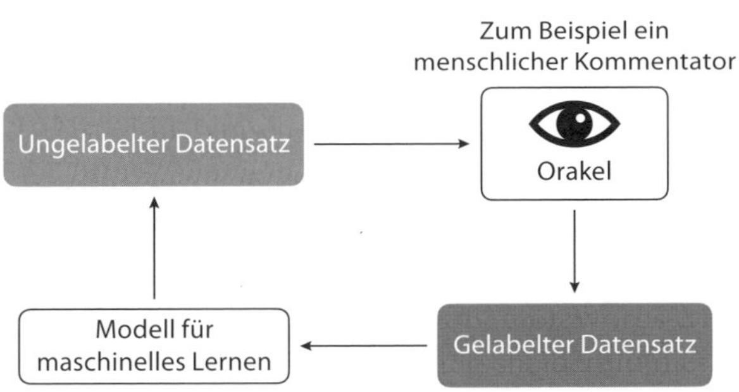

Abb. 30–3 *Beim aktiven Lernen fragt ein Modell ein Orakel nach Labels ab.*

Der Begriff *aktives Lernen* bezieht sich auf die Tatsache, dass das Modell die Daten für das Labeling aktiv auswählt. Beispielsweise werden bei der einfachsten Form des aktiven Lernens Datenpunkte mit hoher Vorhersageunsicherheit ausgewählt, um sie von einem menschlichen Kommentator (auch als *Orakel* bezeichnet) beschriften zu lassen.

30.1.6 Few-Shot-Lernen

In einem Szenario mit Few-Shot-Lernen haben wir es oftmals mit äußerst kleinen Datensätzen zu tun, die nur eine Handvoll Beispiele pro Klasse umfassen. Im akademischen Umfeld sind vor allem 1-Shot- (ein Beispiel pro Klasse) und 5-Shot- (fünf Beispiele pro Klasse) Lernszenarios gebräuchlich. Ein Extremfall des Few-Shot-Lernens ist *Zero-Shot-Lernen*, bei dem keinerlei Labels bereitgestellt werden. Bekannte Beispiele für das Zero-Shot-Lernen sind GPT-3 und verwandte Sprachmodelle, bei denen der Benutzer alle erforderlichen Informationen über den Eingabe-Prompt bereitstellen muss, wie Abbildung 30–4 zeigt.

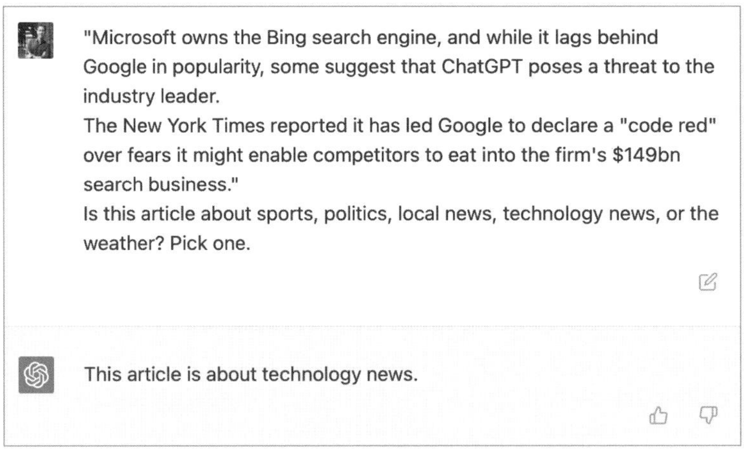

Abb. 30–4 *Zero-Shot-Klassifizierung mit ChatGPT*

Weitere Details zum Few-Shot-Lernen finden Sie in Kapitel 3.

30.1.7 Meta-Lernen

Beim Meta-Lernen geht es darum, Methoden zu entwickeln, die bestimmen, wie Algorithmen für maschinelles Lernen am besten aus Daten lernen können. Daher kann man sich Meta-Lernen als »Lernen, um zu lernen« vorstellen. Die Community für maschinelles Lernen hat mehrere Ansätze für Meta-Lernen entwickelt. In dieser Community steht der Begriff *Meta-Lernen* nicht nur für mehrere Unterkategorien und Ansätze, sondern wird gelegentlich auch genutzt, um verwandte, aber dennoch unterschiedliche Prozesse zu beschreiben, was zu Nuancen in seiner Interpretation und Anwendung führt.

Meta-Lernen ist eine der wichtigsten Unterkategorien des Few-Shot-Lernens. Hier liegt der Schwerpunkt auf dem Erlernen eines guten Feature-Extraktionsmoduls, das Unterstützungs- und Abfragebilder in Vektordarstellungen konvertiert. Diese Vektordarstellungen werden optimiert, um die vorhergesagte Klasse des Abfragebeispiels über Vergleiche mit den Trainingsbeispielen in der Unterstützungsmenge zu bestimmen. (Diese Form des Meta-Lernens wird in Kapitel 3 veranschaulicht.)

Ein anderer Zweig des Meta-Lernens, der nichts mit dem Ansatz des Few-Shot-Lernens zu tun hat, konzentriert sich auf das Extrahieren von Metadaten (auch Meta-Features genannt) aus Datensätzen für Aufgaben des überwachten Lernens, wie Abbildung 30–5 veranschaulicht. Die Meta-Features sind Beschreibungen des Datensatzes selbst. Beispielsweise können sie die Anzahl der Features und statistische Kenngrößen der verschiedenen Features (Kurtosis, Wertebereich, Mittelwert usw.) beinhalten.

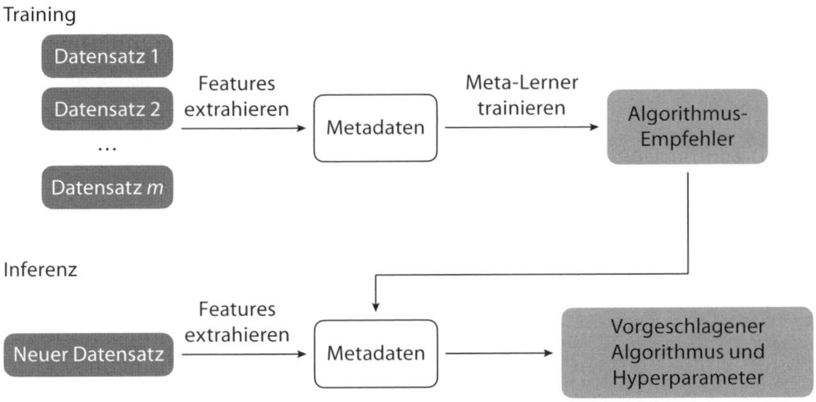

Abb. 30–5 *Der Ablauf beim Meta-Lernen mit dem Extrahieren von Metadaten*

Anhand der Informationen der extrahierten Meta-Features lässt sich ein Algorithmus des maschinellen Lernens für den vorliegenden Datensatz auswählen. Mit diesem Ansatz können wir die Suchräume für Algorithmen und Hyperparameter eingrenzen, was bei kleinen Datensätzen hilft, eine Überanpassung zu verringern.

30.1.8 Schwach überwachtes Lernen

Beim schwach überwachten Lernen (Weak Supervision), das in Abbildung 30–6 dargestellt ist, wird eine externe Label-Quelle genutzt, um Labels für einen ungelabelten Datensatz zu generieren. Oftmals sind die von einer schwach überwachten Beschriftungsfunktion erzeugten Labels verrauschter oder ungenauer als die von einem Menschen oder einem Fachexperten erzeugten Labels – daher der Begriff *schwach* überwacht. Wir können einen regelbasierten Klassifizierer entwickeln oder übernehmen, um die Labels beim schwach überwachten Lernen zu erzeugen. Diese Regeln decken normalerweise aber nur eine Teilmenge des nicht gelabelten Datensatzes ab.

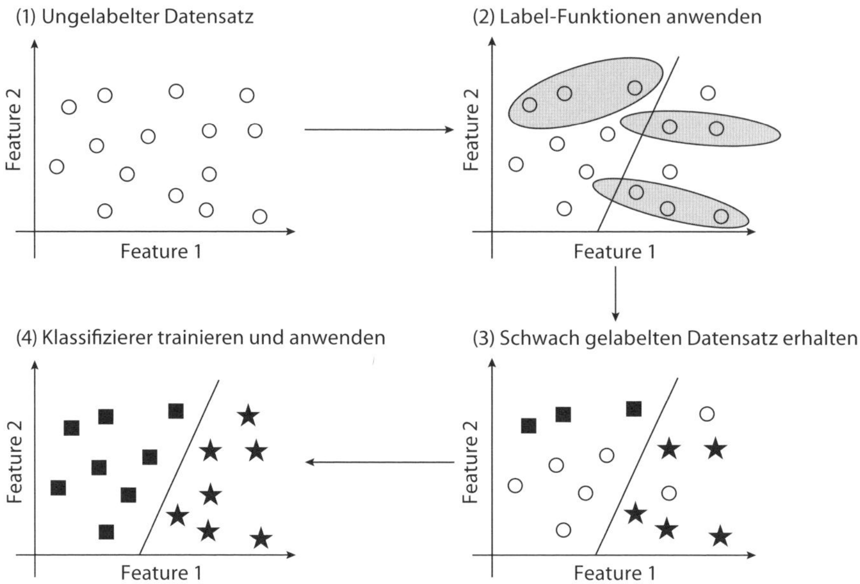

Abb. 30–6 *Schwach überwachtes Lernen verwendet externe Beschriftungsfunktionen, um Modelle für maschinelles Lernen zu trainieren.*

Kehren wir zum Beispiel zu der Spam-Klassifizierung von E-Mails aus Kapitel 23 zurück, um einen regelbasierten Ansatz für das Beschriften von Daten zu veranschaulichen. Bei schwacher Überwachung könnten wir einen regelbasierten Klassifizierer basierend auf dem Schlüsselwort *SALE* in der Betreffzeile der E-Mail entwerfen, um eine Teilmenge von Spam-E-Mails zu identifizieren. Beachten Sie, dass wir zwar anhand dieser Regel bestimmte E-Mails als Spam-positiv kennzeichnen können, aber wir sollten diese Regel nicht anwenden, um E-Mails ohne *SALE* als Nicht-Spam zu kennzeichnen. Stattdessen sollten wir diese entweder ungelabelt lassen oder eine andere Regel auf sie anwenden.

Es gibt eine als PU-Lernen bezeichnete Unterkategorie des schwach überwachten Lernens. Beim *PU-Lernen*, was für *Positive-Unlabeled Lernen* steht, labeln und lernen wir nur von positiven Beispielen.

30.1.9 Halbüberwachtes Lernen

Eng verwandt mit schwach überwachtem Lernen ist halbüberwachtes Lernen: Hier werden ebenfalls Labels für nicht gelabelte Instanzen im Datensatz erzeugt. Der Unterschied zwischen beiden Methoden liegt darin, *wie* die Labels erzeugt werden. Bei schwacher Überwachung werden die Labels mit einer externen Beschriftungsfunktion erstellt, die häufig verrauscht oder ungenau ist oder nur eine Teilmenge der Daten abdeckt. Bei Semi-Supervision brauchen wir keine externe Beschriftungsfunktion, sondern nutzen die Struktur der Daten selbst. Zum Beispiel können wir zusätzliche Datenpunkte auf Grundlage der Dichte von benachbarten gelabelten Datenpunkten labeln, wie Abbildung 30–7 veranschaulicht.

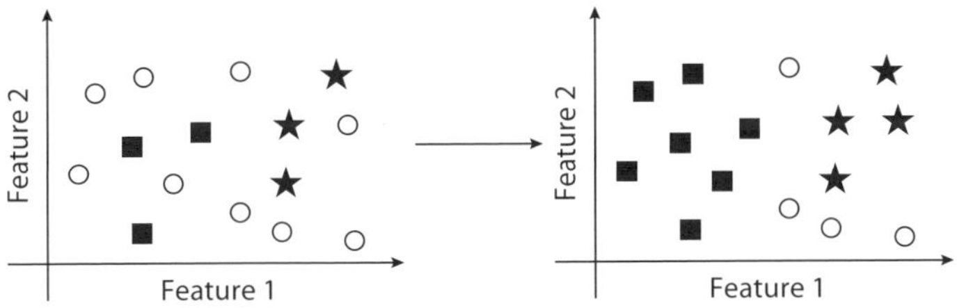

Abb. 30-7 *Halbüberwachtes Lernen*

Während sich schwache Überwachung auf einen vollkommen ungelabelten Datensatz anwenden lässt, verlangt halbüberwachtes Lernen, dass zumindest ein Teil der Daten gelabelt ist. In der Praxis ist es möglich, zunächst eine Teilmenge der Daten durch schwache Überwachung zu beschriften, und dann per halbüberwachtem Lernen die Instanzen zu labeln, die von den Beschriftungsfunktionen noch nicht erfasst wurden.

Aufgrund der engen Beziehung zwischen beiden Verfahren wird halbüberwachtes Lernen manchmal auch als Unterkategorie des schwach überwachten Lernens bezeichnet und umgekehrt.

30.1.10 Selbsttraining

Selbsttraining liegt irgendwo zwischen halbüberwachtem Lernen und schwach überwachtem Lernen. Bei dieser Technik trainieren wir ein Modell, um den Datensatz zu labeln, oder übernehmen hierfür ein vorhandenes Modell. Dieses Modell wird auch als *Pseudo-Labeler* bezeichnet.

Da das Selbsttraining keine genauen Labels garantiert, ist es mit dem schwach überwachten Lernen vergleichbar. Darüber hinaus ist Selbsttraining mit dem halbüberwachten Lernen verwandt, wenn wir für dieses Pseudo-Labeling ein Modell für maschinelles Lernen verwenden oder übernehmen.

Ein Beispiel für Selbsttraining ist die Wissensdestillation, mit der sich Kapitel 6 beschäftigt.

30.1.11 Multi-Task-Lernen

Beim Multi-Task-Lernen werden neuronale Netze mit mehreren Aufgaben (Tasks) trainiert, die idealerweise miteinander zusammengehörig sind. Wenn wir beispielsweise einen Klassifizierer trainieren, um Spam-E-Mails zu erkennen, ist Spam-Klassifizierung die Hauptaufgabe. Beim Multi-Task-Lernen können wir eine oder mehrere zusammengehörende Aufgaben, die das Modell lösen soll, hinzufügen, die sogenannten *Hilfsaufgaben*. Für das Beispiel der Spam-E-Mails könnte eine Hilfsaufgabe die Klassifizierung des Themas oder der Sprache der E-Mail sein.

Üblicherweise wird Multi-Task-Lernen über mehrere Verlustfunktionen implementiert, die gleichzeitig optimiert werden müssen, mit einer Verlustfunktion für jede Aufgabe. Die Hilfsaufgaben dienen als induktive Verzerrung, die das Modell dazu bringt, Hypothesen zu priorisieren, die mehrere Aufgaben erklären können. Dieser Ansatz resultiert oft in Modellen, die bei noch nicht gesehenen Daten besser abschneiden.

Es gibt zwei Unterkategorien des Multi-Task-Lernens: Multi-Task-Lernen mit Hard Parameter Sharing und Multi-Task-Lernen mit Soft Parameter Sharing. Abbildung 30–8 veranschaulicht den Unterschied zwischen diesen beiden Methoden.

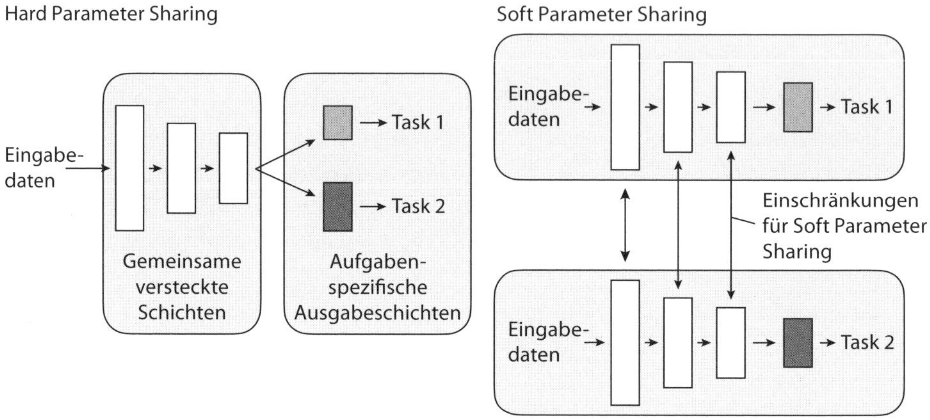

Abb. 30–8 *Die beiden Haupttypen beim Multi-Task-Lernen*

Beim *Hard* Parameter Sharing (siehe Abbildung 30–8) sind nur die Ausgabeschichten aufgabenspezifisch, während alle anderen Aufgaben dieselben verdeckten Schichten und dieselbe Backbone-Architektur des neuronalen Netzes gemeinsam nutzen. Im Gegensatz dazu verwendet *Soft* Parameter Sharing für jede Aufgabe separate neuronale Netze, wobei aber Regularisierungstechniken wie Minimierung des Abstands zwischen den Parameterschichten angewendet werden, um die Ähnlichkeit zwischen den Netzen zu fördern.

30.1.12 Multimodales Lernen

Während beim Multi-Task-Lernen ein Modell mit mehreren Aufgaben und Verlustfunktionen trainiert wird, zeichnet sich multimodales Lernen dadurch aus, dass mehrere Arten von Eingabedaten einbezogen werden.

Gängige Beispiele für multimodales Lernen sind Architekturen, die sowohl Bild- als auch Textdaten als Eingabe übernehmen (obwohl multimodales Lernen nicht auf nur zwei Modalitäten beschränkt ist und für eine beliebige Anzahl von Eingabemodalitäten verwendet werden kann). Je nach Aufgabe können wir einen Anpassungsverlust nutzen, der erzwingt, dass die Einbettungsvektoren zwischen verwandten Bildern und Texten ähnlich sind, wie Abbildung 30–9 gezeigt hat (siehe Kapitel 1 für weitere Informationen zu Einbettungsvektoren).

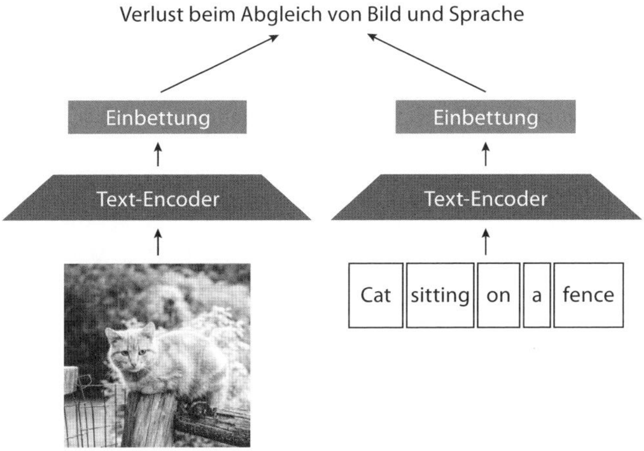

Abb. 30–9 *Multimodales Lernen mit einem Abgleichverlust*

Abbildung 30–9 zeigt Bild- und Text-Encoder als separate Komponenten. Der Bild-Encoder kann ein konvolutionales Backbone oder ein Vision-Transformer sein und der Sprach-Encoder ein rekurrentes neuronales Netz oder ein Sprach-Transformer. Allerdings ist es heutzutage üblich, ein einziges Transformer-basiertes Modul zu verwenden, das Bild- und Textdaten gleichzeitig verarbeiten kann. So verfügt beispielsweise das VideoBERT-Modell über ein Verknüpfungsmodul, das sowohl Video als auch Text für die Klassifizierung von Handlungen und Videobeschriftung verarbeiten kann.

Es kann nützlich sein, einen Abgleichverlust wie in Abbildung 30–9 gezeigt zu optimieren, um Einbettungen zu lernen, die sich auf verschiedene Aufgaben, wie zum Beispiel Bildklassifizierung oder Zusammenfassungen, anwenden lassen. Allerdings ist es auch möglich, den Zielverlust direkt – etwa durch Klassifizierung oder Regression – zu optimieren, wie Abbildung 30–10 veranschaulicht.

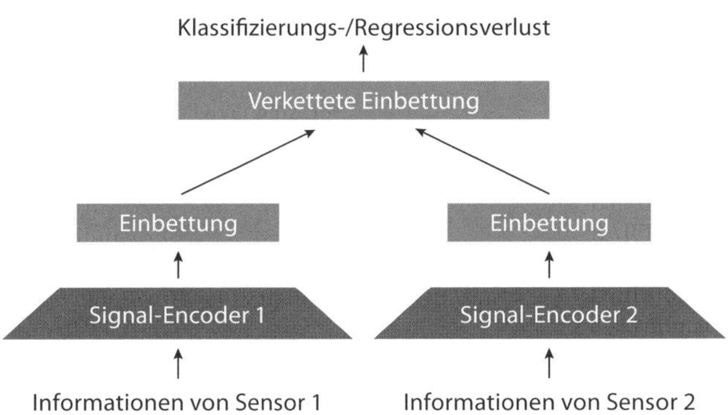

Abb. 30–10 *Multimodales Lernen zur Optimierung eines Ziels beim überwachten Lernen*

Abbildung 30–10 zeigt Daten, die von zwei verschiedenen Sensoren gesammelt werden. Der eine könnte ein Thermometer sein, der andere eine Videokamera. Der Signal-Encoder konvertiert die Informationen in Einbettungen (mit derselben Anzahl von Dimensionen), die dann zur Eingabedarstellung für das Modell verkettet werden.

Intuitiv betrachtet sind Modelle, die Daten aus verschiedenen Modalitäten kombinieren, im Allgemeinen leistungsfähiger als unimodale Modelle, da sie mehr Informationen nutzen können. Zudem legen jüngste Forschungsergebnisse nahe, dass der Schlüssel zum Erfolg des multimodalen Lernens in der verbesserten Qualität der latenten Raumdarstellung liegt.

30.1.13 Induktive Verzerrungen

Modelle mit stärkeren induktiven Verzerrungen auszuwählen, kann die Anforderungen an die Daten senken, indem Annahmen über die Struktur der Daten getroffen werden. Beispielsweise benötigen konvolutionale Netze aufgrund ihrer induktiven Verzerrungen weniger Daten als Vision-Transformer, wie Kapitel 13 erläutert hat.

30.2 Empfehlungen

Wie soll man bei all diesen Techniken, die die Anforderungen an die Daten verringern, entscheiden, welche in einer bestimmten Situation angebracht ist?

Techniken wie das Sammeln von mehr Daten, Datenerweiterung und Feature-Engineering sind mit allen in diesem Kapitel vorgestellten Methoden kompatibel. Multi-Task-Lernen und multimodale Eingaben können ebenso mit den hier skizzierten Lernstrategien verwendet werden. Wenn das Modell unter einer Überanpassung leidet, sollten Sie auch die in den Kapiteln 5 und 6 beschriebenen Techniken einbeziehen.

Doch wie kann man zwischen aktivem Lernen, Few-Shot-Lernen, Transfer-Lernen, selbstüberwachtem Lernen, halbüberwachtem Lernen und schwach überwachtem Lernen wählen? Die Entscheidung, welche überwachte(n) Lerntechnik(en) man ausprobieren sollte, ist stark vom Kontext abhängig. Das Diagramm in Abbildung 30–11 können Sie als Leitfaden heranziehen, um die beste Methode für Ihr konkretes Projekt auszuwählen.

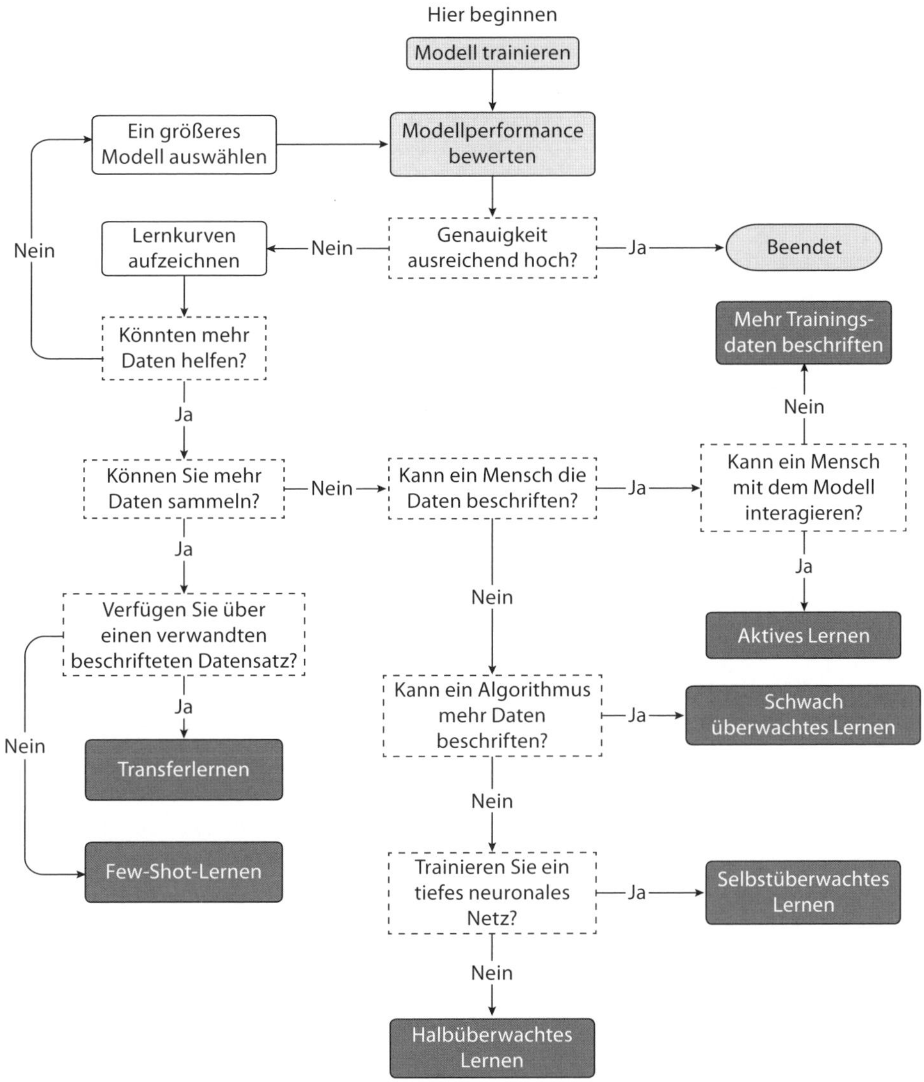

Abb. 30–11 *Empfehlungen für die Auswahl einer Technik zum überwachten Lernen*

Beachten Sie, dass die dunklen Kästchen in Abbildung 30–11 keine Endknoten sind, sondern zum zweiten Kästchen »Modellperformance bewerten« zurückführen. Um die Darstellung übersichtlich zu halten, wurde auf zusätzliche Pfeile verzichtet.

30.3 Übungen

1. Angenommen, wir sollen ein Modell für maschinelles Lernen erstellen, das anhand von Bildern Herstellungsfehler auf den Außenhüllen von Tablets in der Art von iPads erkennt. Wir haben Zugang zu Millionen Bildern verschiedener Geräte, darunter Smartphones, Tablets und Desktop-Computer, die

nicht gelabelt sind, zu Tausenden gelabelter Bilder von Smartphones, die verschiedene Arten von Fehlern zeigen, und zu Hunderten gelabelter Bilder, die sich speziell auf die gestellte Aufgabe – Erkennen von Herstellungsfehlern bei Tablets – beziehen. Wie könnten wir dieses Problem mit selbstüberwachtem Lernen oder Transferlernen angehen?

2. Beim aktiven Lernen basiert die Auswahl schwieriger Beispiele für die Inspektion und das Beschriften durch den Menschen oft auf Konfidenzwerten. Neuronale Netze können derartige Werte liefern, indem sie über die logistische Sigmoid- oder Softmax-Funktion in der Ausgabeschicht Wahrscheinlichkeiten für die Klassenzugehörigkeit berechnen. Allerdings ist weithin bekannt, dass tiefe neuronale Netze bei Daten, die außerhalb der Verteilung liegen, eine übermäßige Konfidenz aufweisen, sodass es praktisch wirkungslos ist, solche Daten beim aktiven Lernen zu verwenden. Welche anderen Methoden gibt es, um Konfidenzwerte von tiefen neuronalen Netzen für aktives Lernen zu erhalten?

30.4 Referenzen

- Entscheidungsbäume für inkrementelles Lernen sind zwar kaum implementiert, doch gibt es durchaus Algorithmen für das Training von Entscheidungsbäumen auf iterative Weise: *https://en.wikipedia.org/wiki/Incremental_decision_tree*.
- Modelle, die mit Multi-Task-Lernen trainiert werden, übertreffen oft Modelle, die für eine einzige Aufgabe trainiert wurden: Rich Caruana, »Multitask Learning« (1997), *https://doi.org/10.1023%2FA% 3A1007379606734*.
- Ein einziges Transformer-basiertes Modul, das gleichzeitig Bild- und Textdaten verarbeiten kann: Chen Sun et al., »VideoBERT: A Joint Model for Video and Language Representation Learning« (2019), *https:// arxiv.org/abs/1904.01766*.
- Die oben erwähnte Forschung legt nahe, dass der Schlüssel zum Erfolg des multimodalen Lernens in der verbesserten Qualität der latenten Raumdarstellung liegt: Yu Huang et al., »What Makes Multi-Modal Learning Better Than Single (Provably)« (2021), *https://arxiv.org/abs/2106.04538*.
- Weitere Informationen zum aktiven Lernen: Zhen et al., »A Comparative Survey of Deep Active Learning« (2022), *https://arxiv.org/abs/2203.13450*.
- Für eine ausführliche Diskussion darüber, wie Daten außerhalb der Verteilung zu übermäßigem Vertrauen in tiefe neuronale Netze führen können: Anh Nguyen, Jason Yosinski und Jeff Clune, »Deep Neural Networks Are Easily Fooled: High Confidence Predictions for Unrecognizable Images« (2014), *https://arxiv.org/abs/1412.1897*.

Nachwort

Dieses Buch hat Sie auf eine Reise mitgenommen, an deren Anfang solche grundlegenden Konzepte des maschinellen Lernens wie Einbettungen, latente Räume und Repräsentationen sowie fortgeschrittene Techniken und Architekturen wie selbstüberwachtes Lernen, Few-Shot-Lernen und Transformer standen. Außerdem hat es viele praktische Techniken wie Modellbereitstellung, Multi-GPU-Training und datenzentrierte KI behandelt und ist in spezialisierte Domänen wie Computervision und Verarbeitung natürlicher Sprache eingetaucht.

Jedes Kapitel dieses Buches vermittelt nicht nur konzeptionelles Wissen, sondern bietet auch praktische Einblicke, wodurch dieses Buch sowohl für akademische als auch für reale Anwendungen nützlich ist. Ob Sie nun angehender Data Scientist oder Ingenieur für maschinelles Lernen sind oder sich einfach nur für das sich rasend schnell entwickelnde Gebiet der KI interessieren – ich hoffe, dass dieses Buch für Sie hilfreich war.

Sollten Sie dieses Buch nützlich gefunden haben, wäre ich Ihnen dankbar, wenn Sie Ihre Erfahrungen mit anderen teilen und es weiterempfehlen würden an Leute, die es ebenfalls hilfreich finden könnten. Auch über Kommentare und Vorschläge würde ich mich freuen. Sie können gerne eine Diskussion im offiziellen Forum zu diesem Buch unter dem Link *https://github.com/rasbt/MachineLearning-QandAI-book/discussions* eröffnen und sich daran beteiligen. Unter *https://sebastianraschka.com/contact* finden Sie auch Möglichkeiten, mit mir in Kontakt zu treten.

Ich danke Ihnen für die Lektüre und wünsche Ihnen viel Glück bei Ihren Unternehmungen in der faszinierenden Welt des maschinellen Lernens und der KI.

Lösungen zu den Übungen

Kapitel 1

1. Die letzte Schicht vor der Ausgabeschicht (hier die zweite vollständig verbundene Schicht) ist für Einbettungen möglicherweise am nützlichsten. Allerdings könnten wir auch alle anderen Zwischenschichten verwenden, um Einbettungen zu erzeugen. Da die späteren Schichten dazu neigen, Higher-Level-Features zu lernen, sind diese späteren Schichten semantisch bedeutungsvoller und besser für verschiedene Arten von Aufgaben geeignet, einschließlich verwandter Klassifizierungsaufgaben.
2. Eine der traditionellen Methoden der Eingaberepräsentation, die sich von Einbettungen unterscheidet, ist die in Kapitel 1 beschriebene 1-aus-n-Codierung. Bei dieser Methode wird jede kategoriale Variable als binärer Vektor dargestellt, wobei nur ein einziger Wert »heiß« oder aktiv (zum Beispiel auf 1 gesetzt) ist, während alle anderen Positionen inaktiv (zum Beispiel auf 0 gesetzt) bleiben.

   Histogramme verkörpern eine andere Repräsentation, die keine Einbettung ist. Ein typisches Beispiel dafür sind Bildhistogramme (siehe zum Beispiel *https://en.wikipedia.org/wiki/Image_histogram*). Derartige Histogramme stellen die Tonwertverteilung eines digitalen Bildes grafisch dar und erfassen die Intensitätsverteilung der Pixel.

   Darüber hinaus bietet das Bag-of-Words-Modell einen anderen Ansatz, der sich von Einbettungen unterscheidet. In diesem Modell wird ein Eingabesatz als ungeordnete Sammlung oder »Bag« (englisch Tasche) seiner Wörter dargestellt, wobei die Grammatik und sogar die Wortreihenfolge außer Acht gelassen werden. Weitere Details zum Bag-of-Words-Modell finden Sie unter *https://en.wikipedia.org/wiki/Bag-of-words_model*.

Kapitel 2

1. Selbstüberwachtes Lernen kann man zum Beispiel auf Videodaten anwenden, indem man den nächsten Frame im Video vorhersagt. Dies ist vergleichbar mit der Vorhersage des nächsten Wortes in großen Sprachmodellen wie

GPT. Diese Methode verlangt vom Modell, nachfolgende Ereignisse oder Bewegungen in einer Sequenz vorherzusagen, wodurch es ein zeitliches Verständnis des Inhalts erhält.

Ein anderer Ansatz sagt fehlende oder maskierte Frames voraus. Diese Idee ist von großen Sprachmodellen wie BERT inspiriert, bei denen bestimmte Wörter maskiert werden und das Modell sie vorhersagen soll. Bei Videos lassen sich ganze Frames maskieren und das Modell lernt, den maskierten Frame zu interpolieren und vorherzusagen, und zwar basierend auf dem Kontext, den ihm die umgebenden Frames liefern.

Inpainting ist ein weiterer Weg für selbstüberwachtes Lernen in Videos. Hier werden keine ganzen Frames maskiert, sondern bestimmte Pixelbereiche innerhalb eines Frames. Das Modell wird dann trainiert, um die fehlenden oder maskierten Teile vorherzusagen, was ihm helfen kann, feinkörnige visuelle Details und räumliche Beziehungen in den Videoinhalten zu erfassen.

Schließlich kann eine Färbetechnik verwendet werden, bei der das Video in eine Graustufendarstellung umgewandelt wird und das Modell die Farben vorhersagen soll. Auf diese Weise lernt das Modell nicht nur die ursprünglichen Farben der Objekte kennen, sondern bekommt auch Einblicke in Beleuchtung, Schatten und die allgemeine Stimmung der Szenen.

2. Wir können Featurewerte entfernen (maskieren) und ein Modell trainieren, um diese Werte vorherzusagen, analog zur klassischen Imputation von Daten. Zum Beispiel ist eine Methode, die diesen Ansatz verwendet, TabNet; siehe Sercan O. Arik und Tomas Pfister, »TabNet: Attentive Interpretable Tabular Learning« (2019), *https://arxiv.org/abs/1908.07442*.

   Es ist auch möglich, kontrastives Lernen zu verwenden, indem erweiterte Versionen der Trainingsbeispiele im ursprünglichen rohen Merkmalsraum oder dem Einbettungsraum erzeugt werden. Dieser Ansatz wird beispielsweise von den Methoden SAINT und SCART verwendet. Zur ersten Methode finden Sie Näheres unter: Gowthami Somepalli et al., »SAINT: Improved Neural Networks for Tabular Data via Row Attention and Contrastive Pre-Training« (2021), *https://arxiv.org/ abs/2106.01342*. Für die zweite Methode siehe Dara Bahri et al., »SCARF: Self-Supervised Contrastive Learning Using Random Feature Corruption« (2021), *https://arxiv.org/abs/2106.15147*.

Kapitel 3

1. Ähnlich wie beim überwachten Lernen teilen wir den Datensatz zunächst in einen Trainings- und einen Testdatensatz. Anschließend gliedern wir die Trainings- und Testdatensätze weiter in Teilmengen auf, und zwar mit einem Bild aus jeder Klasse. Für die Trainingsaufgabe betrachten wir konzeptionell nur eine Teilmenge der Klassen, beispielsweise die Klassen (Ziffern) 0, 1, 2,

5, 6, 8 und 9. Zum Testen verwenden wir dann die verbleibenden Klassen 3, 4 und 7. Für jede Klassifizierungsaufgabe erhält das neuronale Netz nur ein Beispiel pro Bild.

2. Betrachten wir ein medizinisches Bildverarbeitungsszenario für seltene Krankheiten. Der Trainingsdatensatz besteht möglicherweise aus nur wenigen Beispielen, die verschiedenen Arten von Krankheiten entsprechen, und ein Few-Shot-System hat vielleicht nur einen oder eine Handvoll Fälle für eine neue, unbekannte seltene Krankheit (die nicht im Trainingsdatensatz enthalten ist) parat. Die Aufgabe besteht nun darin, eine neue, seltene Krankheit anhand dieser begrenzten Anzahl von Beispielen zu identifizieren.

   Ein weiteres Beispiel für ein Few-Shot-System ist ein Empfehlungssystem, dem nur eine begrenzte Anzahl von Artikeln zur Verfügung steht, die Benutzer bewertet haben. Auf der Grundlage dieser begrenzten Anzahl von Beispielen muss das Modell zukünftige Produkte vorhersagen, die dem Benutzer gefallen könnten. Stellen Sie sich einen Lagerroboter vor, der lernen muss, neue Objekte zu erkennen, wenn ein Unternehmen das Spektrum seines Warenbestands erweitert. Der Roboter muss nun auf der Grundlage von nur wenigen Beispielen lernen, diese neuen Objekte zu erkennen und sich an sie anzupassen.

Kapitel 4

1. Vielleicht versuchen Sie, die Größe des anfänglichen neuronalen Netzes zu erhöhen. Es könnte auch sein, dass das gewählte Netz zu klein ist, um ein geeignetes Teilnetz zu erhalten.

   Eine weitere Möglichkeit besteht darin, eine andere Zufallsinitialisierung auszuprobieren (zum Beispiel mit einem anderen Startwert für den Zufallsgenerator). Die Lotterie-Ticket-Hypothese geht davon aus, dass *einige* zufällig initialisierte Netze hochgenaue Teilnetze enthalten, die sich durch Pruning erhalten lassen, wobei aber nicht alle Netze derartige Teilnetze enthalten.

2. Beim Training eines neuronalen Netzes mit ReLU-Aktivierungsfunktionen werden bestimmte Aktivierungen auf 0 gesetzt, wenn die Eingabe an die Funktion kleiner als 0 ist. Somit tragen manche Knoten in den verborgenen Schichten nichts zu den Berechnungen bei. Derartige Knoten nennt man auch *tote Neuronen*. Die ReLU-Aktivierungen verursachen zwar nicht direkt dünn besetzte Gewichte, doch führen Aktivierungsausgaben von 0 zu Nullgewichten, die nicht wiederherstellbar sind. Diese Beobachtung stützt die Lotterie-Ticket-Hypothese, die besagt, dass gut trainierte Netze Teilnetze mit dünn besetzten, trainierbaren Gewichten enthalten können, die sich ohne Genauigkeitsverlust beschneiden lassen.

Kapitel 5

1. XGBoost ist eine baumbasierte Implementierung des Gradienten-Boostings, das derzeit kein Transferlernen unterstützt. Im Gegensatz zu künstlichen neuronalen Netzen ist XGBoost ein parameterfreies Modell, das sich nicht jedes Mal aktualisieren lässt, wenn neue Daten eintreffen. Folglich würde reguläres Transferlernen hier nicht funktionieren.

   Allerdings ist es möglich, die Ergebnisse eines XGBoost-Modells, das für eine Aufgabe trainiert wurde, als Features für ein anderes XGBoost-Modell zu verwenden. Nehmen wir einen Satz von Features, die in beiden Datensätzen präsent sind. Zum Beispiel könnten wir eine Klassifizierungsaufgabe im selbstüberwachten Modus für den kombinierten Datensatz entwerfen. Dann könnten wir ein zweites XGBoost-Modell mit dem Zieldatensatz trainieren, das die ursprüngliche Featuremenge zusammen mit der Ausgabe des ersten XGBoost-Modells als Eingabe übernimmt.

2. Wenn Datenvermehrung angewendet wird, müssen wir in der Regel auch die Trainingszeit erhöhen. Es ist möglich, dass wir das Modell über einen längeren Zeitraum trainieren müssen.

   Es kann aber auch sein, dass wir die Datenvermehrung übertrieben haben. Eine zu starke Datenvermehrung kann zu übermäßigen Variationen führen, die nicht die natürlichen Variationen in den Daten widerspiegeln, woraus sich eine Überanpassung oder schlechte Generalisierung bei neuen Daten ergibt. Im Fall von MNIST kann dies auch bedeuten, dass das Bild in einer Weise verschoben oder beschnitten wird, dass die Ziffern aufgrund der dann fehlenden Teile nicht mehr erkennbar sind.

   Des Weiteren ließen sich auch naive, domäneninkonsistente Erweiterungen realisieren. Nehmen wir zum Beispiel an, dass wir Bilder vertikal oder horizontal spiegeln. Für MNIST macht dies allerdings keinen Sinn, da das vertikale oder horizontale Spiegeln von handgeschriebenen Ziffern keine Ziffern ergibt, die real existieren.

Kapitel 6

1. Die Anzahl der Trainingsepochen abzustimmen, ist ein einfacherer und universellerer Ansatz. Dies gilt insbesondere für ältere Frameworks, die keine Checkpoints für Modelle unterstützen. Daher kann es einfacher sein, die Anzahl der Trainingsepochen zu ändern. Diese Lösung ist insbesondere für kleinere Datensätze und Modelle attraktiv, bei denen jede Hyperparameterkonfiguration kostengünstig ausgeführt und bewertet werden kann. Zudem ist es bei diesem Ansatz nicht erforderlich, die Performance mit einem Validierungsdatensatz während des Trainings zu überwachen, was diesen Ansatz unkompliziert und einfach in der Anwendung macht.

Der Ansatz mit frühem Stoppen und Checkpoints ist vor allem nützlich bei Modellen, deren Training teuer ist. Er ist im Allgemeinen auch eine flexiblere und robustere Methode, um Überanpassung zu vermeiden. Nachteilig bei diesem Ansatz ist aber, dass in verrauschten Trainingssituationen eine frühere Epoche bevorzugt wird, selbst wenn die Genauigkeit der Validierungsmenge keine gute Schätzung der Verallgemeinerungsgenauigkeit ist.

2. Ein offensichtlicher Nachteil von Ensemble-Methoden hat mit den erhöhten Rechenkosten zu tun. Wenn wir zum Beispiel ein Ensemble von fünf neuronalen Netzen erstellen, kann dieses Ensemble fünfmal teurer als jedes einzelne Modell sein.

   Wir betrachten zwar oft die oben erwähnten Inferenzkosten, doch auch die erhöhten Speicherkosten bilden eine signifikante Einschränkung. Heutzutage haben die meisten Modelle für Computervision und Sprache Millionen oder sogar Milliarden von Parametern, die in einer verteilten Umgebung gespeichert werden müssen. Modell-Ensembles verkomplizieren dies zusätzlich.

   Verringerte Interpretierbarkeit gilt als weiterer Nachteil bei Modell-Ensembles. Es kann bereits schwierig sein, die Vorhersagen eines einzelnen Modells zu verstehen und zu analysieren. Je nach Ensemble-Methode fügen wir eine weitere Komplexitätsebene ein, die die Interpretierbarkeit verringert.

Kapitel 7

1. Der Adam-Optimierer implementiert eine adaptive Methode, die mit internen Gewichtsparametern ausgestattet ist. Adam hat zwei Optimierungsparameter (Mittelwert und Varianz) pro Modellparameter. Anstatt die Gewichtstensoren des Modells lediglich aufzuteilen, müssen wir auch die Optimiererzustände aufteilen, um Speicherbeschränkungen zu umgehen. (Beachten Sie, dass dies bereits in den meisten DeepSpeed-Parallelisierungstechniken implementiert ist.)

2. Datenparallelität könnte theoretisch auf einer CPU funktionieren, doch wäre der Nutzen sehr begrenzt. Anstatt zum Beispiel das Modell im CPU-Speicher zu duplizieren, um mehrere Modelle in verschiedenen Stapeln des Datensatzes parallel zu trainieren, könnte es zweckmäßiger sein, den Datendurchsatz zu erhöhen.

Kapitel 8

1. Selbstaufmerksamkeit hat eine quadratische Rechen- und Speicherkomplexität, die sich aus den n-zu-n-Vergleichen ergibt (wobei n die Länge der Eingabesequenz ist). Gegenüber anderen Architekturen neuronaler Netze sind Transformer daher rechenintensiver. Darüber hinaus generieren Decoder-ar-

tige Transformer wie GPT jeweils ein Token nach dem anderen als Ausgabe, was sich während der Inferenz nicht parallelisieren lässt (obwohl das Generieren jedes einzelnen Tokens hochgradig parallelisierbar ist, wie Kapitel 8 erläutert hat).

2. Ja, man kann Selbstaufmerksamkeit als eine Form der Featureauswahl betrachten, obwohl es Unterschiede zwischen dieser und anderen Arten der Featureauswahl gibt. Wichtig ist in diesem Zusammenhang, zwischen Hard- und Soft-Aufmerksamkeit zu differenzieren. Soft-Aufmerksamkeit berechnet Gewichte für alle Eingaben, während Hard-Aufmerksamkeit eine Teilmenge der Eingaben auswählt. Hard-Aufmerksamkeit ähnelt eher einer Maskierung, bei der Eingaben auf 0 oder 1 gesetzt werden, während Soft-Aufmerksamkeit einen kontinuierlichen Bereich von Wichtigkeitswerten zulässt. Der wesentliche Unterschied zwischen Aufmerksamkeit und Featureauswahl besteht darin, dass die Featureauswahl normalerweise eine feste Operation ist, während Aufmerksamkeitsgewichte dynamisch basierend auf der Eingabe berechnet werden. Bei Algorithmen zur Featureauswahl sind die ausgewählten Features immer dieselben, während sich die Gewichte bei der Aufmerksamkeit je nach Eingabe ändern können.

Kapitel 9

1. Naturgemäß ist es schwierig, diese Bewertung zu automatisieren, und der Goldstandard basiert derzeit auf menschlicher Bewertung und Beurteilung. Allerdings gibt es einige Metriken als quantitative Messgrößen.

   Um die Diversität der generierten Bilder zu bewerten, kann man die bedingte Klassenverteilung und die marginale Klassenverteilung der erzeugten Stichproben vergleichen, zum Beispiel mit einem Regularisierungsterm wie der Kullback-Leibler-Divergenz (KL-Divergenz). Dieses Maß wird auch bei variationalen Autoencodern (VAEs) verwendet, um die latenten Raumvektoren einer standardmäßigen Gauß-Verteilung anzunähern. Je höher der KL-Divergenz-Term ist, desto diverser sind die erzeugten Bilder.

   Man kann auch die Statistiken der generierten Bilder mit realen Bildern im Featureraum eines vortrainierten Modells vergleichen, beispielsweise mit einem convolutionalen Netz, das als Bildklassifizierer trainiert wurde. Eine hohe Ähnlichkeit (oder ein geringer Abstand) deutet darauf hin, dass die beiden Verteilungen nahe beieinanderliegen, was im Allgemeinen ein Zeichen für eine bessere Bildqualität ist. Dieser Ansatz wird oftmals auch als *Fréchet-Abstand* bezeichnet.

2. Wie die Generatoren von GANs, VAEs oder Diffusionsmodellen übernimmt ein Konsistenzmodell einen Rauschtensor, der aus einer einfachen Verteilung (beispielsweise einer standardmäßigen Gauß-Verteilung) für die Eingabe als Stichprobe entnommen wird, und erzeugt ein neues Bild.

Kapitel 10

1. Ja, wir können Top-k-Sampling deterministisch machen, indem wir $k = 1$ setzen, sodass das Modell immer das Wort mit dem höchsten Wahrscheinlichkeitswert als nächstes Wort auswählt, wenn es den Ausgabetext generiert.

   Wir können auch das Nucleus Sampling deterministisch machen, indem wir den Schwellenwert der Wahrscheinlichkeitsmasse p so festlegen, dass nur ein Element enthalten ist, das entweder diesem Schwellenwert genau entspricht oder ihn überschreitet. Dadurch würde das Modell immer das Token mit der höchsten Wahrscheinlichkeit auswählen.

2. In manchen Fällen kann das zufällige Dropout-Verhalten während der Inferenz wünschenswert sein, zum Beispiel beim Aufbau von Modell-Ensembles mit einem einzigen Modell. (Ohne das zufällige Dropout-Verhalten würde das Modell für eine bestimmte Eingabe exakt die gleichen Ergebnisse liefern und ein Ensemble wäre damit überflüssig.)

   Darüber hinaus kann das zufällige Dropout-Verhalten während der Inferenz für Tests der Robustheit nützlich sein. Bei kritischen Anwendungen wie im Gesundheitswesen oder beim autonomen Fahren ist es wichtig zu verstehen, wie sich geringfügige Veränderungen des Modells auf seine Vorhersagen auswirken können. Mithilfe von deterministischen Dropout-Mustern können wir diese geringfügigen Abweichungen simulieren und die Robustheit des Modells testen.

Kapitel 11

1. Der stochastische Gradientenabstieg (SGD) hat nur die Lernrate als Hyperparameter, aber keine weiteren Parameter. Daher sind neben den Gradienten, die für jeden Gewichtsparameter während der Backpropagation berechnet werden (einschließlich der für die Berechnung der Gradienten erforderlichen Schichtaktivierungen), keine weiteren Parameter zu speichern.

   Der Adam-Optimierer ist komplexer und benötigt mehr Speicherplatz. Insbesondere speichert Adam für jeden Parameter einen exponentiell abklingenden Mittelwert der letzten Gradienten (erstes Momentum) und einen exponentiell abklingenden Mittelwert der letzten quadrierten Gradienten (zweites Rohmomentum). Daher muss Adam für jeden Parameter des Netzes zwei zusätzliche Werte speichern. Wenn das Netz n Parameter enthält, benötigt Adam Speicherplatz für $2n$ zusätzliche Parameter.

   Wenn das Netz n trainierbare Parameter hat, fügt Adam $2n$ Parameter hinzu, die zu verfolgen sind. Zum Beispiel umfasst AlexNet 26.926 Parameter, wie Sie in Kapitel 1 in Übung 1 berechnet haben, sodass Adam insgesamt 53.852 (= 2 × 26.926) zusätzliche Werte erfordert.

2. Jede BatchNorm-Schicht lernt während des Trainings zwei Sätze von Parametern: einen Satz von Skalierungskoeffizienten (gamma) und einen Satz von Verschiebungskoeffizienten (beta). Diese werden so gelernt, dass das Modell die Normalisierung rückgängig machen kann, wenn sie sich als nachteilig für das Lernen erweist. Die einzelnen Parametersätze (gamma und beta) haben die gleiche Größe wie die Anzahl der Kanäle (oder Neuronen) in der Schicht, die sie normalisieren, da diese Parameter für jeden Kanal (oder jedes Neuron) separat gelernt werden.

   Für die erste BatchNorm-Schicht, die auf die erste Faltungsschicht mit fünf Ausgabekanälen folgt, kommen somit 10 zusätzliche Parameter hinzu. Für die zweite BatchNorm-Schicht, die der zweiten Faltungsschicht mit 12 Ausgabekanälen folgt, kommen 24 zusätzliche Parameter hinzu.

   Die erste vollständig verbundene Schicht umfasst 128 Ausgabekanäle, was 256 zusätzliche BatchNorm-Parameter bedeutet. Die zweite vollständig verbundene Schicht wird nicht von einer BatchNorm-Schicht begleitet, da sie die Ausgabeschicht ist.

   Demzufolge fügt BatchNorm dem Netz 10 + 24 + 256 = 290 zusätzliche Parameter hinzu.

Kapitel 12

1. Wenn man lediglich die Schrittweite von 1 auf 2 (oder größere Werte) erhöht, dürfte sich das nicht auf die Äquivalenz auswirken, da die Kernel-Größe in beiden Szenarios gleich der Eingabegröße ist, sodass hier kein Schiebefenster-Mechanismus im Spiel ist.
2. Vergrößert man das Padding auf Werte größer als 0, wirkt sich das auf die Ergebnisse aus. Aufgrund der aufgefüllten Eingaben kommt es zu einer Faltungsoperation mit Schiebefenster, bei der die Äquivalenz mit vollständig verbundenen Schichten nicht mehr gegeben ist. Mit anderen Worten würde das Padding die räumlichen Dimensionen der Eingabe verändern, was nicht mehr der Kernel-Größe entsprechen und zu mehr als einem Ausgabewert pro Featurezuordnung führen würde.

Kapitel 13

1. Die Verwendung kleinerer Patches (Bildfelder) erhöht die Anzahl der Patches für ein bestimmtes Eingabebild, sodass mehr Tokens in den Transformer eingespeist werden müssen. Dadurch erhöht sich die rechentechnische Komplexität, da der Selbstaufmerksamkeitsmechanismus in Transformern eine quadratische Komplexität in Bezug auf die Anzahl der Eingabetokens aufweist. Folglich wird das Modell durch die kleineren Eingabe-Patches rechenintensiver.

2. Verwendet man größere Eingabe-Patches, kann das zum Verlust feinerer Details und lokaler Strukturen im Eingabebild führen, was sich möglicherweise negativ auf die Vorhersageperformance des Modells auswirken kann. Interessierte Leser seien auf das FlexiViT-Paper verwiesen, das die Kompromisse zwischen Rechenaufwand und Vorhersageleistung als Folge von Größe und Anzahl der Patches untersucht (Lucas Beyer et al., »FlexiViT: One Model for All Patch Sizes« [2022], *https://arxiv.org/abs/2212.08013*).

Kapitel 14

1. Homofone haben unterschiedliche Bedeutungen und wir erwarten deshalb, dass sie auch in anderen Zusammenhängen vorkommen, wie zum Beispiel *there* und *their* in »I can see you over there« und »Their paper is very nice.«

   Da die Verteilungshypothese besagt, dass Wörter mit ähnlichen Bedeutungen in ähnlichen Zusammenhängen erscheinen sollten, widersprechen Homofone nicht der Verteilungshypothese.

2. Die zugrunde liegende Idee der Verteilungshypothese lässt sich auch auf andere Bereiche anwenden, beispielsweise die Computervision. Bei Bildern ist es wahrscheinlich, dass Objekte, die in ähnlichen visuellen Kontexten erscheinen, semantisch verwandt sind. Auf einer niedrigeren Ebene sind benachbarte Pixel wahrscheinlich semantisch verwandt, da sie Teil desselben Objekts sind. Dieses Konzept wird bei der maskierten Autoencodierung für das selbstüberwachte Lernen von Bilddaten verwendet. (Kapitel 2 hat sich mit maskierten Autoencodern befasst.)

   Ein weiteres Beispiel ist die Modellierung von Proteinen. Zum Beispiel haben Forscher gezeigt, dass Sprachtransformer, die mit Proteinsequenzen (einer String-Darstellung, bei der jeder Buchstabe eine Aminosäure repräsentiert, wie MNGTEGPNFYVPFSNKTGVV...) trainiert wurden, Einbettungen lernen, bei denen sich ähnliche Aminosäuren aneinander anlagern (Alexander Rives et al., »Biological Structure and Function Emerge from Scaling Unsupervised Learning to 250 Million Protein Sequences« [2019], *https://www.biorxiv.org/content/10.1101/622803v1.full*). Die hydrophobischen Aminosäuren wie V, I, L und M erscheinen in einem Cluster und die aromatischen Aminosäuren wie F, W und Y erscheinen in einem anderen Cluster. In diesem Zusammenhang können wir uns eine Aminosäure als Äquivalent zu einem Wort in einem Satz vorstellen.

Kapitel 15

1. Vorausgesetzt, dass die vorhandenen Daten frei von Datenschutzproblemen sind, hilft Datenvermehrung dabei, Variationen der vorhandenen Daten zu erzeugen, ohne dass zusätzliche Daten gesammelt werden müssen, was bei Bedenken hinsichtlich des Datenschutzes hilfreich sein kann.

Wenn allerdings die ursprünglichen Daten personenbezogene Informationen enthalten, könnten sogar vermehrte oder synthetische Daten möglicherweise mit Einzelpersonen in Verbindung gebracht werden, insbesondere wenn der Erweiterungsprozess die ursprünglichen Daten nicht ausreichend verschleiert oder verändert.

2. Datenvermehrung kann weniger vorteilhaft sein, wenn der ursprüngliche Datensatz bereits groß und vielfältig genug ist, sodass das Modell weder Über- noch Unteranpassung aufgrund mangelnder Daten zeigt. Dies ist zum Beispiel oftmals der Fall beim Vortraining von LLMs. Die Performance von stark domänenspezifischen Modellen (zum Beispiel in den Bereichen Medizin, Recht und Finanzen) könnte ebenso durch Techniken wie Synonymersetzung und Rückübersetzung beeinträchtigt werden, da domänenspezifische Begriffe mit einer bestimmten Bedeutung ersetzt werden. Im Allgemeinen ist die Datenvermehrung bei Aufgaben, die sehr empfindlich auf die Wortwahl reagieren, mit besonderer Sorgfalt durchzuführen.

Kapitel 16

1. Charakteristisch für den Selbstaufmerksamkeitsmechanismus ist die quadratische Zeit- und Speicherkomplexität. Genauer ausgedrückt, können wir die Zeit- und Speicherkomplexität der Selbstaufmerksamkeit als $O(N^2 \times d)$ ausdrücken, wobei N die Länge der Sequenz und d die Dimensionalität der Einbettung jedes Elements in der Sequenz ist.

   Dies liegt daran, dass bei Selbstaufmerksamkeit ein Ähnlichkeitswert zwischen jedem Elementpaar in der Sequenz berechnet werden muss. Nehmen wir als Beispiel eine Eingabematrix X mit N Tokens (Zeilen), wobei jedes Token eine d-dimensionale Einbettung (Spalten) ist.

   Wenn wir das Punktprodukt jeder Tokeneinbettung mit jeder anderen Tokeneinbettung berechnen, multiplizieren wir XX^T, was in einer Ähnlichkeitsmatrix der Größe $N \times N$ resultiert. Dabei fallen d Multiplikationen für ein einzelnes Tokenpaar an. Da es N^2 solcher Paare gibt, haben wir eine Komplexität von $O(N^2 \times d)$. Mit der $N \times N$-Ähnlichkeitsmatrix werden dann die gewichteten Mittelwerte der Sequenzelemente berechnet, was $N \times d$-Ausgabedarstellungen ergibt. Berechnungen der Selbstaufmerksamkeit sind dann insbesondere bei langen Sequenzen und großen d-Werten rechen- und speicherintensiv.

2. Ja. Interessanterweise könnte Selbstaufmerksamkeit teilweise von den räumlichen Aufmerksamkeitsmechanismen inspiriert sein, die in convolutionalen neuronalen Netzen zur Bildbearbeitung verwendet werden (Kelvin Xu et al., »Show, Attend and Tell: Neural Image Caption Generation with Visual Attention« [2015], *https://arxiv.org/abs/1502.03044*). Räumliche Aufmerksamkeit ist ein Mechanismus, der es einem neuronalen Netz ermöglicht, sich

auf spezifische Regionen eines Bildes zu konzentrieren, die für eine bestimmte Aufgabe relevant sind. Dabei werden selektiv die Bedeutungen verschiedener räumlicher Orte im Bild selektiv gewichtet, wodurch das Netz in der Lage ist, bestimmten Bereichen »mehr Aufmerksamkeit zu schenken« und andere Bereiche zu ignorieren.

Kapitel 17

1. Um ein vortrainiertes BERT-Modell für die Klassifizierung anzupassen, müssen Sie eine Ausgabeschicht zur Klassifizierung hinzufügen, die oft als *Klassifizierungskopf* bezeichnet wird.

   Wie bereits erwähnt, verwendet BERT während des Vortrainings ein [CLS]-Token für die Aufgabe, den nächsten Satz vorherzusagen. Anstatt das Modell für die Vorhersage des nächsten Satzes zu trainieren, können wir eine neue Ausgabeschicht für unsere Zielvorhersageaufgabe, wie zum Beispiel Stimmungsklassifizierung, hinzufügen.

   Der eingebettete [CLS]-Ausgabevektor dient als Zusammenfassung der gesamten Eingabesequenz. Wir können ihn als Featurevektor betrachten und darauf ein kleines neuronales Netz trainieren, das typischerweise aus einer vollständig verbundenen Schicht mit einer nachfolgenden Softmax-Aktivierungsfunktion besteht, um die Klassenwahrscheinlichkeiten vorherzusagen. Die Ausgabegröße der vollständig verbundenen Schicht sollte der Anzahl von Klassen in unserer Klassifizierungsaufgabe entsprechen. Dann können wir sie wie üblich per Backpropagation trainieren. Mit verschiedenen Strategien der Feinabstimmung (alle Schichten oder nur die letzte Schicht aktualisieren) lässt sich dann das Modell zum Beispiel auf einem überwachten Datensatz trainieren.

2. Ja, wir können ein reines Decoder-Modell wie GPT für Klassifizierungsaufgaben optimieren, auch wenn es möglicherweise nicht so effektiv ist wie die Verwendung von Encoder-basierten Modellen wie BERT. Im Gegensatz zu BERT müssen wir kein spezielles [CLS] verwenden, aber das Grundkonzept ähnelt der Feinabstimmung eines Encoder-basierten Modells für die Klassifizierung. Wir fügen einen Klassifizierungskopf (eine vollständig verbundene Schicht und eine Softmax-Aktivierung) hinzu und trainieren es auf der Einbettung (dem letzten verborgenen Zustand) des ersten generierten Ausgabe-Tokens. (Dies ist analog zur Verwendung der [CLS]-Token-Einbettung.)

Kapitel 18

1. In-Context-Lernen ist nützlich, wenn wir keinen Zugriff auf das Modell haben oder wenn wir das Modell an ähnliche Aufgaben anpassen wollen, für die das Modell nicht trainiert wurde.

Im Gegensatz dazu ist die Feinabstimmung nützlich, um das Modell an eine neue Zieldomäne anzupassen. Nehmen wir zum Beispiel an, das Modell wurde auf einem allgemeinen Korpus vortrainiert und wir möchten es auf Finanzdaten oder -dokumente anwenden. Hier wäre es zweckmäßig, das Modell auf Daten aus dieser Zieldomäne feinabzustimmen.

Beachten Sie, dass In-Context-Lernen auch mit einem feinabgestimmten Modell verwendet werden kann. Wird zum Beispiel ein vortrainiertes Sprachmodell für eine bestimmte Aufgabe oder Domäne feinabgestimmt, profitiert In-Context-Lernen dann von der Fähigkeit des Modells, Antworten basierend auf dem Kontext, der über die Eingabe vermittelt wird, zu generieren, wobei diese dann für die jeweilige Zieldomäne genauer ausfallen im Vergleich zum In-Context-Lernen ohne Feinabstimmung.

2. Dies geschieht implizit. Präfix-Feinabstimmung, Adapter und LoRA bewahren das ursprüngliche Wissen des vortrainierten Sprachmodells durch Einfrieren der Kernparameter des Modells, während zusätzliche lernbare Parameter, die sich an die neue Aufgabe anpassen, eingeführt werden.

Kapitel 19

1. Wenn wir eine Einbettungstechnik wie Word2Vec verwenden würden, die jedes Wort unabhängig verarbeitet, wäre eine Kosinusähnlichkeit zwischen den »cat«-Einbettungen von 1,0 zu erwarten. Allerdings verwenden wir hier ein Transformer-Modell, um die Einbettungen zu erzeugen. Transformer verwenden Selbstaufmerksamkeitsmechanismen, die den gesamten Kontext (zum Beispiel den Eingabetext) berücksichtigen, wenn sie die Einbettungsvektoren erzeugen. (In Kapitel 16 finden Sie weitere Informationen zur Selbstaufmerksamkeit.) Da das Wort *cat* in zwei verschiedenen Sätzen erscheint, erzeugt das BERT-Modell verschiedene Einbettungen für diese beiden Instanzen von *cat*.

2. Das Vertauschen der Kandidaten- und Referenztexte hat den gleichen Effekt wie die Berechnung der maximalen Kosinusähnlichkeitswerte über Spalten (wie Abbildung 19–3 in Schritt 5 zeigt) gegenüber Zeilen, was zu unterschiedlichen BERTScores für bestimmte Texte führen kann. Deshalb wird der BERTScore in der Praxis oftmals als F1-Maß ähnlich wie ROUGE berechnet. Zum Beispiel berechnen wir den BERTScore nach der einen Methode (Trefferquote), dann nach der anderen (Genauigkeit) und schließlich berechnen wir das harmonische Mittel (F1-Maß).

Kapitel 20

1. Random Forests, die in der Regel auf CART-Entscheidungsbäumen basieren, können nicht ohne Weiteres aktualisiert werden, wenn neue Daten eintreffen. Daher wäre ein zustandsloser Trainingsansatz die einzige praktikable Option. Nehmen wir andererseits an, wir würden zu Modellen von neuronalen Netzen wie rekurrenten neuronalen Netzen wechseln. In diesem Fall könnte ein zustandsbehafteter Ansatz sinnvoller sein, da das neuronale Netz leicht auf neue Daten aktualisiert werden könnte. (Zu Beginn ist es jedoch immer eine gute Idee, zustandsbehaftete und zustandslose Systeme nebeneinander zu vergleichen, bevor man sich für die beste Methode entscheidet.)

2. Ein Ansatz mit zustandsbehaftetem Retraining ist hier am sinnvollsten. Anstatt ein neues Modell auf einer Kombination von vorhandenen Daten, einschließlich Benutzerfeedback, zu trainieren, ist es sinnvoller, das Modell basierend auf Benutzerfeedback zu aktualisieren. Große Sprachmodelle (Large Language Models, LLMs) werden in der Regel in einer selbstüberwachten Art und Weise vortrainiert und dann durch überwachtes Lernen feinabgestimmt. Da das Training von LLMs sehr kostspielig ist, erweist es sich als sinnvoller, das Modell durch zustandsbehaftetes Retraining zu aktualisieren, anstatt es von Grund auf neu zu trainieren.

Kapitel 21

1. Aus den vorliegenden Informationen geht nicht hervor, ob es sich um einen datenzentrierten Ansatz handelt. Das KI-System stützt sich stark auf Dateneingaben, um Vorhersagen und Empfehlungen abzugeben, doch das gilt für jeden Ansatz des maschinellen Lernens für KI. Um festzustellen, ob dieser Ansatz ein Beispiel für datenzentrierte KI ist, müssen wir wissen, wie das KI-System entwickelt wurde. Wurde es unter Verwendung eines festen Modells und mit Verfeinerung der Trainingsdaten entwickelt, könnte es sich um einen datenzentrischen Ansatz handeln. Andernfalls ist es lediglich normales maschinelles Lernen und prädiktives Modellieren.

2. Wenn wir ein festes Modell beibehalten – das heißt dieselbe ResNet-34-Architektur wiederverwenden – und nur den Ansatz der Datenvermehrung ändern, um dessen Einfluss auf die Modellperformance zu untersuchen, könnten wir dies als datenzentrischen Ansatz betrachten. Die Datenvermehrung wird allerdings auch routinemäßig als Teil jeder modernen Pipeline für maschinelles Lernen durchgeführt, und die Verwendung von Datenvermehrung allein sagt uns nicht, ob ein Ansatz datenzentriert ist. Nach der modernen Definition beinhaltet ein datenzentrierter Ansatz die aktive Untersuchung der Unterschiede zwischen verschiedenen Techniken zur Datenerweiterung, während die übrige Modellierungs- und Trainingspipeline unverändert bleibt.

Kapitel 22

1. Ein Nachteil von Multi-GPU-Strategien für die Inferenz-Phase ist der zusätzliche Kommunikationsoverhead zwischen den GPUs. Bei Inferenzaufgaben, die im Vergleich zum Training relativ klein sind, da sie keine Gradientenberechnungen und Aktualisierungen erfordern, könnte allerdings die Zeit, die für die Kommunikation zwischen den GPUs benötigt wird, die durch die Parallelisierung eingesparte Zeit aufwiegen.

   Mehrere GPUs zu verwalten, bedeutet auch höhere Geräte- und Energiekosten. In der Praxis ist es in der Regel sinnvoller, Modelle für Einzel-GPUs oder die CPU-Performance zu optimieren. Stehen mehrere GPUs zur Verfügung, ist es oftmals sinnvoller, mehrere Stichproben parallel auf getrennten GPUs zu verarbeiten, als dieselbe Stichprobe über mehrere GPUs hinweg zu verarbeiten.

2. Schleifenkachelung (Loop Tiling) wird oft mit Vektorisierung kombiniert. Zum Beispiel kann nach Anwenden der Schleifenkachelung jede Kachel mit vektorisierten Operationen verarbeitet werden. Dadurch lassen sich SIMD-Anweisungen auf Daten ausführen, die sich bereits im Cache befinden, was die Effektivität beider Techniken erhöht.

Kapitel 23

1. Das Problem besteht darin, dass Bedeutungsgewichtung davon ausgeht, dass die Verteilung der Testmenge mit der Verteilung der Modellbereitstellung übereinstimmt. Allerdings ist dies jedoch aus verschiedenen Gründen oftmals nicht der Fall, zum Beispiel wegen des sich ändernden Benutzerverhaltens, der sich entwickelnden Produktmerkmale oder der dynamischen Umgebungen.

2. Es ist üblich, Metriken wie die Klassifizierungsgenauigkeit zu überwachen, wobei ein Leistungsabfall auf eine Verschiebung in den Daten hinweisen kann. Allerdings ist dies unpraktisch, wenn wir keinen Zugriff auf die Labels der eingehenden Daten haben.

   In den Fällen, in denen es nicht möglich ist, neue, eingehende Daten zu beschriften, können wir mithilfe von statistischen Zwei-Stichproben-Tests feststellen, ob die Beispiele aus derselben Verteilung stammen. Zudem können wir die in Kapitel 29 beschriebene adversariale Validierung heranziehen. Diese Methoden helfen jedoch nicht, um Konzeptverschiebungen zu erkennen, da sie nur die Eingabeverteilungen vergleichen und nicht die Beziehung zwischen Eingaben und Ausgaben.

   Andere Methoden beinhalten die Messung des Rekonstruktionsfehlers: Mit einem Autoencoder, den wir auf unseren Quelldaten trainiert haben, können wir den Rekonstruktionsfehler auf neuen Daten überwachen. Wächst der Fehler signifikant, kann dies auf eine Verschiebung in der Eingangsverteilung hindeuten.

Eine andere gängige Technik ist die Erkennung von Ausreißern. Hier könnten ungewöhnlich viele Datenpunkte, die als Ausreißer identifiziert werden, auf eine Verschiebung in der Datenverteilung hinweisen.

Kapitel 24

1. Der Versuch, die Anzahl der von einem Spieler erzielten Tore vorherzusagen (zum Beispiel anhand von Daten aus vergangenen Spielzeiten), ist ein Poisson-Regressionsproblem. Andererseits könnte man auch ein ordinales Regressionsmodell auf die verschiedenen Spieler anwenden, um sie nach der Anzahl der Tore zu ordnen, die sie erzielen werden.

   Da jedoch die Tordifferenz konstant und quantifizierbar ist (zum Beispiel ist die Differenz zwischen 3 und 4 Toren die gleiche wie die Differenz zwischen 15 und 16 Toren), ist dies kein ideales Problem für ein ordinales Regressionsmodell.

2. Dies ist ein Rangordnungsproblem, das einem ordinalen Regressionsproblem ähnelt, aber es gibt einige Unterschiede. Da uns nur die relative Reihenfolge der Filme bekannt ist, könnte ein paarweiser Rangordnungsalgorithmus eine geeignetere Lösung sein als ein ordinales Regressionsmodell.

   Wenn die Person jedoch gebeten wird, jedem Film numerische Bezeichnungen auf einer Skala von 1 bis 5 zuzuweisen (ähnlich dem Sterne-Bewertungssystem auf Amazon), wäre es möglich, ein ordinales Regressionsmodell für diese Art von Daten zu trainieren und zu verwenden.

Kapitel 25

1. Die Wahl des Konfidenzniveaus (90 %, 95 %, 99 % usw.) wirkt sich auf die Breite des Konfidenzintervalls aus. Ein höheres Konfidenzniveau führt zu einem breiteren Intervall, weil wir ein breiteres Netz auswerfen müssen, um sicherer zu sein, dass wir den wahren Parameter erfasst haben.

   Umgekehrt führt ein niedrigeres Konfidenzniveau zu einem engeren Intervall, das die größere Unsicherheit darüber widerspiegelt, wo der wahre Parameter liegt. Ein 90-Prozent-Konfidenzintervall ist demnach enger als ein 95-Prozent-Konfidenzintervall und spiegelt eine größere Unsicherheit über die Lage des wahren Populationsparameters wider. Umgangssprachlich sind wir zu 90 % sicher, dass der wahre Parameter innerhalb eines kleinen Wertebereichs liegt. Um diese Sicherheit zu erhöhen, müssen wir die Breite auf 95 % oder 99 % vergrößern.

   Nehmen wir zum Beispiel an, wir sind zu 90 % sicher, dass es in den nächsten zwei Wochen in Chemnitz regnet. Möchten wir eine Vorhersage mit 95 %iger Sicherheit machen, ohne zusätzliche Daten zu sammeln, müssten wir die Zeitspanne vergrößern. So könnten wir sagen, dass wir zu 95 % sicher sind, dass es innerhalb der nächsten vier Wochen regnet, oder zu 99 % sicher sind, dass es innerhalb der nächsten zwei Monate regnet.

2. Da das Modell bereits trainiert wurde und immer gleich bleibt, wäre es verschwenderisch, es auf jeden Testdatensatz anzuwenden. Um den Prozess zu beschleunigen, den dieser Abschnitt skizziert hat, müssen wir das Modell technisch gesehen nur einmal anwenden, nämlich auf den ursprünglichen Testdatensatz. Wir können dann per Bootstrapping die tatsächlichen und vorhergesagten Labels direkt verwenden (anstelle der ursprünglichen Stichproben), um die Testdatensätze per Bootstrapping zu erzeugen. Schließlich ist es möglich, die Genauigkeiten der Testmenge basierend auf den per Bootstrapping erzeugten Labels in jeder Menge zu berechnen.

Kapitel 26

1. Die Größe der Vorhersagemenge sagt uns viel über die Sicherheit der Vorhersage. Wenn die Vorhersagemenge klein ist (zum Beispiel 1 in Klassifizierungsaufgaben), deutet dies auf ein hohes Maß an Vertrauen in die Vorhersage hin. Der Algorithmus besitzt genügend Beweise, um ein bestimmtes Ergebnis mit Nachdruck zu empfehlen.

   Wenn die Vorhersagemenge größer ist (zum Beispiel 3 in Klassifizierungsaufgaben), deutet dies auf eine größere Unsicherheit hin. Das Modell ist weniger zuversichtlich in Bezug auf die Vorhersage und hält mehrere Ergebnisse für plausibel. In der Praxis können wir diese Informationen nutzen, um Beispielen mit einer großen Vorhersagemenge mehr Ressourcen zuzuweisen. Zum Beispiel können wir diese Fälle für eine menschliche Überprüfung kennzeichnen, da das Modell des maschinellen Lernens weniger sicher ist.

2. Unbedingt. Konfidenzintervalle sind auf Regressionsmodelle genauso anwendbar wie auf Klassifizierungsmodelle. Tatsächlich sind sie im Kontext der Regression sogar noch vielseitiger. Zum Beispiel können wir Konfidenzintervalle für die Performance eines Modells, wie den mittleren quadratischen Fehler, mit den in Kapitel 25 beschriebenen Methoden berechnen. (Wir können aber auch Konfidenzintervalle für einzelne Vorhersagen und Modellparameter berechnen. Wenn Sie an Konfidenzintervallen für Modellparameter interessiert sind, empfehle ich meinen Artikel »Interpretable Machine Learning – Book Review and Thoughts About Linear and Logistic Regression as Interpretable Models« unter *https://sebastianraschka.com/blog/2020/interpretable-ml-1.html*.)

   Es lassen sich auch konforme Vorhersageintervalle für Regressionsmodelle berechnen. Das Intervall ist ein Bereich von möglichen Zielwerten anstelle einer einzelnen Punktschätzung. Zur Interpretation eines derartigen Vorhersageintervalls geht man davon aus, dass die zukünftigen Daten den Daten der Vergangenheit statistisch ähnlich sind (zum Beispiel basierend auf den

Daten, mit denen das Modell trainiert wurde). Der wahre Zielwert für eine neue Instanz fällt dann mit einem bestimmten Konfidenzniveau (zum Beispiel 95 %) in diesen Bereich.

Kapitel 27

1. Da der MAE auf einem absoluten Wert um den Abstand herum basiert, erfüllt er natürlich das erste Kriterium: Er kann nicht negativ sein. Außerdem ist der MAE gleich, wenn wir die Werte y und $\hat{y}$ vertauschen. Er erfüllt also auch das zweite Kriterium. Doch wie sieht es mit der Dreiecksungleichung aus? Ähnlich wie der RMSE dem euklidischen Abstand oder der L2-Norm entspricht, ist der MAE der L1-Norm zwischen zwei Vektoren ähnlich. Da alle Vektornormen die Dreiecksungleichung erfüllen (Horn und Johnson, *Matrix Analysis*, Cambridge University Press, 1990), liegt unser Kollege falsch.

   Selbst wenn der MAE keine geeignete Metrik wäre, könnte er dennoch eine nützliche Metrik für die Modellevaluierung sein – nehmen Sie nur die Klassifizierungsgenauigkeit.

2. Der MAE gewichtet alle Fehler gleich, während beim RMSE Fehler mit größeren absoluten Werten stärker eingehen, was mit dem quadratischen Exponenten zusammenhängt. Infolgedessen ist der RMSE immer mindestens so groß wie der MAE. Allerdings ist keine Metrik generell besser als die andere, und beide wurden im Laufe der Jahre in zahlreichen Studien zur Bewertung der Modellperformance verwendet.

   Wenn Sie sich für weitere Vergleiche zwischen MAE und RMSE interessieren, empfehle ich Ihnen den Artikel von Cort J. Willmott und Kenji Matsuura, »Advantages of the Mean Absolute Error (MAE) Over the Root Mean Square Error (RMSE) in Assessing Average Model Performance« (2005), *https://www.int-res.com/abstracts/cr/v30/n1/p79-82*.

Kapitel 28

1. Dies ist kein Problem, wenn wir nur an der durchschnittlichen Performance interessiert sind. Wenn wir zum Beispiel einen Datensatz mit 100 trainierten Beispielen haben und das Modell 70 der 100 Validierungsfaltungen korrekt vorhersagt, schätzen wir die Modellgenauigkeit auf 70 %. Nehmen wir jedoch an, dass wir an der Analyse der Varianz aus den verschiedenen Faltungen interessiert sind. In diesem Fall ist LOOCV nicht besonders nützlich: Da jede Faltung nur aus einem einzigen Trainingsbeispiel besteht, können wir die Varianz jeder Faltung nicht berechnen und sie mit anderen Faltungen vergleichen.

2. Ein weiterer Anwendungsfall der *k*-fachen Kreuzvalidierung ist die Ensemble-Bildung von Modellen. Zum Beispiel trainieren wir in der 5-fachen Kreuzvalidierung fünf verschiedene Modelle, da wir fünf leicht unterschiedliche Trainingsdatensätze haben. Anstatt jedoch ein endgültiges Modell mit dem gesamten Trainingsdatensatz zu modellieren, können wir die fünf Modelle zu einem Modell-Ensemble kombinieren (dies ist besonders bei Kaggle beliebt). Abbildung 6–3 veranschaulicht diesen Vorgang.

Kapitel 29

1. Als Bezugslinie für die Performance empfiehlt es sich, einen Null-Regel-Klassifizierer zu implementieren, beispielsweise den Mehrheitsklassenklassifizierer. Da wir normalerweise mehr Trainingsdaten haben als Testdaten, können wir die Performance eines Modells berechnen, das bei *Testdaten?* immer *False* vorhersagt, was eine Genauigkeit von 70 % ergeben sollte, wenn wir den ursprünglichen Datensatz in 70 % Trainingsdaten und 30 % Testdaten partitioniert haben. Wenn die Genauigkeit des Modells, das wir auf dem gegnerischen Validierungsdatensatz trainiert haben, diesen Bezugswert (sagen wir, 80 %) deutlich überschreitet, haben wir möglicherweise ein ernsthaftes Diskrepanzproblem, das weiter untersucht werden müsste.

2. Im Großen und Ganzen ist dies kein großes Problem, da wir hauptsächlich daran interessiert sind, ob es eine starke Abweichung von der Bezugslinie für die Vorhersage einer Mehrheitsklasse gibt. Wenn wir zum Beispiel die Genauigkeit des adversarialen Validierungsmodells mit dem Bezugswert (und nicht mit einer 50%igen Genauigkeit) vergleichen, sollte es kein Problem geben. Allerdings könnte es besser sein, anstelle der Klassifizierungsgenauigkeit Bewertungsmetriken wie den Korrelationskoeffizient von Matthew, ROC oder den Präzisionsabrufbereich unter der Kurve (Precision-Recall Area-Under-the-Curve) betrachten.

Kapitel 30

1. Obwohl wir oft an selbstüberwachtes Lernen und Transferlernen als eigenständige Ansätze denken, müssen sie sich nicht gegenseitig ausschließen. Wir können beispielsweise ein Modell auf einem gelabelten oder einem größeren ungelabelten Bilddatensatz mit selbstüberwachtem Lernen vortrainieren (in diesem Fall die Millionen ungelabelter Bilder, die den verschiedenen Computergeräten entsprechen).

   Anstatt mit zufälligen Gewichten zu beginnen, können wir die Gewichte des neuronalen Netzes aus dem selbstüberwachten Lernen verwenden, um mithilfe der Tausenden von gelabelten Smartphone-Bildern Transferlernen durchzuführen. Da Smartphones mit Tablets verwandt sind, ist Transferlernen hier ein vielversprechender Ansatz.

Nach dem selbstüberwachten Vortraining und dem Transferlernen können wir das Modell schließlich anhand der Hunderte von gelabelten Bildern der Zielaufgabe, den Tablets, feinabstimmen.

2. Neben den Techniken zur Abschwächung der übermäßigen Vertrauenswerte aus der Ausgabeschicht eines neuronalen Netzes können wir auch verschiedene Möglichkeiten der Ensemble-Bildung betrachten, um Vertrauenswerte zu erhalten. Anstatt zum Beispiel Dropout während der Inferenz zu deaktivieren, können wir Dropout nutzen, um mehrere verschiedene Vorhersagen für ein einzelnes Beispiel zu erhalten und damit die Unsicherheit des vorhergesagten Labels berechnen.

   Eine weitere Option besteht darin, Modell-Ensembles aus verschiedenen Segmenten des Trainingsdatensatzes mithilfe *k*-facher Kreuzvalidierung zu konstruieren, wie es der Abschnitt 6.1.4, »Ensemble-Methoden«, beschreibt.

   Es ist auch möglich, konforme Vorhersagemethoden, wie sie Kapitel 26 beschreibt, auf aktives Lernen anzuwenden.

Index

W

Z